ସୋରିଷ ଫୁଲିଆ ଖରା

ଆନ୍ଧିକା ସାମନ୍ତରାୟ

ବିଦ୍ୟା ପବ୍ଲିଶିଙ୍

ଟରୋଣ୍ଟୋ, କାନାଡା ॥ ଭୁବନେଶ୍ୱର, ଓଡ଼ିଶା

ସୋରିଷ ଫୁଲିଆ ଖରା
(ଗଳ୍ପ ସଂକଳନ)

ଲେଖିକା   : ଆନନ୍ଦିକା ସାମନ୍ତରାୟ
ପ୍ରକାଶକ   : ଡ. ତନ୍ମୟ ପଣ୍ଡା, ଡ. ସୁନନ୍ଦା ମିଶ୍ର ପଣ୍ଡା
              ବିଦ୍ୟା ପବ୍ଲିଶିଙ୍ଗ୍ ଇଙ୍କ୍, ଟ'ରୋଣ୍ଟୋ, କାନାଡ଼ା

ପ୍ରଥମ ସଂସ୍କରଣ   : ନଭେମ୍ବର ୨୦୨୨

....

SORISHA PHULIA KHARA
A Collection of Stories by Anandika Samantray

ISBN : 978-1-990494-53-6

First Edition   : November 2022
Published by   : Dr. Tanmay Panda & Dr. Sunanda Mishra Panda
              Vidya Publishing Inc., Toronto, Canada
Website   : www.vidyapublishing.com
Email   : vidyapublishinginc@gmail.com
Cell   : +1 6478389884

Odisha Contact : Nirmalya Garden, Plot 516/1719,
              House 10, KIIT Post Office, Patia,
              Bhubaneswar - 751024
Cell   : +91 7008666787
Cover Design   : Bijay Muduli
              Printed in India

ଉସ୍ସର୍ଗ

ଶିଶିର ସ୍ନାତ ଶୈଶବ, କଅଁଳ କିଶଲୟର କୈଶୋର। ଫର୍ଚ୍ଚା ଆକାଶ ତଳେ ଖୋଲି ଆସୁଥିବା ପଦ୍ମପାଖୁଡ଼ା ପରି ଯୌବନ। ଏ ସଂସାରରେ, ଯେଉଁ ସତୀର୍ଥ ସହଯାତ୍ରୀଙ୍କ ସହ ହଜେଇ ଦେଇଥିଲି ମୋ ଆଉଟା ସୁନା ରଙ୍ଗର ସମୟ, ଆଜି ସେମାନେ ସବୁ ନାହାନ୍ତି। ସେମାନେ କେବଳ ଅତୀତର ଇତିକଥା।

ମୋ ବଡ଼ଭାଇ ପ୍ରଭାତକୁସୁମ (ବୁଲୁଭାଇ)। ମୋ ଉପର ଭାଇ ପଙ୍କଜ କୁମାର (ପଙ୍କୁଭାଇ)। ମୋ ସାନଭାଇ ପୁନୁ ନିଗମ ପ୍ରସାଦ। ଏଇ ସଂସାର ସମୁଦ୍ରରେ ସେମାନେ ଡୁବି ଯାଇଛନ୍ତି। ଅବେଳରେ ଅକାଳରେ।

ଆଦ୍ୟ ଯୌବନରେ ପାଦ ଥାପୁଥାପୁ ଆଢ଼େଇ ହୋଇଯାଇଥିଲା ପଙ୍କୁ ଭାଇ। ଦୁଃଖ ଦରିଆର ଆଦ୍ୟ ଅଧ୍ୟାୟ। ଯାହାପାଇଁ ମୁଁ ଲେଖିଥିଲି ପ୍ରଥମ କବିତା। ସୃଜନ ସଂସାରର ଚାଟଶାଳୀରେ ପ୍ରଥମ ଆବୃତ୍ତି। ତା'ପରେ ଭାଇ ଆଉ ପୁନୁ ଅଧା ନଈରେ ଡଙ୍ଗାଛାଡ଼ି ବୁଡ଼ିଗଲେ। ଦୁଃଖର ଭଉଁରି ଭିତରେ ଉଙ୍କିମାରନ୍ତି, ମନ ଦିଗନ୍ତରୁ ହଜିନାହାନ୍ତି ସେମାନେ। ଦୂର ଦିଗ୍‌ବଳୟରେ ମିଞ୍ଜି ମିଞ୍ଜି ତାରାଟିଏ ଭଳି ଦିଶିଯାଆନ୍ତି ବାରମ୍ବାର। ଆଜି ଲୋତକାପ୍ଳୁତ ଆଙ୍ଗୁଳିରେ ତୀଳ ତର୍ପଣ କରି ଏ ଉସ୍ସର୍ଗ ଅର୍ଘ୍ୟ ମୋ ଭାଇମାନଙ୍କୁ ଅର୍ପଣ କଲି।

ତୁମର ମୁନୁ ତୋର ମନୁଦେଇ

ସୂଚୀପତ୍ର

ଅଳ୍ପ ଆଳାପ

ଜୀବନ ମୃତ୍ୟୁ ଆଡ଼କୁ ପ୍ରବାହମାନ ଏକ ଧାରା। କେତେବେଳେ ମୃତ୍ୟୁ ଆସି ସ୍ତବ୍ଧ କରିଦେବ କିଏ କହିବ ? ଏହା ହିଁ ବିସ୍ମୟ ହୋଇରହିଛି ଅଦ୍ୟାବଧି। ବିଜ୍ଞାନର ଚରମ ସ୍ପର୍ଶ ପରେ ବି ଏହା ଏକ ଆଧ୍ୟାତ୍ମିକ ବା ଅଲୌକିକ ରହସ୍ୟ। ଏ ଜୀବନ ଏତେ ଜଞ୍ଜାଳ, ଏତେ ଅସ୍ତବ୍ୟସ୍ତ, ଅବ୍ୟବସ୍ଥିତ, ଅଲୌକିକ, ଆକସ୍ମିକ, ଆଶାତୀତ, ଆଚମ୍ବିତ ଘଟଣା ପ୍ରବାହ ଦେଇ ଗତି କରେ କାହିଁକି ? କିଛି ନିଶ୍ଚିତତା, କିଛି ବ୍ୟବସ୍ଥିତତା, କିଛି ଗତାନୁଗତିକତାରେ ଯଦି ବନ୍ଧା ହୋଇ ରହିଯାଆନ୍ତା; କ'ଣ ହୁଅନ୍ତା ଜୀବନ ? ଆମେ ସୁଖୀ, ସନ୍ତୁଷ୍ଟ ହୋଇଯାଆନ୍ତେ, ନା ? ଏପରି ହୁଏ ନାହିଁ କଦାପି।

ଏହି ଜୀବନ ପ୍ରବାହର ଗୋଟିଏ ଗୋଟିଏ ମୁହୂର୍ତ୍ତ ହିଁ ଗଳ୍ପ। ଗଳ୍ପ ହିଁ ଗୋଟିଏ ଗୋଟିଏ ମୁହୂର୍ତ୍ତ। ଜୀବନର ସମସ୍ତ କର୍ମର ଭୋଗ, ଦୁଃଖ, ଯାତନା, ଅଭାବ, ଅନଟନ, ପ୍ରାଣ ପ୍ରାଚୁର୍ଯ୍ୟ, ରହସ୍ୟ, ରୋମାଞ୍ଚ, ପ୍ରେମ ପ୍ରତାରଣା, ଜୀବନ ମୃତ୍ୟୁ ସମସ୍ତ ଭାବର ଆଚରଣ ଉଚ୍ଚାରଣର ଏକ ହୃଦୟ ଆବେଗ ଭରା ଲିଖନ ହିଁ ଗଳ୍ପ।

ଜୀବନ ପ୍ରବାହର କେଉଁ କ୍ଷଣ ଗଳ୍ପ ହୋଇ ଉତ୍ଥୋଲିତ ହୁଏ। ଲିପିବଦ୍ଧ ହୁଏ ସୃଜନ ମନସ୍ତାରେ ତାହା କହି ହୁଏ ନାହିଁ। ଭାବି ହୁଏ ନାହିଁ। ମାପ ତଉଲ କରି, ରଙ୍ଗ ପୁଟ ଦେଇ ସଜାଡ଼ି ସମ୍ଭାଳି ସମସ୍ତଙ୍କ ଆଗରେ ଥୋଇ ଦେବାକୁ ବ୍ୟାକୁଳ ଲାଗେ। ସୁଯୋଗ ଦେଖି ପରଷି ଦିଆଯାଏ ବିଶାଳ ପାଠକ ସମାଜ ସମ୍ମୁଖରେ। କାହାକୁ ମିଠା ଲାଗେ। କାହାକୁ ପିତା ଲାଗେ। କିଏ ଗ୍ରହଣ କରେ, କିଏ କରେ ଅଗ୍ରାହ୍ୟ। ସୃଜନମନସ୍କ ବ୍ୟକ୍ତି ସଭାର ହୃଦୟକୁ ଛୁଇଁଥିବା ଘଟଣା ହିଁ ଗଳ୍ପ। ସାର୍ବଜନୀନ କାଳଜୟୀ ଲିଖନ ଏକ ଅମୃତ ବେଳାର ଗର୍ଭାଧାନ ଏବଂ ଏକ ଯଶସ୍ୱୀ ସନ୍ତାନ ଭୂମିଷ୍ଠ ହେବା ପରି ଏକ ବିରଳ ସଂଯୋଗ। ଘଟଣାର ପ୍ରବାହ ସର୍ବଦା ପରିବର୍ତ୍ତନଶୀଳ। ଗଳ୍ପର ଉଦ୍ଭରଣ ମଧ୍ୟ ଠିକ୍ ଏହିପରି। ନିଜର ପରିବେଶ,

ପରିସ୍ଥିତି ସହିତ ଅନୁଭୂତି ଓ ଅଭିଜ୍ଞତାର ପରିପ୍ରକାଶ ହିଁ ଗଳ୍ପ। ପରୋକ୍ଷରେ ନିଜର ମାନସିକତା, ରୁଚି, ଦୃଷ୍ଟି, ତୃପ୍ତି, ପ୍ରାପ୍ତି ଓ ପ୍ରତ୍ୟାଶାକୁ ହିଁ ବାଣ୍ଟି ଦିଆଯାଏ ଗଳ୍ପ ଆକାରରେ। ସମ ଚିନ୍ତାଧାରର ବ୍ୟକ୍ତିମାନେ ହିଁ ରୂପାନ୍ତରିତ ହୁଅନ୍ତି ଆପଣାର ପ୍ରିୟ ପାଠିକା ପାଠକ ଭାବେ। ପାଠିକା ପାଠକଙ୍କର ଆନ୍ତରିକତା ହିଁ ପ୍ରଚୋଦିତ କରେ ସୃଜନ ପଥରେ ଅଗ୍ରସର ହେବାକୁ। ଲାଗେ ସୃଜନୀୟ ଅଭିବ୍ୟକ୍ତି ପରେ ଆଶ୍ୱସ୍ତ ଲାଗିବ। ମାତ୍ର ନା, ତାହା ଚିର ତୃଷିତ, ଏକ ଅତୃପ୍ତ ବ୍ୟାକୁଳତା। ତୃପ୍ତି ପାଇଁ ବ୍ୟାକୁଳତା, ପ୍ରଶାନ୍ତି ଅନ୍ଵେଷା ହିଁ ସୃଜନ।

ଲେଖକ ଏବଂ ପାଠକ ମଧ୍ୟରେ ସମ୍ପର୍କର ସେତୁଟିର ସ୍ଥାପନ କରି ପାରନ୍ତି ସମ୍ପାଦକ ମହୋଦୟ। ତାଙ୍କ ବିଚାରରେ ଲିଖନଟି ଯୋଗ୍ୟ ବିବେଚିତ ହେଲେ ହିଁ ତାହା ସ୍ଥାନିତ ହୁଏ ପତ୍ରପତ୍ରିକାରେ। ପହଞ୍ଚିପାରେ ପାଠକପାଠିକାଙ୍କ ନିକଟରେ। ଦୀର୍ଘ କୋଡ଼ିଏ ବର୍ଷ ପରେ ମୋର ଏକ ଗଳ୍ପ ସଂକଳନ ସମ୍ବ ହୋଇଟି ତ କେବଳ ସମ୍ପାଦକ ଏବଂ ପାଠକ ପାଠିକାଙ୍କ ପାଇଁ। ଦୀର୍ଘ ଦିନର ଅନିଚ୍ଛାକୃତ ନିରବତା ପରେ ପୁଣି ନିଜର ଆମ୍ଲିକ ଆନନ୍ଦର ପଥକୁ ଫେରି ଆସି ମୁଁ ଶାଶ୍ୱତ ଆନନ୍ଦ ଲାଭ କରୁଛି। ପୁନର୍ବାର ଲେଖା ପଠାଇ ପ୍ରକାଶିତ ହୋଇଛି ଓ ପାଠକୀୟ ଶ୍ରଦ୍ଧା ଲାଭ କରିଛି। ଏହା ହିଁ ମୋର ସୌଭାଗ୍ୟ।

ଯେଉଁ ସମ୍ମାନନୀୟ ସମ୍ପାଦକ ମୋର ଗଳ୍ପକୁ ଉପଯୁକ୍ତ ବିଚାର କରି ସ୍ଥାନିତ କରିଛନ୍ତି ସେମାନଙ୍କୁ ମୋର କୃତଜ୍ଞତା ଜ୍ଞାପନ କରୁଛି। ଆଉ ପାଠକପାଠିକା, ସେମାନଙ୍କର ପଦଟିଏ ଆନ୍ତରିକ ମତାମତ, ତାହା ପ୍ରଶଂସା ହେଉ ଅବା ନିନ୍ଦା ତାହାହିଁ ପ୍ରାଣ ପ୍ରାଚୁର୍ଯ୍ୟ ସଦା ଅପୂର୍ଣ୍ଣ ଦାନ ଲେଖକର। ସମସ୍ତଙ୍କୁ ମୋର ଗଭୀର ଆନ୍ତରିକ ଅଭିନନ୍ଦନ। ସମ୍ମାନ ଓ ସ୍ନେହ।

ପରିଶେଷରେ ପୁସ୍ତକ ପ୍ରକାଶକଙ୍କୁ ଧନ୍ୟବାଦ ଅର୍ପଣ କରୁଚି। ଧନ୍ୟବାଦ ଅର୍ପଣ କରୁଛି ଅକ୍ଷର ସାଜକଙ୍କୁ। ଆଉ ତମାମ୍ ଜୀବନ ସ୍ନେହ ମମତା, ମାନ ଅଭିମାନରେ ବନ୍ଧା ପଡ଼ିଥିବା ମୋର ପରିବାର, ସମସ୍ତେ ମୋ ଜୀବନ ପଥର, ସୃଜନ ପଥର ଅନ୍ତରଙ୍ଗ ସହଯାତ୍ରୀଙ୍କୁ। ସମସ୍ତଙ୍କୁ ମୋର ଅନ୍ତରର ଅନୁରାଗ।

— ଲେଖିକା

□

ଶ୍ରଦ୍ଧାଞ୍ଜଳି

ଗାଁରେ ବିଶ୍ୱାସଟେ ଥିଲା, କିଛି ନ ହେଲେ ଚଉଦ ଦିନ ସଂକାର୍ଭନକୁ ପୁଅବୋହୂ ଆସିବେ। ଘରଡିହରେ ଦୀପଟିଏ ଜଳିବ। ଘରଦ୍ୱାର ଥାଉ ନ ଥାଉ ଡିହ ତ ନିଃଶଂଶ ନୁହେଁ। ଆଦିକନ୍ଦ ବି ସେଇଆ ଚାହୁଁଥିଲା। ବୋଉ ଚାଲିଗଲା। ଗାଁରେ ସାଇଭାଇ, ବଡ଼ବାପା, ବଡ଼ମା, ଦାଦା, ଖୁଡ଼ୁତା, ଭାଉଜ, ଭଉଣୀ ସାଙ୍ଗସାଥୀ ସମସ୍ତେ ଅଛନ୍ତି। କେତେ ସ୍ମୃତି କେତେ ମମତା ଥରୁଟେ ଅନ୍ତତଃ ଭେଟ ହୋଇଯିବ; ମାତ୍ର ସମ୍ଭବ ହେଲାନି।

ଆଦିକନ୍ଦ ଭଲ ପାଠ ପଢ଼େ ବୋଲି ସ୍କୁଲ୍ ସାରା ସମସ୍ତଙ୍କର ଆଦର। ବାପା ପରଘରେ ମୂଲ ଲାଗେ। ନିଜର ମାଣେ ବୋଲି ବିଲ। ଦିହ ମେହେନତ କରି ମାଟିକୁ ମାଆ ପରି ଯତ୍ନ କରେ ବୋଲି ମାଣେ ବିଲରେ ଫଳାଏ ଆଠ ବସ୍ତା ଧାନ। ସେଇ ତା'ର ନିଜସ୍ୱ, ସେତିକି ତା'ର ସମ୍ପତ୍ତି। କୋଉକାଳୁ ବଞ୍ଚିଥିବା ଗୋଟିଏ ଗୋଟିଏରେ ଚାଲିଛି। ଆଦିକନ୍ଦ ବି ସପ୍ତମ ଶ୍ରେଣୀରେ ପାଠ ପଢ଼ିଲାଣି। ତେଣୁ ଅନାମ ଆଉ ସୁମତି ଧରି ନେଇଥିଲେ ତାଙ୍କର ବି ସେଇ ଗୋଟିଏ ସନ୍ତାନ ଆଦିକନ୍ଦ। ସଂସାର କହିଲେ ଅନାମ, ସୁମତି ଆଉ ଆଦିକନ୍ଦ। ବାପା ମାଆ କେବେଠାରୁ ଆରପାରିକୁ ଚାଲିଗଲେଣି। ଅଭାବ ଥିଲେ ବି ଅସୁଖୀ ନୁହେଁ ସଂସାର।

ମାଇନର ପଢ଼ିଲା ଯାଏଁ ପୁଅ ପାଠପଢ଼ା କଷ୍ଟ ବୋଲି ଅନୁଭବ କରି ନ ଥିଲା ଅନାମ। ତା'ପରଠୁ ଟିକେ ଭିଡ଼ ପଡ଼ିଥିଲା ଅନାମକୁ। ଅବଶ୍ୟ ସାରମାନେ କିଛି ସାହାଯ୍ୟ କରୁଥିଲେ। ସେ ବି ସାହସ ବାନ୍ଧିଥିଲା, ଯେତେ କଷ୍ଟ ପଡ଼ୁ ପଛେ ପୁଅକୁ ପାଠ ପଢ଼ାଇବ। କିନ୍ତୁ କ୍ଷଣିକରେ ସବୁ ଓଲଟପାଲଟ ହୋଇଗଲା। ପର ବିଲରୁ ମଜୁରି ଖଟି ଆସି ମୁହଁସଞ୍ଜାତାରେ ଗଣ୍ଡିଏ ଖାଇ ପାନଖଣ୍ଡେ ଭାଙ୍ଗୁଚି ତ କିଏ କହିଦେଲା ତା' ବିଲରେ ଘଲିଆ ପଡ଼ିଚି। ସେଇଠୁ ଉଠି ସିଧା ଧାଉଁଲା ବିଲକୁ। ଆଶ୍ୱିନ ମାସ। ବିଲରେ ପାଣି ନ ରହିଲେ ଧାନ ଫଳିବ କେମିତି ? ଗୋଡ଼ମାରି ଘଲିଆ ଖୋଜୁଚି ତ ଚୋଟ ମାରିଲା ତଣ୍ଟ! ଆହା... ଅଢ଼େଇ କିଆରିଆ ତଣ୍ଟ ପରା, ତା' କବଲରୁ ନିସ୍ତାର କାହୁଁ! ସବୁ ସରିଗଲା।

ଦୁଃଖ ସମୁଦ୍ରରେ ମାଆଟିଏ, ପୁଅଟିଏ। କୂଳ କିନାରା ନାହିଁ। ପୁଣି ସେଇବର୍ଷ ଆଦିକନ୍ଦର ମାଟ୍ରିକ୍ ପରୀକ୍ଷା। କେତେ ଆଶ୍ୱାସନା ପ୍ରବୋଧନରେ ମନ ଲଗାଇ ପାଠ ପଢୁଥିଲା ସେ। ସ୍ୱାମୀହରା ଦୁଃଖକୁ ଛାତିତଳେ ଚାପିରଖି ପୁଅକୁ ମଣିଷ କରିବାକୁ ଦୃଢ଼ ସଂକଳ୍ପ ନେଇଥିଲା ସୁମତି। ମ୍ୟାଟ୍ରିକ୍ ପରେ କ'ଣ ବିଷୟ ନେଇ ଓ କୋଉଠି ପଢ଼ିବ ତାହା ସ୍କୁଲ୍ ସାର୍ ଠିକ୍ କଲେ। ପୁଅ କଲେଜରେ ପଢ଼ିଲା, ବିଷୟ ବିଜ୍ଞାନ ନେଲା। ବଡ଼ କଷ୍ଟରେ ଦୁଇ ବରଷ କଟିଗଲା। ଯାଉ ନାକଚଣା କାନନୋଳି, ରୂପା ବଟଫଳ, କଂସା ବାସନ; ପୁଅ କିନ୍ତୁ ପଢ଼ିବ। ଆଉ ତ କିଛି ନାହିଁ। ବିକ୍ରି ହେଲା ବିଲ ଖଣ୍ଡକ। ସେଇଥିରେ ସରିଲା ତା'ର ପାଠପଢ଼ା। ଚାରିଟା ବର୍ଷ ପରେ ଗୋଟେ ବଡ଼ ଚାକିରି କଲା ସମସ୍ତେ ଧନ୍ୟ ଧନ୍ୟ କଲେ।

ସୁମତି ଭାବୁଥିଲା ଚାକିରି କଲା ପରେ ପୁଅର ବାହାଘର କରିବ। ନାତିନାତୁଣୀ ହେବେ। ତାଙ୍କରି ପଛରେ ଗୋଡ଼େଇ ଗୋଡ଼େଇ ତା' ଦିନ ସରିଯିବ। ଶେଷରେ ସେ ବି ଚାଲିଯିବ ଅନାମ ପାଖକୁ, ବାସ୍।

ନା, କିନ୍ତୁ ସେମିତି ହେଲାନି। ପୁଅ ଚାକିରି କଲା ବମ୍ବେରେ। ସୁମତି ଭାବୁଥିଲା ତା' ପୁଅ ମାଷ୍ଟ, କିରାଣି କି ଓକିଲ ନ ହେଲେ ଡାକ୍ତର ହୋଇଥିବ; କିନ୍ତୁ ଏସବୁରୁ କିଛି ବି ନୁହେଁ ତା' ପୁଅ କମ୍ପ୍ୟୁଟର ପାଠ ପଢ଼ି ଗୋଟେ ବଡ଼ କମ୍ପାନିରେ ଚାକିରି କରିଛି। ପ୍ରତି ମାସରେ ସୁମତି ପାଖକୁ ଟଙ୍କା ପଠାଇଦିଏ। ପୁଅ ଆସିପାରେ ନାହିଁ। ସୁମତି ମନ ବୁଝେ ନାହିଁ ସେ ଭାବୁଥାଏ ପୁଅ ଏଠାକୁ ଆସି ଏ ଡିହରୁ ଦରଭଙ୍ଗା ଚାଳଘର ବଦଳରେ ସୁନ୍ଦର କୋଠାଘରଟେ ତୋଳିଦିଅନ୍ତା। ସେ ଗୋଟେ ସୁନାନାକି ବୋହୂ ତା' ପାଇଁ ଖୋଜିଦିଅନ୍ତା। ଅନାମ ଗଲାଦିନୁ ଶିରୋହୀନ ଦିଶୁଥିବା ଡିହଟା ସଜେଇ ହୋଇଯାଆନ୍ତା। ଶଙ୍ଖ ହୁଳହୁଳି ମଙ୍ଗଳ ମାହୁରି ବାଜନ୍ତା। ବରଷ ବିତନ୍ତା। କୁନି କନ୍ଢେଇଟେ ଆସନ୍ତା। ଘର ପୂରିଯାଆନ୍ତା। ଦୁଃଖର ଲୁହ ସିନା ଆଖିରୁ ଶୁଖିଯାଇଛି, ହେଲେ ଏତକ ମିଳିଗଲେ ସୁଖର ଲୁହ ଆଖିରୁ ଝରନ୍ତା। ହେଲେ ନା, ପୁଅ ତ କାଇଁ କମା ଆସେନାହିଁ।

ପୁଅ ତ ଆସିଲାନି, କିନ୍ତୁ ବାର୍ତ୍ତା ଆସିଚି ତା' ପାଖରୁ ଯେ, ସେ ବିଦେଶ ଯିବ। ସୁମତିର ହାଲକ ଶୁଖିଗଲା। ସେ ପୁଅ ସହ ଫୋନ୍‌ରେ କେତୋଟି ନିର୍ଦ୍ଦିଷ୍ଟ କଥା ହୁଏ, ଏଇ ଯେମିତି– ଦିହପା କେମିତି ଅଛି ? କ'ଣ ଖାଇବୁ ? କେବେ ଆସିବୁ? ଯା' ଛଡ଼ା ଆଉ କିଛି ବେଶୀ କଥା ହୁଏ ନାହିଁ। କଥାରେ ତା' ମନ ପୂରେ ନାହିଁ। ଏଥର କିନ୍ତୁ ଫୋନ୍‌ରେ ତାଗିଦା କଲା ସୁମତି। ବାହା ହୋଇନି

ବୋଲି କ'ଣ ବରଯାତ୍ରୀ ଯାଇନି ? ବିଦେଶକୁ ଛାଡ଼ିଦେବ ବାଉଆ ପୁଅକୁ ?''ଦେଖୋ ପୁଅ, ତୁ ଯଦି ଘରକୁ ନ ଆସି ବାହାସାହା ନ ହୋଇ ବିଦେଶକୁ ଚାଲିଯିବୁ ତା'ହେଲେ ତୋ ବୋଉର ମଲାମୁହଁ ଦେଖୁବୁ'' ଏତକ କହି ସୁମତି ଫୋନ୍ କାଟିଦେଲା । ଆଦିକନ୍ଦକୁ ଭାରି ଦୁଃଖ ଲାଗିଲା । ସେ ଜାଣେ ସେଇ ଘରେ ଏକା ଏକା ତା'ର ବୋଉ କାନ୍ଦିଚାଲିଥ୍‌ବ । ହେଲେ ସେ କ'ଣ ଚାହୁଁଥ୍‌ଲା ବୋଉଠୁ ଏମିତି ଦୂରେଇ ରହିବାକୁ ? ତା' ମଥାରେ ତା' ବୋଉର ହାତ, ତା' ପଣତରେ ତା' ପାଇଁ ମମତା ସେ କ'ଣ ଲୋଡ଼ୁ ନ ଥ୍‌ଲା । ଏବେ ନିଜ ପରିଶ୍ରମ ଓ ସମସ୍ତଙ୍କର ଶୁଭେଚ୍ଛାରେ ସେ ଯେଉଁଠି ପହଞ୍ଚିଛି ସେସବୁକୁ ଛାଡ଼ି ସେ କ'ଣ ଫେରିଆସିବ ଗାଁକୁ ? ଏସବୁ କଥା ଭାବି ଅନେକ ରାତି ଯାଏଁ ଶୋଇପାରି ନ ଥ୍‌ଲା ଆଦିକନ୍ଦ । ପରଦିନ ଅଫିସ୍‌ରେ ବହୁ ଚେଷ୍ଟା କରି ବିଦେଶ ଚାକିରିରେ ଯୋଗ ଦେବା ପୂର୍ବରୁ ପନ୍ଦର ଦିନ ଯାଏଁ ଛୁଟି ମଞ୍ଜୁର କରାଇଲା, ବୋଉକୁ ଜଣାଇଲା ।

ସୁମତିକୁ ଲାଗିଲା ସେ ମହରଗରୁ ଯାଇ କାନ୍ତାରରେ ପଡ଼ିଲା କି ? ପନ୍ଦର ଦିନ ଛୁଟିକୁ ଆଉ ଦେଢ଼ମାସ ବାକି । ଏତିକି ଦିନ ଭିତରେ ଘର ତିଆରି, ବୋହୂଖୋଜା, ବାହାଘର ଆଦି ସବୁକାମ ସାରି ସେ ପୁଅକୁ ବିଦେଶ ଛାଡ଼ିବ କେମିତି ? ଏ କୁଳରେ ହେଉ କି ତା' ବାପଘରେ ହେଉ, ଏଥ୍‌ରେ ତାକୁ ସାହାଯ୍ୟ କରିବା ପରି ଆଉ କିଏ ବା ଅଛି ? ପୁଅ ବିଦେଶ କମ୍ପାନିକୁ ତିନି ବର୍ଷ ପାଇଁ ଯିବ । ବୋହୂ ବି ଯିବ ତା' ସାଙ୍ଗରେ । ସୁନ୍ଦରୀ, ସର୍ବଗୁଣ ସମ୍ପନ୍ନା ବୋହୂଟିଏ ଖୋଜିବ ବୋଲି ସେ ପାଣ୍ଠ କରିଥ୍‌ଲା । ଏବେ ଏତେ ଶୀଘ୍ର ସେ ଏମିତି ବୋହୂ କୋଉଠି ଖୋଜିବ ? ଲଣ୍ଡଭଣ୍ଡ ହୋଇ ସେ ସ୍କୁଲ୍ ସାରଙ୍କ ଘରକୁ ଧାଇଁଲା । ଆଦିକନ୍ଦ ସହ ସାର୍ କଥା ହେଲେ । ମାଟ୍ରିମୋନି ଜରିଆରେ ନିଜେ ଝିଅ ଖୋଜିବ ଆଦିକନ୍ଦ । ଘର ତିଆରିର ପ୍ରଶ୍ନ ଉଠୁନି । ସେଇଠି ଥାଇ ଆଦି ଇଣ୍ଟରନେଟ୍‌ରୁ ଖୋଜି ଗୋଟେ ଫ୍ଲାଟ୍ ବୁକ୍ କରିବ ରାଜଧାନୀରେ । ଆଦିକନ୍ଦ ଯେଉଁ ସ୍ତରକୁ ଗଲାଣି ତା' ବୋହୂ ଆସି କ'ଣ ଏଇ ଗାଁରେ ଚଳିପାରିବ ? ବହୁତ କଥା ହେଲା ସୁମତି ସାରଙ୍କ ସହିତ । ସାର୍ ତାକୁ ବୁଝାଇଦେଲେ । ସୁମତି ବି ବୁଝିଗଲା । ଅବୁଝା ହେଲେ ପୁଅର ଜୀବନ ମାଟି । ସୁମତି ଛାତିଟା ଅନେକ ଦିନୁ ଟାଣ ହୋଇଯାଇଚି, ପୁଅର ମଙ୍ଗଳ ପାଇଁ ।

ସାରଙ୍କ ସଙ୍ଗେ କଥା ହେଲା ପରେ ଆଦିକନ୍ଦ ନିଜକୁ ବହୁତ ସହଜ ଅନୁଭବ କଲା । ଫ୍ଲାଟ୍ ବୁକ୍ କରିବା ଆଉ ନିଜ ପାଇଁ ପତ୍ନୀ ଖୋଜିବା ଦୁଇଟାୟାକ ଏକଦମ୍ ଠିକ୍ । ମାଆ ପୁଅ ଦୁହିଁଙ୍କ ମନ ଆଶ୍ୱସ୍ତ ହେଲା ।

ବୋଉର ଖୁସି ପାଇଁ ରାତି ରାତି ଲାପଟପ୍‌ ଦରୋଷ୍ଟି ସବୁ ପାଇଗଲା ଆଦିକନ୍ଦ । ଗୋଟେ ଫ୍ଲାଟ୍‌ ବୁକ୍‌ ହୋଇଗଲା ଏକଦମ୍‌ ଭଲ ସ୍ଥାନରେ । ଆଉ ଠିକ୍‌ ବି ହୋଇଗଲା ଗୋଟେ ସୁନ୍ଦରୀ ଶିକ୍ଷିତା ଝିଅ । ଝିଅ ଘର ଗାଁରେ ହେଲେ ବି ସେମାନେ ସହରରେ ଘରକରି ରହୁଛନ୍ତି । ସେ ଫ୍ଲାଟ୍‌ କିଣା ହୋଇଥିବା ଆପାର୍ଟମେଣ୍ଟ ପାଖାପାଖି । ଝିଅ ଫଟୋ ଦେଖି ବୋଉର ପସନ୍ଦ ହେଲା । ଜାତକ ବି ପଢ଼ିଲା । ବୋଉର ମନଟା ଏକଦମ୍‌ ଫର୍ଚା ହୋଇଗଲା । ଏଠି ହେବ ଆଦିର ବାହାଘର । ଯା'ହେଉ ଠାକୁରେ ଡାକ ଶୁଣିଲେ । ପୁଅ ବାହା ହୋଇ ବୋହୂକୁ ସାଥିରେ ଧରି ବିଦେଶ ଯିବ । ଏଥର ସୁମତିର ମନ କୁଣ୍ଠେମୋଟ ।

ସବୁକଥାରେ ସାରଙ୍କର ପରାମର୍ଶ ଲୋଡ଼ା । ଏ ଗାଁରେ ସାର୍‌ ହିଁ ତାଙ୍କ ପିଲାମାନଙ୍କୁ ସବୁଠୁ ଯୋଗ୍ୟ କରି ପାରିଥିଲେ । ତାଙ୍କର ଦୁଇ ପୁଅ ବଡ଼ ବଡ଼ ଚାକିରି କରି ବିଦେଶରେ ରହୁଛନ୍ତି । ଆଜିକାଲିକା ଚଳଣି ଉପରେ ତାଙ୍କର ବେଶ୍‌ ଦଖଲ । ଫ୍ଲାଟ୍‌ ଘର ହାତକୁ ଆସିଲା । ଘର ପ୍ରତିଷ୍ଠା ହେଲା । ସହରରେ ବାହାଘର ହେବ । ସାଇଭାଇ ଗାଁ ବନ୍ଧୁ ସମସ୍ତେ ଆସିବେ । ସବୁ ବ୍ୟବସ୍ଥାରେ ସାର୍‌ ହିଁ ଭରସା । ସେପଟେ ଝିଅ ବାପା ବି ଭାରି ଧୁରନ୍ଧର । ସହରର ଉଡ଼ା ଟଙ୍କାକୁ ଧରି ଜାଗାବାଡ଼ି କାରବାର କରି ସେ ବେଶ୍‌ ଟାଣୁଆ । ଗୋଟିଏ ବୋଲି ଝିଅ, ସେ ବି କୋଉଠି କିଛି ଖିଲାପ କରି ନାହାନ୍ତି । ବୋହୂ ଘରେ ନ ପଶୁଣୁ ଆସବାବପତ୍ରରେ ତା'ଘର ଭର୍ତ୍ତି । ବଡ଼ ଆଡ଼ମ୍ବରରେ ବାହାଘର ହେଲା । ବାହାଘର ନୂଆଘର, ପୁଅବୋହୂ, ବନ୍ଧୁବାନ୍ଧବ, ଦିଆନିଆ, ଖିଆପିଆରେ ପନ୍ଦର ଦିନ କେମିତି ବିତିଗଲା ତା'ର ହିସାବ ପାଇଲା ନାହିଁ ସୁମତି । ଦିନ ସରିଗଲା । ପୁଅବୋହୂ ଉଡ଼ିଗଲେ ବିଦେଶକୁ ।

ପୁଅବୋହୂ ଯିବାପରେ ଦିନସବୁ ଏତେ ବଡ଼ କେମିତି ହୋଇଗଲା ? ଆଦିକନ୍ଦର ଶତ ଅନୁରୋଧ ସତ୍ତ୍ୱେ ବୋଉ ଗାଁକୁ ଫେରିଗଲା । ପୁଅ ବୋହୂଙ୍କର ଫୋନ୍‌ ଆସିବାରେ ହେଲା ନ ଥିଲା । ପ୍ରତି କଥାବାର୍ତ୍ତା ଶେଷରେ ସୁମତି ଗୋଟିଏ ଦୀର୍ଘଶ୍ୱାସ ଛାଡ଼ୁଥିଲା । ବଢୁଥିଲା ତା'ର ବୟସ । ବଢୁଥିଲା ପୁଅବୋହୂଙ୍କର କର୍ମମୟ ଜୀବନର ବ୍ୟସ୍ତତା । ମନେ ହେଉଥିଲା ଯେମିତି ବହୁତ ବଡ଼ିଯାଉଥିଲା ଗୋଟିଏ ଗୋଟିଏ ଦିନ । ତଥାପି ବର୍ଷଟିଏ ବିତିଗଲା । କେବେ ଫେରିବେ ପୁଅବୋହୂ ସାଙ୍ଗରେ ନାତି କି ନାତୁଣୀଟେ ଧରି ?

ଏବେ ଆଉ ମନ ଭଲ ରହୁ ନ ଥିଲା ସୁମତିର । ନିଜ ପାଇଁ ଗଣ୍ଡାଏ ରାନ୍ଧି ଖାଇବାକୁ ତାକୁ ଜମା ଆଗ୍ରହ ଆସୁ ନ ଥିଲା । ପୁଅବୋହୂଙ୍କୁ ଫୋନରେ ସବୁ ଭଲ

ବୋଲି କହୁଥିଲେ ବି ଭିତରେ ଭିତରେ ଦୁଃଖରେ କୁହୁଳୁ ଥିଲା ସୁମତି । ଅନ୍ତ ଫାଡ଼ି ଜନ୍ମ କରିଥିଲେ ପରା ଅନ୍ତର କଥା ବୁଝ୍ ହୁଏ । ଆଦିକନ୍ଦ ତା' ବୋଉର ଏକଲାପଣକୁ କ'ଣ ଅନୁଭବ କରିପାରୁ ନ ଥିଲା ? ସଫଳତା ନାମକ ଶେଷହୀନ ସଡ଼କରେ ସେ ବନ୍ଦୀ । ସେଥିରୁ ବାହାରିବାର ବାଟ ତାକୁ ଜଣା ନାହିଁ । ସେ କ'ଣ କରିବ ?

ଏବେ ଏବେ ବୋଉର କଥାବାର୍ତ୍ତା ଆଦିକନ୍ଦକୁ ଜମା ସହଜ ଲାଗେ ନାହିଁ । ବୋଉ ପାଇଁ ତା' ମନ ବିଚଳିତ ହୁଏ । ପ୍ରକୃତରେ ବୋଉର ସ୍ଥିତି ଜାଣିବା ପାଇଁ ସେ ପୁଣି ସାରଙ୍କ ସଙ୍ଗେ କଥା ହେଲା । ଫେରିବା ପାଇଁ ଆହୁରି ଦୁଇବର୍ଷ ବାକି । ସାରଙ୍କ ପରାମର୍ଶରେ ସେ ବୋଉକୁ ବୁଝାଇଲା ସହରର ଫ୍ଲାଟ୍ ଘରେ ଆସି ରହିବାକୁ । ଗାଁରେ କିଏ କେତେବେଳେ ଆନ୍ତରିକତାରେ କିଛି କରିବେ, ହେଲେ ଧରାବନ୍ଧା ନୁହେଁ । ସହରରେ ଟଙ୍କା ଥିଲେ ସବୁକିଛି ମିଳିବ । ରୋଷେଇ, ସଫେଇ, ସେବାୟନ ଆଦି ସବୁକିଛି । ହେଲେ ପରିଚିତ ଗାଁ ମାଟି ଛାଡ଼ି ଅଚିହ୍ନା ସହରରେ ରହିବାକୁ ବୋଉ ଜମା ରାଜି ନ ଥିଲା । ଆଦିକନ୍ଦ ବହୁତ ଚିନ୍ତା କଲା ସେ ପରିସ୍ଥିତିରେ ବନ୍ଦୀ ସତ, ହେଲେ ତା' ମନ କ'ଣ ବନ୍ଦୀ ନୁହେଁ ତା' ବୋଉର ପଣତରେ ? ତା'ଠୁ ଆଠ ଦଶ ବର୍ଷ ସାନ ମାଟ୍ରିକ୍‌ରେ ପାଠଛାଡ଼ି ଗାଁରେ ବୁଲୁଥିବା ସନିଆ କଥା ତା'ର ମନେପଡ଼ିଲା । ଭାରି ଚହକିଆ ଟୋକାଟା । ସହରରେ ରହିବାକୁ ତା'ର ଭାରି ମନ । ସାରଙ୍କ ସହାୟତାରେ ତାକୁ ବୁଝାଇଲା । ବୋଉକୁ ମଧ୍ୟ ଅନୁନୟ କଲା । ଶେଷରେ ଦୁହେଁ ରାଜି ହେଲେ ସହରରେ ରହିବା ପାଇଁ । ବୋଉ ଯେ ତା' ପୁଅର ନୂଆଘର ଦେଖି ନ ଥିଲା ତାହା ନୁହେଁ, ପନ୍ଦର ଦିନର ଭିଡ଼ଭାଡ଼ ବ୍ୟସ୍ତତା ଭିତରେ ଘରର ସ୍ୱରୂପ ସେ ବାରି ପାରି ନ ଥିଲା । ଗାଁଠୁ ଏଠି ସବୁ ସୁବିଧା, ହେଲେ ଦିନତମାମ ଖାଁ ଖାଁ । ଏଠାକାର କଥାବାର୍ତ୍ତା ଭାବସ୍ନେହ ଗାଁ ପରି ନୁହେଁ । ଗଛ, ପତର, ଚଢ଼େଇ, ଚିରିଗୁଣ୍ଟ୍ରୀ କିଛି ନାହିଁ । ପାଦ ବି ଲାଗୁନି ମାଟିରେ । କେହି କାହା ସହ ଭେଟହେଲେ ଯାହା ଟିକେ ହସିଦିଅନ୍ତି, ପୁଣି ଯେଉଁ କାମରେ ଯିଏ ଯାଆନ୍ତି ଆସନ୍ତି । କେହି କାହା ପାଖେ ଖୋଲନ୍ତିନି ହୃଦୟ । ଏ ପରିଛନ୍ନ ଦୁନିଆରେ ଯାହାସବୁ ଆଖି ଖୋଲି ଦେଖୁହୁଏ ସବୁ ସୁନ୍ଦର, ସବୁ ସଜଡ଼ା । ନ ଦେଖିଲା ଥାନର ଦୁଃଖ, ଶୋକ କିଏ କାହିଁକି ଦେଖାଇବ କାହାକୁ ?

ଆଦିକନ୍ଦ ମନଟା କିନ୍ତୁ ହାଲୁକା ହୋଇଯାଇଥିଲା । ବୋଉର ଭଲମନ୍ଦ ନେଇ ନିୟମିତ କଥା ହେଉଥିଲା ସନିଆ ସାଥିରେ । କେମିତି ବୋଉକୁ ଚଳେଇବ, ତା'ର ଦେହପା ଯନ୍ ନେବ, ତାକୁ ଟିକେ ବୁଲେଇ ନେବ ମନ୍ଦିର, ପାର୍କ ନ

ହେଲେ ବୋଉ ଯେମିତି ଚାହିଁବ । ମୋଟ ଉପରେ ଖର୍ଚ୍ଚକୁ ନ ଡରି ଯେମିତି ଖୁସି ରଖିବ ବୋଉକୁ । ତା' ଦୁଃଖୀନୀ ବୋଉର ଟିକିଏ ଖୁସି ପାଇଁ ଆଦିକନ୍ଦ ସବୁବେଳେ ଯନ୍ତବାନ୍ ଥିଲା । ସନିଆକୁ ବି କହିଥିଲା ବୋଉର ଯନ୍ତ ନେଲେ ସେ ସବୁ ସୁବିଧା ତା' ପାଇଁ କରିଦେବ । ତାକୁ ଭଲ ଗୋଟେ କାମରେ ବି ଲଗାଇଦେବ । ତା' ବାହାଘର କରିଦେବ । ସେଇଠି ସେଇ ଘରେ ବୋଉ ପାଖେ ରହିବ ସେ । ତା' ବୋଉର ଟିକେ ଖୁସି ପାଇଁ ସନିଆକୁ ସନ୍ତୁଷ୍ଟ କରିବାରେ ସେ କେବେ ବି କୁଣ୍ଠିତ ହୋଇ ନ ଥିଲା । କିନ୍ତୁ ଏପଟେ ସନିଆ ଭାବୁଥିଲା ଏ ବୁଢ଼ୀ ଚାଲିଗଲେ ତ ସବୁ ତା'ର । ତା' ମନରେ ଡେଣା ଲାଗିଯାଏ । ମଣିଷର ମନ, ଘନ ଅରଣ୍ୟ । ବେଳେବେଳେ ସନିଆ ବୁଢ଼ୀକୁ ଭାରି ଭଲପାଏ, ଆଦର କରେ । ପୁଣି ଭାବେ ଆଦି ଭାଇର ବୋଉ ନ ଥିଲେ ସେ କିଏ ? ଏ ଘରଦ୍ୱାର, ଏ ସୁଖ ସୁବିଧା, ଏ ଖିଆପିଆ କିଏ ? ପୁଣି ବେଳେବେଳେ ଭାବେ କେବେ ଆସିବ ଆଦିଭାଇ ! କେବେ ତା'ର ବାହାଘର ହେବ... କେବେ ଏ ବୁଢ଼ୀ ମରିବ... ?

ଏମିତି କଟିଗଲା ଗୋଟାଏ ବରଷ । ଏବେ ଆଉ ଆଗପରି ସନିଆ ବୋଉକୁ ପ୍ରତି ସନ୍ଧ୍ୟାରେ ବୁଲାଇବାକୁ ନେଉ ନ ଥିଲା । ଏକା କୁଆଡ଼େ ଯିବାକୁ ସୁମତିର ନା ଦେହରେ ବଳ ନା ମନରେ ସାହସ ଅଛି ? ସନିଆ ଏବେ ଏକା ବୁଲିବାର ମଜା ଚାଖିନେଲାଣି । ବୁଢ଼ୀଟାକୁ ସାଙ୍ଗରେ ଧରି ବୁଲିବାକୁ ତାକୁ ବଡ଼ ଅସ୍ୱସ୍ତିକର ଆଉ ବିରକ୍ତିକର ଲାଗିଲାଣି । ସନିଆ ଏବେ ସବୁଥରେ ମାମଲତକାର । ସୁମତିର ଇଚ୍ଛାକୁ ଜମା ବି ପ୍ରାଧାନ୍ୟ ଦିଏନି । ସନିଆ କେତେବେଳେ କୁଆଡ଼େ ପଳେଇଯାଏ । ଏକୁଟିଆ ଘରେ ରହି ରହି ସୁମତିକୁ ଭାରି ବିରକ୍ତ ଲାଗେ । ଏବେ ସୁମତିକୁ ସନିଆ କି ସନିଆକୁ ସୁମତି କେହି କାହାକୁ ଭଲ ଲାଗନ୍ତି ନାହିଁ ।

ସୁମତି କ'ଣ ଏସବୁ କହିଦେବ ପୁଅକୁ ? ତା' ସୁବିଧା ପାଇଁ ତ ସେ ଏତେସବୁ କଲା । ସୁମତି କ'ଣ ସନିଆକୁ ପୁଅ ପରି ସ୍ନେହ ଆଦର ଦେଇ ଆପଣାଆପଣରେ ଚଲିବାକୁ ଚାହିଁ ନ ଥିଲା ? ହେଲେ ସନିଆର ଏ ପ୍ରକାର ପରିବର୍ତ୍ତନ ଦେଖି ସୁମତି ଦୁଃଖ, ରାଗ ଆଉ ହତାଶାବୋଧରେ ଧିରେ ଧିରେ ପାଗଳୀପ୍ରାୟ ହୋଇପଡ଼ିଲା । ପୁଅବୋହୂଙ୍କ ଅପେକ୍ଷାରେ ତା'ର ଧୈର୍ଯ୍ୟଚ୍ୟୁତି ସହ ସନିଆର ବ୍ୟବହାର ତାକୁ ଅତିଷ୍ଠ କରୁଥିଲା ।

ସୁମତିକୁ ସନିଆ ଆଉ ଘରୁ କୁଆଡ଼େ ବି ନେଲା ନାହିଁ । କିନ୍ତୁ ଦିନେ ସୁମତି ନିଜେ ଘରୁ ବାହାରକୁ ଚାଲିଗଲା । ଗଲା ଯେ ଗଲା । ସନିଆ ଭାବିଥିଲା ଖୋଜି

ଆଣିବ ବୁଢ଼ୀଙ୍କୁ, ହେଲେ ପାଇଲା ନାହିଁ। ସନିଆ ଏକଥା ଆଦିକୁ ଜଣାଇଲା। ଦୂରରେ ଥାଇ ଆଦି ଫୋନ୍ରେ ସାର, ପୋଲିସ୍, ଶ୍ୱଶୁର ସମସ୍ତଙ୍କ ସହ ଏ ସମ୍ପର୍କରେ କଥା ହେଲା ଓ ସେମାନଙ୍କ ପରାମର୍ଶରେ ଯାହା କରିବା କଥା କଲା ପରେ ମଧ୍ୟ ସନ୍ଧାନ ପାଇଲାନି ତା' ବୋଉର। ଏମିତି ଖୋଜାଖୋଜି ଭିତରେ ସନିଆ ଖବରଟେ ଜଣାଇଲା ଆଦିକଦକୁ ଯେ ଗାଡ଼ି ଧକ୍କାରେ ସୁମତି ଚାଲିଯାଇଛି। ଆଦିକଦ ଅଧୈର୍ଯ୍ୟ ହେଲା। ପତ୍ନୀ ତାକୁ ପ୍ରକୃତିସ୍ଥ କଲା। ଆଦି ଭିଡିଓରେ ବୋଉକୁ ଦେଖିଲା। ଗୋଟେ ବିଧବା ବୋଉ, ସଫେଦ ଶାଢ଼ି, ଫୁଙ୍ଗୁଲା ହାତ, ଲଙ୍ଗଳା ପାଦ, ବାସ୍ ମୁହଁଟା ତ ପୂରା ଘୋଷାରି ହୋଇ ସରିଯାଇଛି ସଡ଼କରେ। ସନିଆ ତ କହୁଛି ଏଇ ଶାଢ଼ି ସେ ପିନ୍ଧିଥିଲେ ସେଦିନ। କ'ଣ କହିବ ଆଦିକଦ ? ସନିଆଠୁ ଅଧିକ ସେ କ'ଣ ଚିହ୍ନିପାରିବ ତା' ବୋଉକୁ। ବୋଉ ଚାଲିଗଲା। ବଞ୍ଚିଥିବା ବେଳେ ତ ତା' ପାଇଁ କିଛି କରିପାରିଲାନି, ଅନ୍ତତଃ ତା' କ୍ରିୟାକର୍ମରେ ହେଲା କରିବା ଉଚିତ ହେବନି। ଦୁର୍ଘଟଣାରେ କ୍ଷତବିକ୍ଷତ ଶରୀର ମର୍ଗରେ ରଖିବାକୁ ଉଚିତ ମଣିଲେନି କେହି। ବୋଉକୁ ଶେଷଥର ପାଇଁ ଦେଖା ବି କରିପାରିଲାନି। ସନିଆ ଆଉ ଶ୍ୱଶୁରଙ୍କ ସହାୟତାରେ ସ୍ୱର୍ଗଦ୍ୱାରେ ଦାହ ସଂସ୍କାର କରି ବୋଉକୁ ସ୍ୱର୍ଗକୁ ପଠାଇବାକୁ ଆଦିକଦ ଅନୁରୋଧ କରିଥିଲା। ସେ ଆସିବା ବେଳକୁ କଳସରେ ଥିଲା ଚିତାଭସ୍ମ।

ଆଜି ପାଞ୍ଚ ଦିନ। ଠିକ୍ ଚଉଦ ଦିନକୁ ଫେରିବାକୁ ହେବ। କରିବାକୁ ବି ହେବ କିଛି କାଗଜପତ୍ର କାମ। ମୃତ୍ୟୁ ପ୍ରମାଣପତ୍ର ନ ହେଲେ ଛୁଟି ପାଇଁ କଳଙ୍କ ଲାଗିବ ଚାକିରିରେ। ଏଣେ ପତ୍ନୀ ଆଦୌ ରାଜି ନୁହନ୍ତି।ଏସବୁ କାମ ଗାଁରେ କରିବାକୁ। ପନ୍ଦର ଦିନର ଦେଖାଚାହାଁରେ କେତେ ମମତା ଯେ ସେ ଗାଁକୁ ଯାଇ ଏତେ କଷ୍ଟ କରିବ ? ଶାଶୂ ପାଇଁ ଶୁଦ୍ଧିଘର କାମକୁ ବୋହୂ ନ ଗଲେ କ'ଣ କହିବେ ସମସ୍ତେ ? ଶେଷରେ ଗାଁକୁ ଆଦୌ ନ ଯିବାକୁ ଠିକ୍ କଲା। ସନିଆ ଧାଧପଡ଼ରେ ହେଲା କଲାନି। ଗାଁରେ ସାର୍ ବି ସାହାଯ୍ୟ କଲେ। କୁଟୁମ୍ଭ ହିସାବ ହେଲା, ଲୁଗାପଟା ଚିଠା ହେଲା। ବ୍ରାହ୍ମଣ, ବାରିକ, ଧୋବା ଆଦି ସମସ୍ତଙ୍କ ପାଇଁ ହିସାବ କରି ଟଙ୍କା ଧରି ଗାଁକୁ ଯାଇ ସାରଙ୍କ ପରାମର୍ଶରେ ସନିଆ କାମ ଉଠେଇଲା।

ଏଠି ପୁଅବୋହୂ ଶୌଚ ହେଲେ। ଆନୁଷଙ୍ଗିକ କ୍ରିୟାକର୍ମ କଲେ। କାହାକୁ କିଛି ଫରକ ପଡ଼ୁ ନ ଥିଲା। ଆଦିକଦ ତା'ର ଲଣ୍ଡାମୁଣ୍ଡରେ ହାତମାରି ତା' ବୋଉର ଶୂନ୍ୟପଣକୁ ଉପଲଧି କରୁଥିଲା ବାରମ୍ବାର। ମନ ଚାହିଁଲେ ବି ଗାଁକୁ ଯିବା

• • • • • • • • • • • • • •
ସୋରିଷଫୁଲିଆ ଖରା ▫ ୧୩

ସମ୍ଭବ ହେଲାନି । ଚଉଦ ଦିନ ସଂକୀର୍ତ୍ତନ ପାଇଁ ବି ଗାଁକୁ ପୁଣି ଟଙ୍କା ପଠେଇ ଦିଆଗଲା ସନିଆ ହାତରେ । ଗାଁରେ ସମସ୍ତେ ନାକ ଟେକିଲେ ଆଦିକନ୍ଦ ଆଉ ତା' ସ୍ତ୍ରୀକୁ ।

ସବୁ ସରିଲା । ଶ୍ୱଶୁର ପରାମର୍ଶ ଦେଲେ ସହରର ଯେକୌଣସି ଗୋଟେ ଜରାନିବାସରେ ପୁଅବୋହୂ ଯାଇ ଗୋଟିଏ ଓଳିର ଖାଇବା ଦେଇ ଆସିଲେ ଭଲ ହୁଅନ୍ତା । କଥାଟା ବି ବେଶ୍ ଛୁଇଁଲା ଆଦିକନ୍ଦର ମନକୁ । ଉନ୍ନତମାନର ମଧ୍ୟାହ୍ନ ଭୋଜନ ପ୍ୟାକେଟ୍ ପ୍ରସ୍ତୁତ ହେଲା । ଆଦିକନ୍ଦ ବହୁତ ଭାବପ୍ରବଣ ହୋଇପଡ଼ିଲା । ସମସ୍ତଙ୍କ ପାଇଁ ଖଣ୍ଡିଏ ଖଣ୍ଡିଏ ଚଦରର ବି ବନ୍ଦୋବସ୍ତ ହେଲା । ସ୍ୱାମୀ ସ୍ତ୍ରୀ ଜରା ନିବାସ ଗଲେ ।

ଏଇ ଶେଷକାମଟି ସାରି ସେମାନେ ସେଠାରୁ ଯିବେ ସିଧା ଏରୋଡ୍ରମ୍ । ସବୁ ପ୍ରସ୍ତୁତି ସରିଯାଇଚି । ଏଇଟା ହିଁ ବୋଉ ପାଇଁ ଶେଷ ଶ୍ରଦ୍ଧାଞ୍ଜଳି । ସେମାନେ ପହଞ୍ଚିଲା ପରେ ଜରା ନିବାସର କର୍ମକର୍ତ୍ତା ଉଭୟଙ୍କୁ ପାଛୋଟି ନେଲେ । ଜିନିଷ ବୁହା ହୋଇ ଆସିଲା । ବ୍ୟବସ୍ଥା ହୋଇଥାଏ ସମସ୍ତ ଅନ୍ତେବାସୀ ଜଣେ ଜଣେ ହୋଇ ଧାଡ଼ିରେ ଆସି ଦୁହିଁଙ୍କ ହାତରୁ ଖାଦ୍ୟ ପୁଡ଼ିଆ ଆଉ ସାଲ୍ ଗ୍ରହଣ କରିବେ । ସସ୍ତ୍ରୀକ ଦାନ ଦେଉଥା'ନ୍ତି ଓ ହାତଯୋଡ଼ି ପ୍ରଣାମ କରୁଥା'ନ୍ତି । ଆଶୀର୍ବାଦ ଢାଲିଦେଇ ଚାଲିଯାଉଥା'ନ୍ତି ଜଣକ ପରେ ଜଣେ, ଜରା ନିବାସର ଅନ୍ତେବାସୀ ।

ଆଦି ହାତରେ ବଳିଥିଲା ଶେଷ ଖାଦ୍ୟପୁଡ଼ିଆ ଏବଂ ପତ୍ନୀ ବି ପ୍ରସ୍ତୁତ ଶେଷ ସାଲ୍‌ଟି ପକାଇଦେବା ପାଇଁ କାନ୍ଧରେ । ଆଦିକନ୍ଦ ହାତରୁ ହଠାତ୍ ଖାଦ୍ୟପୁଡ଼ିଆଟା ଖସିପଡ଼ିଲା । ଏକଦମ୍ ଅନ୍ତରଙ୍ଗ ହୋଇ ସେ ଜଡ଼ିଗଲା ଏଇ ଶେଷ ବୃଦ୍ଧାଟିର କୋଳରେ । ବୃଦ୍ଧାଙ୍କର ହାତ ପହଁରୁଥିଲା ଆଦିକନ୍ଦର ମୁଣ୍ଡ କପାଲ ପିଠି ସବୁଆଡ଼େ ।

ହଠାତ୍ ଜରା ନିବାସର ପରିଚାଳକ ପାଖକୁ ଆସି ବୃଦ୍ଧାଙ୍କୁ ଅଲଗା କରିଦେଲେ ଓ କହିଲେ, ଏଇ ଅଳ୍ପଦିନ ହେଲା ଏ ବୃଦ୍ଧା ଜଣକ ଏଠାକୁ ଆସିଛନ୍ତି । ତାଙ୍କର ସ୍ମୃତିଶକ୍ତି ହଜିଯାଇଥିବାରୁ ତାଙ୍କ ବିଷୟରେ କିଛି ଜାଣିହେଉନି; କିନ୍ତୁ ସେ ଭାରି ସ୍ନେହୀ ମହିଳା ।

ଆଦିକନ୍ଦ କଲିଜାରୁ ସବୁ ରକ୍ତ ଯେମିତି ଚିପୁଡ଼ି ହୋଇଯାଉଥିଲା । ସେ ଚେତା ହରାଇବ କି ଆଉ! ପତ୍ନୀ ତାକୁ ସ୍ପର୍ଶ କରି ସଚେତନ କଲେ ଏତେ ଭାବପ୍ରବଣ ହୋଇପଡ଼ୁଚ ଯେ! କହିଲେ, ଏବେ ଯିବା ସମୟ ହୋଇଯାଉଛି । ଆଦିକନ୍ଦ ପ୍ରକୃତିସ୍ଥ ହେଲା । ଏତେ ବଡ଼ ସତକୁ ଛାତି ଭିତରେ ଲୁଚାଇ ବଞ୍ଚିବାକୁ

ହେବ ତମାମ ଜୀବନ ! ନ ହେଲେ ଭୁରୁଡ଼ି ପଡ଼ିବ ନିଜ ଭବିଷ୍ୟତ ସ୍ୱପ୍ନସବୁ। କ'ଣ କରିବ ଆଦିକନ୍ଦ ? ତାକୁ ଲାଗୁଥିଲା ସେ ଯେମିତି ପାଲଟିଯାଇଛି ଗୋଟେ ନିର୍ଜୀବ ପିଣ୍ଡ। ତା' ମନ, ହୃଦୟ, ଆତ୍ମା, ଆବେଗସବୁକୁ ଏଇ ସଫେଦ ପଣତରେ ବାନ୍ଧିଦେଇ ତାକୁ ଯିବାକୁ ହେବ ସୁଖ ଅନ୍ଧେଷଣରେ ଦୂରକୁ – ଅନେକ ଦୂରକୁ। ଆଦିକନ୍ଦ ଅଗ୍ରସର ହେଉଥିଲା। ଲଣ୍ଡିତ ମସ୍ତକ ପରିଚାଳକଙ୍କ ସୂଚନା ଆଉ କ'ଣ ବାକି ଥିଲା ବୁଝିବାକୁ। ବାକି ଜୀବନତକ ସ୍ମୃତିରହିତ ମଣିଷଟିଏ ହୋଇ ବଞ୍ଚିଯିବାରେ ହିଁ ସୁମତିଙ୍କର ଶାନ୍ତି। ପଣତ ତଳେ ଢାଙ୍କି ହୋଇ ରହିଯାଉ ପ୍ରିୟ ପୁତ୍ରର ସୁଖ ଆଉ ସମ୍ମାନ ଚିରଦିନ।

□

ଶୀତ

ସୂର୍ଯ୍ୟ ଉଇଁଲେଣି ଅନେକ ବେଳୁ। ରାସ୍ତାଘାଟ କିନ୍ତୁ ଫର୍ଚ୍ଚା ହୋଇନି। ସକାଳର ଅଳସ ପଣରେ ସୂର୍ଯ୍ୟ ବି ଘୋଡ଼ି ହୋଇଛନ୍ତି କୁହୁଡ଼ିର କମ୍ବଳ। ଧୂଆଁଲିଆ କୁହୁଡ଼ି ଆଉଆଲରେ, ଗରମ ପୋଷାକ ପିନ୍ଧା ମଣିଷଗୁଡ଼ାକ ବେଢ଼ଙ୍ଗ ଦିଶୁଛନ୍ତି। ଏହାରି ଭିତରେ ଦିନଚର୍ଯ୍ୟାର ବ୍ୟସ୍ତତା ଧୀରେ ଧୀରେ ବଢ଼ୁଛି। ଷ୍ଟେସନ୍‌ରେ ପୁଲା ପୁଲା ମଣିଷ, ଟ୍ରେନ୍‌ର ଯା–ଆସ। ଧାଁ ଧପଡ଼ା, ଚା' ଦୋକାନର ବାଙ୍କ। ଲଗେଜ୍ ବୁହା କୁଲି, ସୁଇପରର ସଫେଇ। ଏତେବେଳେ ବି ଶୀତ ସାଙ୍କାରକୁ ବହଳ କମ୍ବଳ ତଳେ ଆଉଆଲ କରି ଜାକିଜୁକି ହୋଇ ଶୋଇଛନ୍ତି ଅନେକ। ଚଟାଣରେ ପଡ଼ିଚି ଗୋଟେ ବୁଢ଼ୀ। ପାଚିଲା ମୁଣ୍ଡଟା ନଇଁଯାଇଚି ଛାତି ଆଡ଼କୁ, ମୁହଁ ଦିଶୁନି। ବେକମୂଳେ ଲଟକିଚି ପାଚିଲା ଚୁଟିର ମୁଠୁଣୀଟାକର ଗଣ୍ଠିଟେ। ତମାମ୍ ଦେହ ଢାଙ୍କି ହୋଇଚି ଖଣ୍ଡେ ସାତଶିଆଁ ଲୁଗାରେ। ମୁଣ୍ଡ ହାତ ଆଣ୍ଠୁ ଏକାଠି। ଲୋଚାକୋଚା। ବାରିହୋଇ ପଡ଼ୁଚି ପୋରିହଁ ଲୁଗା ତଳୁ। ହଲ୍ ନାହିଁ ଚଲ ନାହିଁ। ବଢ଼ନ୍ତ ଗହଳିକୁ ଖାତିର ନାହିଁ। ବୁଢ଼ୀ ଶୋଇଚି, ଏତେ ଶୀତରେ ଏଯାଏଁ?

ଏବେ ଦଶଟା ବାଜିବ। ଉଷୁମ ଉଷୁମ ପଉଷ ଖରା ପୋହି ହେଉଛନ୍ତି କେହି କେହି। ବୁଢ଼ୀ ଉଠିନି। ବଢୁଚି ଗହଳି ବଢୁଚି ଫୁସୁରୁଫାସୁରୁ ବୁଢ଼ୀ ଚାରିପାଖେ ମଣିଷମାନଙ୍କ ବେଢ଼ଣ କଥା ଖେଳିଯାଉଚି ପବନରେ। ଚାଲିଚି ଏପଟସେପଟ ଦେଖାଚାହାଁ ଦୂରରୁ ଉହୁଙ୍କ। ଆଇନର ଶୃଙ୍ଖଳା ମାନବିକତାକୁ ବି ବାନ୍ଧି ଦେଉଚି ବେଳେବେଳେ। କ'ଣ ଦରକାର ବୁଢ଼ୀର ମଲାବଞ୍ଚିଲା ନିର୍ଣ୍ଣୟ କରିବା? ହୁଏତ ମରିଯାଇଚି ବୁଢ଼ୀଟେ। ଷ୍ଟେସନରେ ପୋଲିସ୍ ପହଞ୍ଚିଗଲେଣି। ପୋଲିସ୍ ପହଞ୍ଚିଗଲେ କଥା ଖେଳିଯାଏ ଆହୁରି ବେଗରେ। କଥା ଉଡ଼ିଲାଣି ଷ୍ଟେସନ୍ ବାହାରକୁ – ପାନ, ଚା', ବରା ଘୁଗୁନି ଦୋକାନ ଆଡ଼କୁ। ପାଖ ଦୋକାନୀକୁ ଦୋକାନ ଜଗାଇ ତରବର ହୋଇ ମାଡ଼ିଆସୁଚି ପାନ ଦୋକାନୀ ନରୋତ୍ତମ। ଷ୍ଟେସନ୍ ଭିତରକୁ ବୁଢ଼ୀ ପାଖକୁ।

ବୁଢ଼ୀ ପାଖେ ଥକ୍କା ହୋଇ ଠିଆ ହୋଇଚି ଟୋକାଟା। ପାଟି ଖୋଲୁନି। ଚାହିଁଚି ବଲବଲ ହୋଇ। ହଁ ଏଇ ସେଇ ବୁଢ଼ୀ କାଲି ଯିଏ ନେହୁରା ହୋଇ କହିଥିଲା– ପୁଅ ଆଉ ଦିନଟେ ରଖ୍ଥା। ଆଉ ଗୋଟିଏ କମ୍ବଲ ମିଳିଗଲେ ମୁଁ ଗାଁକୁ ଫେରିଯିବି। ଉତ୍ତରରେ ନରୋତ୍ତମ ତାଗିଦା କରିଥିଲା ''ଆଜି ଭାରି ଜାଡ଼, ନେ ତୋ କମ୍ବଲ ପଲା ଗାଁକୁ, ଆଉ ଲୋଭ କରନା।'' ଲୋଭ ଶବ୍ଦଟା ବୁଢ଼ୀକୁ ଭାରି କାଟିଥିଲା ବୋଧେ। କହିଥିଲା ନାଇଁରେ ପୁଅ ମୋର ଲୋଡ଼ା ନାହିଁ। ବୁଢ଼ାଟା କତରାରେ ପଡ଼ିଚି। ତା'ର ନିହାତି ଗୋଟାଏ। ଗୋଟିଏ ପୁଅ, ଆମର ଆଶା ଭରସା। ତାକୁ ଖଣ୍ଡେ ନ ଦେଲେ କେମିତି ହେବ ? ପାଖ ଗାଁରେ ଝିଅ ବାହାହୋଇଚି। ସେ ବି ବଡ଼ ଅଭାବୀ। ତାକୁ ଖଣ୍ଡେ ନ ଦେଲେ ମନ ଊଣା କରିବ। ଏ ଯୋଡ଼ିକ ରଖ୍ଥା ଆଉ ଗୋଟିଏ ହୋଇଗଲେ ମୁଁ ଫେରିଯିବି। ତୁ ଦେଖ୍ବୁନି ପୁଅ। ନରୋତ୍ତମ ଟିକେ ନରମି ଯାଇଥିଲା। କହିଥିଲା ମୋ କେବିନ୍ ଖଣ୍ଡକରେ କେତେ ଜାଗା କହିଲ ? ସେଇଥ୍ପାଇଁ କହିଲି। ବୁଢ଼ୀ ମୁହଁ ଶୁଖାଇ କହିଥିଲା – ଚାଷ ବେଉସାରେ କୁଟୁମ୍ବ ପୋଷା ଭାରି ଦହଗଞ୍ଜରେ ବାପା। ଘାସକୁ ମୋଟ ଗଛକୁ ଛୋଟ। ଆଦିବାସୀ ନୁହେଁ କି ନୁହେଁ ବି ହରିଜନ। ନରୋତ୍ତମ ପଚାରିଥିଲା – "କୋଉ ଗାଁରୁ ଆସିଚୁ ମାଉସୀ ? କ'ଣ ନାଁ ମଉସାଙ୍କର ? ତମ ପୁଅର ?" ବୁଢ଼ୀ ଜିଭ କାମୁଡ଼ିଦେଲା। ମୁହଁ ତଲକୁ କରି କହିଲା ପଚାରେନା ପୁଅ। ଖଣ୍ଡେଇତ ଘର ବୋହୂ ଏଠି କମ୍ବଲ ଗୋଟଉଚି। କେମିତି କହିବି ନାଁ, ଗାଁ କେମିତି କହିବି ପଲେଇ ଆସିଥିଲି ଷ୍ଟେସନ୍କୁ ଫୁଙ୍ଗୁଲା ରହି କମ୍ବଲ ପାଇବା ଆଶାରେ।

କାଇଁ କମ୍ବଲ ? କାଲି ଭାରି ଜାଡ଼, ଟୁପୁଟୁପୁ ବର୍ଷା। ଗୋଟେ ଦିନ କମ୍ବଲ ବଣ୍ଡା ଫଟୋ ନ ଉଠିଲେ କ'ଣ 'ସେବା' ଆଉ 'ଦାନ'ର ବିଜ୍ଞାପନରେ କଳଙ୍କ ଲାଗିଯିବ ? ରାତି ଉଚ୍ଚୁର ହେଲା। କାହାରି ଦେଖା ନ ଥିଲା। ତା' ଭିତରେ କେତେବେଲେ ବୁଢ଼ୀର ଜୀବନଦୀପ ଲିଭିଯାଇଥିଲା ସବୁଦିନ ଲାଗି। ନରୋତ୍ତମ ଭିତରେ ଭିତରେ ଛଟପଟ ହେଉଥିଲା। ଦୁଇଟା କମ୍ବଲର ବୋଝ ବଡ଼ ଭାରି ଲାଗୁଥିଲା ତାକୁ। ସେ ଠିକଣା ଖୋଜୁଥିଲା କମ୍ବଲ ଦୁଇଟିକୁ ବୁଢ଼ୀର ଗାଁକୁ ପଠାଇଦେବାକୁ। କିନ୍ତୁ ଜଣା ନ ଥିଲା ତାକୁ ସେହି ଠିକଣା।

□

ବିଶ୍ୱାସ ବଳୟ

ସନାତନ ପାଖରେ ଆଉ କୌଣସି ଉପାୟ ନଥିଲା । ନିଜ ନିଷ୍ଠଭିରେ ସେ ଦୃଢ଼ କରୁଥିଲା ନିଜକୁ । ଶେଷରେ ଦିନେ ରାତ୍ରିର ଅନ୍ଧକାରରେ ଯେତେ ଦୂର ସମ୍ଭବ ତାକୁ ନେଇ ଯାଇଥିଲା ଏବଂ ନିର୍ଜନ ସ୍ଥାନରେ ଛାଡ଼ିଦେଇ ଏକମୁହାଁ ହୋଇ ଘରକୁ ଫେରୁଥିଲା ।

ଏତେ ରାତିରେ ତାକୁ ନିଜ ସହ ନେବା କେମିତି ସମ୍ଭବ ହେଲା ? ଏଇ କଥାର ବିଶ୍ଳେଷଣ କରି କରି ଫେରିବା ବେଳଟା ଭାରି କଷ୍ଟ ଲାଗୁଥିଲା । କେତେ ଦିନ, କେତେ ମାସ, କେତେ ବର୍ଷ ଏଇ ବାଟ ହିଁ ତ ଥିଲା ତା'ର ଚଲାବାଟ । ଏହି ବାଟରେ ଯିବା ଆସିବା କରି ସେ ଜୀବନର ନୂଆ ସ୍ୱାଦ ପାଇଥିଲା । ସେ ଖୁବ୍ ବୁଲୁଥିଲା । ଖୁବ୍ ଭଲ ଖାଉଥିଲା । ସେଇଥି ପାଇଁ ଏତେ ଅନ୍ଧାରରେ ଏତେ ଦୁର୍ବଳ ଶରୀରକୁ ନେଇ ସେ ଏତେ ବାଟ ଚାଲିଗଲା । ସେ କଅଣ କରୁଥିବ ଏବେ ? ପଥଶ୍ରାନ୍ତ ହୋଇ ଶୋଇ ପଡ଼ିଥିବ ? ଆଗକୁ ଆଗକୁ ମାଡ଼ି ଚାଲିଥିବ ? ଏମିତି ତ ହୋଇ ନଥିବ, ସେ ପୁଣି ଏଇ ରାସ୍ତାରେ ଫେରି ଆସୁଥିବ ! ! ହେ ଭଗବାନ ଏପରି ନ ହେଉ । ସନାତନ ଭୟଭୀତ ହେଉଥିଲା । ସେ ଘରେ ପହଞ୍ଚିବା ବେଳକୁ ଅନ୍ଧାର ହଟି ଯାଇଥିବ । ଯଦି ସେ ଦେଖିବ ସେ ଜୀବଟି ଛିଡ଼ା ହୋଇଛି ତା ଜାଗାରେ ! ! ସନାତନ ଏମିତି ସବୁ ଭାବି ଚାଲିଥିଲା । ମନକୁ ଶାନ୍ତ ରଖି ଫେରିବାକୁ ଚାହୁଁ ଥିଲେ ବି ଭାବନାର ଖିଅରେ ସେ ଛନ୍ଦି ହୋଇ ପଡ଼ୁଥିଲା ।

ପ୍ରାୟ ଦଶବର୍ଷ ତଳେ ସେ ସପରିବାର ପୁରୀ ଯାଇଥିଲା । ସେ ତା'ର ଦୁଇ ପିଲା ଆଉ ସ୍ତ୍ରୀ । ସମ୍ବଳ ଥିଲେ ବୁଲି ଯିବାର ଜାଗା 'ପୁରୀ' ନୁହେଁ । ଅଭାବୀ ଜୀବନର ସଞ୍ଚୟ ବିନିମୟରେ 'ପୁରୀ' ଯିବାର ଇଚ୍ଛାଟେ ଅନେକଙ୍କର ଥାଏ । ଏହା ଏକ ଆବେଗର କଥା । ଭାବର କଥା । ଥରେ କରୁଣାବତାର ଜଗତର ନାଥ ଜଗନ୍ନାଥଙ୍କୁ ଦର୍ଶନ କରିବାର ଏକ ଅହେତୁକ ଆକର୍ଷଣର କଥା । ଜଗନ୍ନାଥ କେଉଁଠି ନଥାନ୍ତି ? ବାଟରେ, ଘାଟରେ, ଗାଡ଼ି ମଟରରେ, କାନ୍ଥବାଡ଼ରେ, ଦୋକାନ

ବଜାରରେ, ଘରେ ବାହାରେ, ମଠମନ୍ଦିରରେ ସବୁଠି । ହେଲେ ସେ ପରା ନୀଳାଞ୍ଚଳ ନିବାସୀ । ନୀଳାଦ୍ରୀ ବିହାରୀଙ୍କୁ ନୀଳାଞ୍ଚଳରେ ଦେଖିବାର ମୋହ ନିଆରା, ଅତୁଳନୀୟ । ସନାତନ ପିଲାଟି ଦିନୁ ହିଁ ଜଗନ୍ନାଥ ପ୍ରେମୀ । ସମସ୍ତେ ଯାଇଥିଲେ । ଭଲରେ ଭଲରେ କାଳିଆ ଦର୍ଶନ ମିଳିଗଲା । ଅଭଡ଼ା ସେବନ ବି ହେଲା । ଏବେ ମହୋଦଧି ଦର୍ଶନ । ତାପରେ ପ୍ରତ୍ୟାବର୍ତନ ।

କେବେ ଦେଖି ନଥିବା ମହୋଦଧିକୁ ଦେଖି ପିଲାଏ ଯେତିକି ଆତ୍ମହରା ହେଲେ, ସେତିକି ଆତଙ୍କିତ ହୋଇଥିଲେ । ଏଇ ନୂଆ ଜୀବଟିକୁ ଦେଖି । ଦଶ ବର୍ଷର ଝିଅ ସୁଷମା, ଆଠ ବର୍ଷର ପୁଅ ନରେନ୍ଦ୍ର ସମୁଦ୍ର ଆଡ଼କୁ ନ ଅନାଇ ଏଇ ଜୀବଟିକୁ ହିଁ ଅନାଇ ରହିଲେ । ଜୀବଟିର ପାଳକ ଆନନ୍ଦରେ ପିଲାଦୁହିଁଙ୍କୁ ସେ ଜୀବ ସହ ପରିଚୟ କରିବାକୁ ଲାଗିଲା । ଏଇ ବିଶାଳ ଜୀବଟି ଗୋଟିଏ 'ଓଟ' ହିଁ ଥିଲା । ଗାଈ,ଛେଳି, ମେଣ୍ଢା, ମଇଁଷି ପରି ଓଟ ଆମମାନଙ୍କ ପାଇଁ ସାଧାରଣ ପ୍ରାଣୀଟିଏ ନୁହେଁ । ଏହା ଆମ ଓଡ଼ିଶାବାସୀଙ୍କ ପାଇଁ ଅତ୍ୟନ୍ତ ବିରଳ ପ୍ରାଣୀ । ଅଣ ଓଡ଼ିଆ ପଣ ବାରିହୋଇ ପଡୁଥିଲେ ବି ବେଶ୍ ଓଡ଼ିଆ କହୁଥିଲେ ଓଟ ମାଲିକ । ସନାତନ ବି ଓଟ ପାଖକୁ ଆସିଥିଲା, ଆଉ ଓଟକୁ ନିରେଖି ଥିଲା । ସେ ଏବଂ ମାଲିକ ଭିତରେ ବେଶ୍ କଥାବର୍ତ୍ତା ଚାଲିଲା । ଶେଷରେ ତତ୍କାଲେ ଦୁହେଁ ଗୋଟିଏ ଅଜବ ନିଷ୍ପତ୍ତିରେ ଉପନୀତ ହେଲେ । ବିନା ମୂଲ୍ୟରେ ସନାତନ ଓଟଟିକୁ ଘରକୁ ଆଣିବାର ସିଦ୍ଧାନ୍ତ ନେଲା ।

ଆଜୀବନ ଦାନାପାଣି ଦେଇ, ନିଜ ଗାଁରେ ଘରଦ୍ୱାର କରି ପିଲାମାନଙ୍କୁ ସ୍ୱାବଲମ୍ବୀ କରିବାରେ ଓଟଟିର ଗୁରୁତ୍ୱ ହିଁ ତ ଥିଲା । ବୁଢ଼ା ଓଟଟି ନେଇ ଆଉ ଘରଠୁ ଦୂରରେ ରହିବାକୁ ମାଲିକର ମନ ଚାହୁଁ ନଥିଲା । ଏଣେ ତାକୁ ଅସହାୟ ଭାବେ ଛାଡ଼ିଦେବାକୁ ଆତ୍ମିକ ସ୍ୱୀକୃତି ମିଳୁ ନଥିଲା । ଏଣେ ବାପା ଅକ୍ଷମ ହେବାରୁ ଯୋଗୀଗିରିର ଉଉମ ପାଉଣାରୁ ବଞ୍ଚିତ ହୋଇଯିବା ପରେ ସନାତନ କିଛି ବ୍ୟବସ୍ଥା କରିବାକୁ ଚାହୁଁଥିଲା । ଯେପରିକି ବାପା ପୂର୍ବବତ୍ ଗାଁକୁ ଗାଁ ଯାଇପାରିବେ । ବିନା ମୂଲ୍ୟରେ ଓଟ ପରି ଏକ ଜୀବକୁ ପାଇ ସେ କୃତ୍ୟକୃତ୍ୟ ହେଉଥିଲା । ଉଭୟ ନିଜ ନିଜ ବିଚାରରେ ନିଜକୁ ଭାଗ୍ୟବାନ ମନେ କରୁଥିଲେ । ତେଣୁ ତତ୍କାଲ ରୁଚି ପୂର୍ଣ୍ଣ ପାଇଁ ଉଭୟ ବ୍ୟାକୁଳ ଥିଲେ ।

ଆଜୀବନ ମାଲିକକୁ ଅନୁସରଣ କରୁଥିବା ଓଟଟିକୁ ସେହିଁ ଆଣି ସନାତନ ଘରେ ପହଞ୍ଚାଇ ଦେଲେ । ଯଦିଓ ପ୍ରଥମେ ଓଟଟି ମାଲିକକୁ ଝୁରି ଭଲରେ ଖିଆପିଆ

କଲା ନାହିଁ, ପରେ ପୁଣି ସ୍ନେହ ଆଦର ପାଇ ସବୁ ଭୁଲି ଗଲା। ଓଟଟି ଖୁବ୍ ଶାନ୍ତ, ଶୃଙ୍ଖଳିତ ଓ ଆଜ୍ଞାବହ ଥିଲା। ଓଟଟି ଆଣିବାର ଉଦ୍ଦେଶ୍ୟ ସନାତନ ବାପାଙ୍କୁ ବୁଝାଇ ଦେଇଥିଲା। ସତକୁ ସତ ବାପାଙ୍କୁ ଆଉ କେଦେରୋ ବଜାଇ ଚାଲି ଚାଲି ଗାଆଁକୁ ଗାଆଁ ଯିବାକୁ ପଡ଼ିବ ନାହିଁ। ଯୋଗୀ ପରିବାରରେ କେଦେରୋ ବଜାଇ ଭିକ୍ଷାବୃତ୍ତି କରିବା ଏକ ଲଜ୍ଜାଜନକ କାମ ନୁହେଁ। ଏହା ଏକ କୌଳିକ ଧର୍ମ। ସନାତନର ବାପା ଖୁବ୍ ସୁଲଳିତ ସ୍ୱରରେ 'ଟିକା ଗୋବିନ୍ଦ ଚନ୍ଦ୍ର' ଗାଇ ପାଞ୍ଚ ଖଣ୍ଡ ଗାଆଁରେ ସୁପରିଚିତ ଥିଲେ। ତାଙ୍କ ଲାଗି ଭିକ୍ଷା ମୁଠାଏ ନୁହେଁ, ବରଂ ସସମ୍ମାନେ ଚାଉଳ, ଡାଲି ପନିପରିବା, ନୂଆ ଧୋତି, ନୂଆ ଗାମୁଛାରେ ଥାଳ ଭରି ଯାଉଥିଲା। କେବେ କେମିତି ମାନସିକ ଧାରି ପିଲାଙ୍କୁ ଯୋଗୀ ବେଶ କରାଇ ବେଶ୍ ସମ୍ମାନ ଓ ପାଉଣା ମିଳି ପାରୁଥିଲା। ମାତ୍ର ବୟସାଧିକ୍ୟ ଯୋଗୁ ସେ ବିଶେଷ ଯାତାୟତ କରିପାରୁ ନଥିଲେ। ଏବେ ସନାତନ ଓଟଟିକୁ ସାଥୀ କରିଦେଲେ।

ସନାତନ ବାପା, ମାଆ ସ୍ତ୍ରୀ ପିଲା ଆଉ ଓଟ ସହ ବେଶ୍ ଖୁସିରେ ଥିଲା। ପୁରୀ ବେଲାଭୂମିର ନିର୍ଦ୍ଦିଷ୍ଟତା ଛାଡ଼ି ଓଟଟି ବେଶ୍ ଦୁନିଆ ଦେଖୁ ଥିଲା। ଗାଆଁ ଫେରନ୍ତି ରାସ୍ତାରେ ସେ କିଛି କଣ୍ଟାଗଛ ଚୋବାଇବାର ସୁଯୋଗ ପାଉଥିଲା ଆଉ ଖୁସି ହେଉଥିଲା।

ଏମିତି ଖୁସିର ଦିନରେ ଗୋଟେ ଖବର ଖେଳୁଥିଲା। ହଠାତ୍ ଦିନେ ଏଇଥିପାଇଁ ନିଜ କବାଟରେ ବି ତାଲା ପଡ଼ିଗଲା। ସବୁ ବନ୍ଦ। ମହାମାରୀକୁ ଜଗିବା ପାଇଁ ମହାକଟକଣା। ସବୁଟି ରୋଗର ଜୀବାଣୁ। ଟିକିଏ ଅମାନିଆ ହେଲେ ମାଡ଼ିବସିବ। ସରକାରଙ୍କର ଘନଘନ ବାର୍ତ୍ତା ନିୟମ ନ ମାନିଲେ ଦଣ୍ଡ। ଜୋରିମାନା। କୁଆଡ଼େ ଯେ ଯିବ ଯୋଗୀ ଓଟକୁ ନେଇ। ସବୁ ବନ୍ଦ। ଦିନ ପରେ ଦିନ, ମାସ ପରେ ମାସ ନିଜ ସଂସାର ସାଙ୍ଗରେ ଏ ଓଟର ବୋଝ କେତେଦିନ ବୋହି ପାରିବ ସନାତନ? ହେଲେ କଅଣ କରିବ? ବାପାଙ୍କ ଔଷଧ। ପିଲା ଦୁହିଁଙ୍କ ପାଠପଢ଼ା ପାଇଁ ମୋବାଇଲ ଫୋନ, ସମସ୍ତଙ୍କ ଖାଇବା ପିଇବା ସହ ଓଟର ଖାଇବା, ସବୁଥିରେ କଟକଣା ଲଗାଇବା ପରେ ବି ତୁଲେଇ ହେଉନି ପରିବାର।

ବାପା ଧିରେ ଧିରେ ଅଧିକ ଅସୁସ୍ଥ ହେଉଥିଲେ। ଓଟ ବି ଦୁର୍ବଳ ହେଉଥିଲା। ବାପା ଖଟରେ ପଡ଼ି ଓଟକୁ ଚାହୁଁଥିଲେ। ଓଟ ଦାଣ୍ଡ ଆମ୍ବଗଛ ମୂଳେ ପଡ଼ି ଲମ୍ବ ବେକ ଟେକି ବାପାଙ୍କୁ ଚାହୁଁଥିଲା। ବାପାଙ୍କୁ ଟିକେ ଭଲ ଲାଗିଲେ ସେ କେଦେରାରେ

ଜଣାଣ ଗାଉଥିଲେ । କେନ୍ଦେରା ବାଜିବା ମାତ୍ରେ ଓଟ ଧଡ଼ପଡ଼ ହୋଇ ଉଠି ଠିଆ ହେଉଥିଲା । ସେ କଅଣ ଜାଣେ ଜୀବନ, ମୃତ୍ୟୁ, ମହାମାରୀ କରୋନା ଭୂତାଣୁ, ପୁଣି ତା ପାଇଁ କଟକଣା । କେନ୍ଦେରା ବାଜିଲେ ସେ ଯିବ । ବୁଲିବ, ଖାଇବ, ପିଇବ ମନଫୁର୍ତ୍ତି କରିବ ।

ବାପା ଧୀରେ ଧୀରେ କେନ୍ଦେରା ବଜାଇବାର କ୍ଷମତା ବି ହରାଉଥିଲେ । ଆଉ ଓଟଟା ଏକଦମ୍ ପଡ଼ି ରହୁଥିଲା । ସନାତନ ଭାବିଲା ଏଇ ଓଟ ପେଟକୁ ଦାନା ଦେବା ବନ୍ଦ କରିଦେଲେ ସେ ତା ବାପାଙ୍କ ଚିକିସ୍ସା ଆଉ ଟିକେ ଭଲରେ କରି ପାରନ୍ତା । ହେଲେ ଏଡ଼େ ବଡ଼ ଜନ୍ତୁଟାକୁ ସେ ବିଦା କରିବ କେମିତି ?

ସେ ଗୋଟିଏ ଉପାୟ ଭାବିଲା । ବାପାଙ୍କ କେନ୍ଦେରାଟିକୁ ଆଣି ବଜାଇଲା । ସତକୁ ସତ ଓଟଟି ଛିଡ଼ା ହୋଇପଡ଼ିଲା । ସନାତନ ସିଦ୍ଧାନ୍ତରେ ଉପନୀତ ହେଲା ଯେ କେନ୍ଦେରା ବାଜିଲେ ଓଟ ଉଠି ପଡ଼ୁଛି ।

ନିଃଶବ୍ଦ ଅନ୍ଧାର ରାତିରେ ସନାତନ କେନ୍ଦେରା ବଜାଇ ଓଟ ପାଖକୁ ଗଲା । ଓଟଟି ଉଠି ଛିଡ଼ା ହେଲା । ସନାତନ କେନ୍ଦେରା ବଜାଇ ବଜାଇ ଚାଲିଲା । ଓଟଟି ତାକୁ ଅନୁସରଣ କଲା । ସନାତନ ଅନେକ ବାଟ ଚାଲିଲା । ସେ ଠିକ୍ ଜାଣିପାରୁଥିଲା ଯେ ଓଟ ଆସୁଛି । ସେ କିନ୍ତୁ ଓଟକୁ ଫେରି ଚାହିଁବାକୁ ସାହସ କରିପାରୁ ନଥିଲା । ତା ଆଖିର ଛଲନାକୁ ଯଦି ଓଟ ପଢ଼ି ଦେବ !! ରାତିର ଘନ ଅନ୍ଧାରରେ ନାଁ ସନାତନ ପଛକୁ ଫେରି ଚାହୁଥିଲା ନାଁ ଓଟ ଅଟକୁ ଥିଲା ? ସନାତନ ଥକି ପଡ଼ିଲା । ସେ କେମିତି ଫେରିବ ? ବାଟ ମଝିରେ, ଠିକ ଓଟ ସାମ୍ନାରେ କେନ୍ଦେରାଟି ଥୋଇ ଦେଇ ସେ ଅନ୍ଧାରରେ ହଜିଗଲା । ସନାତନ ଅନୁଭବ କରୁଥିଲା ଓଟ ସେଇଠି ଛିଡ଼ା ହୋଇଗଲା । ଭାବୁଥିଲା ସେ ପୁଣି ଜୀବନ ଖୋଜିବ ଗାଆଁ ଗାଆଁରେ । ଆଲୁଅରେ । ପବନରେ ଖରାରେ ଛାଇରେ । ଝରପାଣି ଆଉ କଣ୍ଟା ଗଛରେ ? ନାଁ ସେ ସେଇଠି ପଡ଼ି ପଡ଼ି ରହିଥିଲା ବିଶ୍ୱାସର ବଳୟ ଭିତରେ ।

▢

ଚିତ୍ରପଟ

ବିକ୍ରିବଟାର ବିପଣି ଖୋଲେ ହାଟ ବଜାରରେ, ରାସ୍ତା ଘାଟରେ, ଗଛ ଛାଇରେ, ଟ୍ରେନ୍ ଉପରେ, ସାଇକେଲରେ, ମଟର ସାଇକେଲରେ, ଟ୍ରିଲିରେ ନ ହେଲେ ଗାଡ଼ିରେ ବି । ନିଜ ଜିନିଷକୁ ସଜାଇ ଗ୍ରାହକର ମନଜିଣି ବିକ୍ରିକରି ପାରିବା ଗୋଟାଏ ନିପୁଣତା । ଯେମିତି ଦୋଲିରେ ଝୁଲି ଦୋଲି ଗ୍ରହକକୁ ଆକୃଷ୍ଟ କରିବା । ବିକ୍ରି ପାଇଁ ଅନେକ ପନ୍ଥା ଆପଣେଇବାକୁ ପଡ଼େ । ଫୁଲକୁଣ୍ଡ, ବେଲୁନ୍, ବାଦାମ, କଟା ତରଭୁଜ, ଆଖୁରସ, ଜାମୁକୋଲି, ତାଲସଜ, ଗଛ, ମାଛ, ଗଞ୍ଜି, ଗାମୁଛା, କଦଳୀ, କମଳା, ଲେମ୍ବୁ, ବାଇଗଣ, ଜୋତା, ଛତା, ଖଟ, ଆଲଣା, ହେଲମେଟ୍, ରୁମାଲ, ମୋଜା, ଟୋପି, ପୁଣି ଚା, ପାନ, ବରା, ଆଲୁଦମ୍, ଗୁପଚୁପ୍, ଚାଓମିନ୍, ମୋମୋ, ମକା, କଅଣ ନ ମିଳେ ବଜାରରେ ?

ଏ ଏକ ଭିନ୍ନ ବିପଣି । ଫୁଟ୍‌ପାଥର ଏ ଗଛରୁ ସେ ଗଛକୁ ବନ୍ଧା ହୋଇଛି ରଶିଟାଏ । ଗୁନ୍ଥା ହୋଇଛି କିଛି ଅନାକର୍ଷଣୀୟ ହାତଅଙ୍କା ଚିତ୍ର । ଦଶ ବାର ବର୍ଷର ପିଲାଟିଏ ସେଇଠି ବସିଚି । ପାଖରେ ଅଛ ବୟସର ମହିଲା । ନିଷ୍ତବ୍ଧ ନିରିମାଖ୍ ମୁହଁଟିରେ କେତେ କାରୁଣ୍ୟ ଯେ ଭରି ରହିଛି ବର୍ଣନା କରିବା ଅସମ୍ଭବ । ବଡ଼ ସଂକୋଚରେ ଧୀର ସ୍ୱରରେ ଚିତ୍ରସବୁ ବିକିବା ସମ୍ପର୍କରେ ସେ କିଛି କହୁଛି ।

କ୍ରମାନ୍ୱୟରେ ଝୁଲୁଥିବା ଚିତ୍ର ସବୁ ଏହିପରି । ପ୍ରଥମ ଚିତ୍ରରେ ଏକ ସୁସଜ୍ଜିତ ପ୍ରକୋଷ୍ଠରେ ନାଚଗୀତର ଆସର ଜମିଛି, ଖାଦ୍ୟ ପାନୀୟର ବ୍ୟବସ୍ଥା ସହିତ । ଦ୍ୱିତୀୟ ଚିତ୍ରଟି ଲାଗୁଛି ଏକ ଆମୋଦିତ ଜୀବନର ଛବି । ଅନେକ ଉପହାର ସହ ବାପା, ମାଆ ଆଉ ସନ୍ତାନର ଏକ ଉତ୍‌ଫୁଲ୍ଲିତ ମୁହୁର୍ତ । ତା ପାଖ ଚିତ୍ରଟି କିନ୍ତୁ ଜଣେ ମଦ୍ୟପର । ଏହି ନିଶାଗ୍ରସ୍ତ ବ୍ୟକ୍ତିଟିହିଁ ପୂର୍ବ ଚିତ୍ରର ମୁଖ୍ୟ ଚରିତ୍ର । ପରବର୍ତ୍ତୀ ଚିତ୍ରଟି ଆହୁରି ଭିନ୍ନ । ସେହି ନିଶାଗ୍ରସ୍ତ ବ୍ୟକ୍ତି ମାଡ଼ ମାରୁଛନ୍ତି ଜଣେ ମହିଲାଙ୍କୁ ଅର୍ଥାତ୍ ପୂର୍ବୋକ୍ତ ସ୍ୱାମୀ ସ୍ତ୍ରୀ ହିଁ ସେମାନେ । ଆଉ ସନ୍ତାନଟି ଲୋଚାକୋଚା ଶାଙ୍କୁଡ଼ା ଭୟାର୍ତ ଆଖିରେ ଦେଖୁଛି ଏ ଦୃଶ୍ୟ । ଅନ୍ୟ ଏକ ଚିତ୍ରରେ ମଦ୍ୟପ ସ୍ୱାମୀଙ୍କୁ ମଦ୍ୟପାନରୁ ନିବୃତ ହେବା ପାଇଁ ପତ୍ନୀଙ୍କର ଆକୁଳ ନିବେଦନ ।

ପୁଣି ଚିକିସ୍ସାଳୟରେ ଚିକିସ୍ସିତ ହେଉଛନ୍ତି ଜଣେ ଜୀର୍ଣ୍ଣଶୀର୍ଣ୍ଣ ରୋଗଗ୍ରସ୍ତ ବ୍ୟକ୍ତି। ଆଉ ଶେଷ ଚିତ୍ରଟିରେ ଫୁଟି ଉଠୁଛି ଅତୀବ କରୁଣ। ଗୋଟେ ବାଲୁତ ହାତ ଅଗ୍ନି ସଂଯୋଗ କରୁଛି ଏକ ଝୁଲରେ।

ବାସ୍! ଏହି ଝୁଲନ୍ତା ଚିତ୍ର ତଳେ ଗାମୁଛା ପାରି ବାଟୋଇଙ୍କୁ ଚାହିଁବସିଛି ଗୋଟେ ବାଳକ। ତା ପାଖରେ ଛିଡ଼ା ହୋଇଛି ହତଭାଗିନୀ ଶବ୍ଦକୁ ସଫଳ ରୂପାୟିତ କରୁଥିବା ମହିଳାଟିଏ। କୌତୁହଳୀ ଚାହାଣି କିଛି, ଏ ଚିତ୍ରରେ ପହଁରି ଯାଉଥିଲା କେବଳ। କଅଣ ଏ ଚିତ୍ର ସବୁ? କିଏ ଏ ବିପଣିର ଗ୍ରାହକ ହେବ? କାହିଁକି? କଅଣ ଅବା ଆବଶ୍ୟକତା ଏ ସବୁ କିଣିବାର??

ଜଣେ ବ୍ୟକ୍ତି ପାଖକୁ ଆସିଲେ। ନିରୀକ୍ଷଣ କଲେ। ପଚାରି ବୁଝିଲେ ଏ ଚିତ୍ର ବିକ୍ରିର ରହସ୍ୟ। କୌଣସି ଗୋଟିଏ କମ୍ପାନୀର ସର୍ବନିମ୍ନ ସ୍ତରର ଜଣେ କର୍ମଚାରୀ ହେଲେ ଦାଶରଥି। ଦୋକାନ ଦୋକାନ ବୁଲି କମ୍ପାନି ପ୍ରସ୍ତୁତ ସାମଗ୍ରୀ ବିକିବା କାମ ତାଙ୍କର। କାମରେ ବେଶ୍ ଯତ୍ନବାନ ଦାଶରଥି। ନିୟମିତ ସେବା ପ୍ରଦାନ, ଉତ୍ତମ ବ୍ୟବହାର ତାଙ୍କୁ ଜଣେ ସଫଳ କର୍ମଚାରୀର ମାନ୍ୟତା ଦେଇଥିଲା। ନିଜ ସ୍ତରରେ ସର୍ବଶ୍ରେଷ୍ଠ କାର୍ଯ୍ୟଦକ୍ଷତା ପାଇଁ ସେ ପୁରସ୍କୃତ ହେଲେ। ସମଗ୍ର ରାଜ୍ୟରୁ ନିର୍ବାଚିତ ଦକ୍ଷ କର୍ମଚାରୀଙ୍କୁ ଏକତ୍ରିତ କରି ଏକତାରକା ହୋଟେଲର ଭବ୍ୟ ମଞ୍ଚରେ ପୁରସ୍କୃତ କରାଗଲା। ସେଦିନ ହଟିଯାଇଥିଲା ପଦପଦବିର ପ୍ରାଚୀର। ଟାର୍ଗେଟ୍ ପୂରଣ କରି ନପାରିଲେ ନାନା ଧିକ୍କାରରେ ସାଙ୍କୁଡ଼ି ପଡୁଥିବା କର୍ମଚାରୀ ସେଦିନ ଉପରିସ୍ଥଙ୍କ ସହ ଏକାକାର ହୋଇଯାଇଥିଲେ। ହାତରେ ହାତ ମିଶିଲା। ଏକାଠି ନାଚିଲେ, ଗାଇଲେ, ଖାଇଲେ, ପିଇଲେ। ଏକାକାର ହୋଇ ଖୁବ୍ ଉତ୍ସାହିତ ହେଲେ।

ଟାର୍ଗେଟ୍ ପୂରଣର ନିଶା। ପ୍ରମୋଶନର ନିଶା, ସବୁବେଳେ ସମାନ କାର୍ଯ୍ୟଦକ୍ଷତା ପ୍ରତିପାଦିତ କରିବାକୁ ପରିବେଶ, ପରିସ୍ଥିତି ସୁଯୋଗ ଦିଏ ନାହିଁ। ସମସ୍ତ ପ୍ରଚେଷ୍ଟା ସତ୍ତ୍ୱେ ଶିଖର ଛୁଏଁ ନାହିଁ ସଫଳତା। ହାର ଆଉ ଜିତ୍‍ର ସାମ୍ନା କରିବା ତ ଜୀବନ। କଅଣ ବୟସରେ କଅଣ ବୁଝି ହୁଏ ଏ କଥା? ଆନନ୍ଦ ଆତିଶଯ୍ୟରେ ମଞ୍ଚରେ ଅନୁକୂଳ ହୋଇଥିବା ନିଶାର ମତୁଆଲାପଣ ମନଖୋଜେ। ଅନିଶ୍ଚିତ ଚାକିରିରେ ତିରସ୍କାର ଆଉ ଚାକିରି ହରାଇବାର ଭୟକୁ ଏଡ଼ାଇବାକୁ ନିଶାର ଆବଶ୍ୟକତା ପଡ଼େ। ମଣିଷ ନିଶା ମନସ୍କ ହୁଏ। ସୁଖରେ ନିଶା, ଦୁଃଖରେ ନିଶା। ନିଶାରେ ଥରେ ଅଭ୍ୟସ୍ତ ହେଲା ପରେ ଖାଲି ବାହାନା ଖୋଜା ହୁଏ ନିଶା

ପାଇଁ। ଧୀରେ ଧୀରେ ମଣିଷ ନିଶା ଖାଏ ନାହିଁ, ନିଶା ମଣିଷକୁ ଖାଇ ଯାଏ। କମ୍ପାନୀର ସୁରକ୍ଷା ବଳୟ ଭିତରେ ନ ଥାଏ ଚାକିରି। ନ ଥାଏ କିଛି ବି ସ୍ଥାୟିତ୍ୱ। ଉପରିସ୍ତର ମାର୍ଜିନ୍‌ରେ ଚାକିରି ଠିଅ୍ ହୋଇଯାଏ। ଚାକିରି ଖତମ୍। ଘରେ ଅଶାନ୍ତି। ସଞ୍ଚୟ ନ ଥାଏ। ତା'ପରେ...ତା'ପରେ କିନ୍ତୁ ନିଶାରୁ ତ ମୁକ୍ତି ମିଳେ ନାହିଁ। ଧୀରେ ଧୀରେ ପ୍ରଳୟ ଆସେ। ଅସୁସ୍ଥ ମନ, ଅସୁସ୍ଥ ଶରୀର। ସରିଯାଏ ଗୋଟେ ଜୀବନର ଆୟୁଷ। ସରିଯାଏ ଗୋଟେ ସଂସାରର ସର୍ଜନା।

ତା'ପରେ.... ଗୋଟାଏ ଅଜବ୍ ଖିଆଲ ନେଇ ମାଆ ପୁଅ ଓହ୍ଲାଇ ଆସିଥିଲେ ରାସ୍ତାକୁ। ଏମିତି ଚିତ୍ର ଆଙ୍କି ଆଙ୍କି ବିକ୍ରି କରିବେ। ଗୁଜୁରାଣ ମେଣ୍ଟିବ। ଅନ୍ତରର କଥା ଅନ୍ତରକୁ ଛୁଇଁ ଯିବ। ଉଜୁଡ଼ିବା ଆଗରୁ ହୁଏତ ସଜାଡ଼ି ହୋଇଯିବ କାହା ସଂସାର। କିନ୍ତୁ ...ନାଁ ଅସମ୍ଭବ। ଗୋଟିଏ ହେଲେ ଚିତ୍ର ବିକ୍ରି ହେଉ ନ ଥିଲା। ମାଆ ପୁଅଙ୍କର ଧୈର୍ଯ୍ୟ ଭୁଶୁଡ଼ୁ ଥିଲା।

ସକାଳ ହେଉଚି। ସଞ୍ଜ ନ ଉଚି। ଚିତ୍ର ଆଙ୍କିବାକୁ ବି ଆଉ ବଳ ପାଉ ନି କଅଁଳ ହାତରେ। ଦେହକୁ ଅବଶ କରୁଚି, ପେଟର ଅନ୍ତବୁଜୁଲାକୁ ମୋଡ଼ି ମକଚି ଦେଉଚି ଭୋକ। ଭୋକ... ଖାଲି ଭୋକ। ଆଉ କିଛିର ଅନୁଭବ ନାହିଁ ଏବେ। ଭୋକ ପେଟକୁ ଯେମିତି କରଟି ପକାଉଚି। ଝାଡ଼ା ଲାଗୁଚି କି ? ଟ୍ରେନ୍ କଡ଼କୁ ଧାଇଁଯାଉଚି ବାଳକଟି। ନାଁ ଝାଡ଼ା ଲାଗୁନି। ଭୋକ ନାଚୁଛି ପେଟରେ। ପେଟକୁ ଧରି ସେଇଠି ବସି ପଡ଼ି ଇତସ୍ତତଃ ହୋଇ ଏଣେ ତେଣେ ଚାହୁଁଛି। ଆରେ....ଏଣେ ତେଣେ ପଡ଼ିଚି ଏତେ ବଡ଼ ବଡ଼ କାଚ ବୋତଲ ସବୁ!!!! ଘଣ୍ଟି ବାଜୁଛି। ଡାକ ଶୁଭୁଚି କବାଡ଼ିବାଲାର। ବାଳକର ଆଖି ଦୁଇଟା ଏବେ ଖୁବ୍ ଉଜ୍ଜ୍ୱଳ। ଏ ବୋତଲ ଗୋଟି ପାଞ୍ଚଟଙ୍କା। ପିଲାଟି ନ ଉଁ ପଡ଼ି ବୋତଲ ଗୋଟାଉଛି। ଦଲକାଏ ପବନ। ଆଃ... ଭାରି ଆରାମ ଲାଗୁଚି। ଆଉ ଟିକେ କ୍ଷିପ୍ର ଆଉ ଦଲକାଏ ପବନ। ବୁଲି ଚାହୁଁଛି ପିଲାଟି। ଆରେ...ରଶି ଛିଣ୍ଡାଇ ଚିତ୍ର ସବୁ ଉଡ଼ିଯାଉଛି ଦୂରକୁ.... ଦୂରକୁ......।

□

ଚିହ୍ନା ଆକାଶ, ଅଚିହ୍ନା ମାଟି

ଘରୋଇ କାମ ପାଇଁ ମୁଁ ଲୋକ ରଖୁନଥିଲି କେବେ। ଗୋଟିଏ ସହର ଉପକଣ୍ଠ ଗାଁରେ ମୋର ଘର। ଗ୍ରାମୀଣ ଚଳଣିରେ ଗୁହାଳ ପୋଛା, ଦାଣ୍ଡ ବାରି ଓଲାପୋଲା, ଧାନ ସିଝା, ଖଳାବାରି ଲିପା ଆଦି କାମ ପାଇଁ ସ୍ତ୍ରୀ ଲୋକ ମିଳନ୍ତି। ଖରାଦିନେ ବାରି ନଥିବା ଅଭାବୀ ସ୍ତ୍ରୀ ଲୋକମାନେ ଅଧିକା ଜାଗାଥିବା ଲୋକଙ୍କ ଘରେ ଶାଗ, ଲଙ୍କା କଖାରୁ ଆଦି କରି କୂଅରୁ ପାଣି ପକାନ୍ତି, ତୋଲା ତୋଲି କରି କିଛି ଦିଅନ୍ତି, କିଛି ନିଜେ ନିଅନ୍ତି। ବାସନ ମାଜିବା ଓ ଲୁଗା କାଚିବା ଆଦି କାମ ପ୍ରାୟ କେହି କରନ୍ତି ନାହିଁ। ଗାଁ ଚଳଣିରେ ଜାତିଆଣ ଭାବ ଥାଏ। ପୁଣି ପ୍ରାୟ କେହି ମହିଳା କର୍ମଜୀବୀ ନଥାନ୍ତି। ଯଦି ସ୍ୱାମୀ ସ୍ତ୍ରୀ ଉଭୟ ଚାକିରିଆ ସେମାନେ ନାନା ଆଳ ଦେଖାଇ ପାଖ ସହରରେ ରହିବାକୁ ଉଚିତ୍ ମଣନ୍ତି। ନିଜର ସମସ୍ତ କାମ ପରିବାର ଭିତରେ ନିଜେ ନିଜେ ହିଁ କରିବାକୁ ପଡ଼େ। ଏବେ ଠାରୁ ପନ୍ଦର କୋଡ଼ିଏ ବର୍ଷ ତଳର ଚଳଣି ଭିତରେ କେତେ ପାର୍ଥକ୍ୟ। ସେହି ଚଳଣି ଅଙ୍ଗେ ଲିଭାଇ ମଧ ଭାବିଲେ ଆଶ୍ଚର୍ଯ୍ୟ ହେବାକୁ ହୁଏ। ସର୍ବଗୁଣ ସମ୍ପନ୍ନା ହୋଇ ଶାଶୂ ଘରକୁ ଆସିବା ଏବଂ ଶାଶୂଘରେ ଯାବତୀୟ ସୁବିଧା ଅସୁବିଧାକୁ ଚଳେଇ ନେଇ ସଂସାର କରିବା ସେତେବେଳେ ଝିଅମାନଙ୍କର ପରମ ଧର୍ମ ଥିଲା। ଗାଁ ଚଳଣିରେ ପୋଖରୀ ଗାଧୁଆ, ତୋଟାକୁ ଝାଡ଼ା, କୂଅରୁ ପାଣିବୁହା, ରୋଷେଇ ବାସ, ବାସନ ମଜା (ପୁଣି କଂସା ପିତଳ ବାସନ) ଲୁଗାକଚା, ପିଲାଙ୍କର ଅଳି ଅର୍ଦଳି, ବୟସ୍କଙ୍କ ସେବାଯତ୍ନ, କୁଣିଆ ମଇତ୍ରଙ୍କ ସତକାର ସବୁ କରିବାକୁ ପଡୁଥିଲା। ଦେହ ବି ପାରୁଥିଲା। ସମୟ ବି ଅଣ୍ଟୁଥିଲା।

ଧିରେ ଧିରେ ସମୟ ବଦଳିଲା, ବଦଳିଲା ଗାଁର ରୂପରେଖ, ମହାବାତ୍ୟା ପରେ ଚାଳଘର ମାଟିକାନ୍ଥ ପ୍ରାୟ ରହିଲାନି। ଭୁବନେଶ୍ୱର ଉପକଣ୍ଠ ଗାଁ ସବୁ ସହରୀକରଣ ଯୋଜନାରେ ସମ୍ପୂଲେ ରୂପାନ୍ତରିତ ହୋଇଗଲା। ଗାଁରେ ବି ଘରଭଡ଼ା ଲାଗିବା ପ୍ରଥା ଆରମ୍ଭ ହେଲା। କେତେ ଆଡ଼ର କେତେ ପ୍ରକାର ଲୋକେ କାମ

ଆଶାରେ ପେଟପାଟଣା ଧରି ଗାଁରେ ରହିଲେ। ଗାଁ ପାଖାପାଖି ଗଢ଼ି ଉଠୁଥିବା କୋଠାବାଡ଼ିରେ କାମ ଧଦା କଲେ।

ମୋ ଝିଅର ବାହାଘର ସରିଥିଲା। ଶାଶୂ ଚାଲିଯାଇଥିଲେ ଆରପୁରକୁ। ଘରର ଗହଳି ଭାଙ୍ଗି ଏମାନେ ଭାଇ ଭାଇ ଅଲଗା ଅଲଗା ରହୁଥିଲେ। ଆମେ କିନ୍ତୁ ଗାଁରେ ପୁରୁଣା ଘରେ ହିଁ ରହୁଥିଲୁ। ଝିଅ ଥିବାବେଳେ ମୋ ଦିନସବୁ କଟୁଥିଲା ବଡ଼ ସହଜ ଭାବରେ। ଏଡ଼େ ଗୁଣବତୀ ଝିଅଟିଏ ଗଢ଼ିଦେଇଥିଲି ଯେ ଘରକାମ ସବୁ କେତେବେଳେ ସରି ଯାଉଥିଲା ଜାଣିପାରୁ ନଥିଲି। ସେ ଗଲାପରେ ମୁଁ ଏକା ସବୁକାମ ଚଲେଇ ନେଉଥିଲି, ଟିକେ କଷ୍ଟରେ। ତଥାପି କାମବାଲି ରଖିବା କଥା ଭାବି ନ ଥିଲି। ଝିଅ ବାହାଘରର ଦୁଇବର୍ଷ ପରେ ପଡ଼ିଯାଇ ମୋର ଗୋଡ଼ ଭାଙ୍ଗିଗଲା। ଗୋଡ଼ ପ୍ଲାଷ୍ଟର କରିବାକୁ ପଡ଼ିଲା। ପୁଅମାନେ ବଡ଼ କଷ୍ଟରେ ଘର ଚଲାଇଲେ। ଝିଅ ଆସି ଦେଖି ଦେଇଗଲା। ତାକୁ ଅଟକାଇବା ଉଚିତ୍ ମନେ କଲୁ ନାହିଁ। ପ୍ଲାଷ୍ଟର ଥାଇ ବି ମୁଁ କିଛି କିଛି କାମ କରି ପାରୁଥିଲି। ଗୋଡ଼କୁ ଛାଡ଼ିଦେଲେ ଆଉ ସବୁ ତ ଠିକ୍ ଥିଲା ନାଁ! ଦଶ ବାରଦିନ ପରେ ଗୋଡ଼ରେ ଆଉ ଆଦୌ କଷ୍ଟ ଅନୁଭବ ହେଲାନାହିଁ। ବରଂ ପ୍ଲାଷ୍ଟର ଭିତର କୁଣ୍ଡେଇ ହୋଇ ବଡ଼ ଅସ୍ୱସ୍ତି ଲାଗିଲା। ଡ଼ାକ୍ତରଙ୍କ କହିବା ଅନୁଯାୟୀ ଗୋଟିଏ ମାସ ପ୍ଲାଷ୍ଟର ରଖିବା କଥା। ମୁଁ ମନେ ମନେ ଭାବିଲି କଷ୍ଟତ ହେଉନି ସବୁ ଠିକ୍ଠାକ୍ ହୋଇ ଗଲାଣି। କାହାକୁ କିଛି ନ କହି ଗୋଟିଏ ଧାନକଟା ଦାଆ ସାହାଯ୍ୟରେ ପ୍ଲାଷ୍ଟରକୁ କାଟି ଖୋଲି ଦେଲି। ଇଏ ପିଲାଏ ପ୍ଲାଷ୍ଟର ଖୋଲିବା ଦେଖି ବିରକ୍ତ ହେଲେ। ମୁଁ ବାହାଦୁରି ମାରି ସବୁକାମ ଖୁବ୍ ସହଜ ଭାବରେ କରିବାକୁ ଲାଗିଲି। ସବୁ ଠିକ୍ଠାକ୍ ଥିବାରୁ କେହି ଆଉ କିଛି କହିଲେନି। ଚାରି ପାଞ୍ଚଦିନ ପରେ ସବୁ ମଜା ବାହାରିଲା। ମୋର ଗୋଡ଼, ଅଣ୍ଠା ଭାଷଣ ବିନ୍ଧିଲା। କଷ୍ଟ ଏତେ ହେଲା ଯେ ଆଉ ଲୁଚାଇ ରଖି ପାରିଲି ନାହିଁ। ପୁଣି ଡ଼ାକ୍ତରଙ୍କ ପାଖକୁ ନେଲେ। ସମୟ ପୂର୍ବରୁ ପ୍ଲାଷ୍ଟର ଖୋଲିବାରୁ ଏଇ ଫଳ। ସମସ୍ତେ ମନ ଇଚ୍ଛା ଗାଲି ଦେଲେ। ଝିଅ ଶାଶୂଘରୁ ଆସିଲା। ପୂରା ବିଶ୍ରାମ ନେବାକୁ ପଡ଼ିଲା। ପରିସ୍ଥିତି ଏମିତି ଯେ କାମବାଲିଟିଏ ଠିକ୍ ନ ହେଲେ ଝିଅ ଫେରିଯିବା ଅସମ୍ଭବ ହୋଇପଡ଼ିଲା। ମୁଁ ପୂରା ଶୋଇ ରହିଲି। ଝିଅଘର ସମ୍ଭାଳିଲା।

ଚାଲିଲା କାମବାଲି ଖୋଜା ଅଭିଯାନ। ଜଣେ ଖୁଡ଼ୀଶାଶୂ ହେବେ ଗୋଟିଏ କାମବାଲି ଭୁତାଇଲେ। କହିଲେ ଝିଅ ସେ କି ଜାତି ମୁଁ ବୁଝିନି ତମେ ସେତକ ବୁଝିବ ଯଦି ଚଲିବ କାମ କରାଇବ। ନ ହେଲେ ନାହିଁ। ମୁଁ ମୋ ବାପାଙ୍କ ନୀତି

ଆଦର୍ଶରେ ଗଢ଼ା । ଜାତି, ଫାତି ଅନ୍ତରରେ ମାନେ ନାହିଁ । କିନ୍ତୁ ସ୍ଥାନ କାଳ ପାତ୍ର ଦେଖ୍କି ତ ଚଳିବାକୁ ପଡ଼ିବ । ମୁଁ ହଁ ମାରିଲି । ସତକୁ ସତ ସଂଧ୍ୟା ବେଳକୁ ସ୍ତ୍ରୀ ଲୋକଟିଏ ଆସିଲା । ମୁଁ ଅଗଣାରେ ଚୌକିରେ ବସିଥିଲି । କାଳି ଯତ୍ନୀ ସ୍ତ୍ରୀ ଲୋକଟିଏ । ବୟସ ଚାଳିଶୀ ପଙ୍ଚାଳିଶୀ ହେବ । ମୋତେ ମୁଣ୍ଡିଆଟେ ମାରିଦେଲା । ପଚାରିଲା, ତୁଇ ମାୟା ? ମୁଁ ହସି ଦେଇ ମୁଣ୍ଡ ଟୁଙ୍ଗାରିଲି । ସେ ହସିଦେଲା ମୋ ଗୋଡ଼ ପାଖରେ ବସିପଡ଼ିଲା । ମୋର ବ୍ୟାଣ୍ଡେଜ୍ ବନ୍ଧା ଗୋଡ଼କୁ ବଲବଲ ଚାହିଁ ଆଉଁଶିବାକୁ ଲାଗିଲା । ମୁଁ କଥା ଆରମ୍ଭ କଲି— ତୋ ନାଁ କଣ ? ସେ ମୁରୁକି ମୁରୁକି ହସି କହିଲି ମୋ ଘର ଫୁଲବାଣୀ ମୋ ନାଁ ଫୁଲମତୀ । ଜାଣିଲୁ ଆମର ସେଠି ଦଙ୍ଗା ହେଲା ସେଇଥ୍ ଲାଗି ପଳେଇଆସିଲୁ । କଥା କଥାରେ ଜାଣିଲୁ ତା'ର ଚାରୋଟି ପିଲା । ଦୁଇ ପୁଅ ଦୁଇ ଝିଅ । ମୁଁ ତା ପାଖକୁ ଟିକେ ଝୁଙ୍କି ପଡ଼ି ପଚାରିଲି ତୋର ଜାତି କଣ ? ସେ ଟିକେ ବିବ୍ରତ ଜଣା ପଡ଼ିଲା । ମୁହଁ ତଳକୁ କରି କହିଲା ଖରିଷ୍ଟାନ୍ (ଖ୍ରୀଷ୍ଟିଆନ) ଆଦିବାସୀ, ମା' । ମୁଁ ଜାଣିଥିଲି ଆମଘରେ କାମ କଲେ ସମସ୍ତେ ଧରିନେବେ ତାର ତଥା କଥିତ ଭଲ ଜାତି । ମୁଁ ତାକୁ ଚୁପ୍ ଚୁପ୍ କହିଲି ହଉ ହଉ, ଏ କଥା ଆଉ କାହାକୁ କହିବୁନି । ସେ ବଡ଼ ଆଶାୟୀ ଆଖ୍ରେ ମୋ ଆଡ଼େ ଅନାଇ ପଚାରିଲା— ମୋତେ କାମ ଦେବୁ ତ ମା ? ମୁଁ ହଁ କଲି । ସେ ମନକୁ ମନ ଉଠିଯାଇ ଅଗଣା ଓଲେଇ ପକାଇଲା । ପୁଣି ମୋ ପାଖରେ ବସିପଡ଼ି ମୋ ଗୋଡ଼ ମୋଡ଼ି ଦେବାକୁ ଆରମ୍ଭ କଲା । ମୁଁ ତାକୁ ପଚାରିଲି ତୁ କାମ କରିବାକୁ କେତେବେଳକୁ ଆସି ପାରିବୁ କହିଲୁ ? ଦୁଇ ଓଳି ଆସି ପାରିବୁ ତ ? ସେ ମୁଣ୍ଡକୁ ହଲେଇ ହଲେଇ ସମ୍ମତି ଜଣାଇଲା । ଜାଣିପାରିଲି ସେ କୋଉଠି ବି କାମ ଧରିନି । ଏଇ ଜାତି ଧର୍ମ ଅନ୍ଧ ଭାବନା ପାଇଁ । ପଚାରିଲି— ବଡ଼ି ସକାଳୁ ଆସିବୁ ତ ? ସେ କହିଲା କହୁନୁ କେତେ ବେଳେ ଆସିବି ? ସକାଳ ପାଞ୍ଚଟା ବେଳକୁ ଆ... ସାତଟା ଭିତରେ କାମ ସରିଯିବ । ପୁଣି ଉପରଓଳି ବି ଆସିବୁ । ସେ ହଁ କଲା ପଇସା ପତ୍ର ଛିଣ୍ଡିଲା । କିଛି ବି ଝେଙ୍ଝାକ୍ ନାହିଁ । କଥା କମ୍ ବେଶୀ ମୁଣ୍ଡ ହଲା । ପରଦିନ ଭୋର ପାଞ୍ଚଟାରେ ଆସିବାକୁ କହି ସେ ଗଲା ।

ପରଦିନ ଠିକ୍ ପାଞ୍ଚଟା ବେଳକୁ ସେ ଆସି ପହଞ୍ଚି ଗଲା । ଝିଅ ଯାହା ବତାଇଲା ସବୁ ଠିକ୍ଠାକ୍ କଲା । ବହୁତ କୁଶଳୀ, ଆଜ୍ଞାକାରିଣୀ । ଦିନ ପରେ ଦିନ ଗଡ଼ିଲା । ସେ ତିନି ଚାରିଦିନ କାମ କରିବାପରେ ଝିଅ ଭାରି ଆଶ୍ୱସ୍ତ ହେଲା ।

ତା' ବିଶ୍ୱାସ ଆସିଲା ଯେ ତା କୋଉ ଆଉ ହଇରାଣ ହେବନି। ସେ ଏବେ ଯିବ। କେତେ କଥଣ ବୁଝାଇ ଦେଲା ଯିବା ପୂର୍ବରୁ। କହିଲା ତୁ ମନଦେଇ କାମ କର ମୁଁ ମଝିରେ ମଝିରେ ଆସିବି ତୋ ସୁବିଧା ଅସୁବିଧା ବୁଝିବି। ମୁଁ ମନେ ମନେ ହସିଲି। ମୋ ଝିଅ ଅଲିଅଲି ଝିଅଟିଏ ନୁହେଁ, ଦାୟିତ୍ୱ ସମ୍ପନ୍ନ ବୋହୂଟିଏ ବି ହୋଇ ସାରିଲାଣି।

ସତକୁ ସତ କାମବାଲିଟି ଭାରି ନିଜର ପଣିଆରେ, ନିୟମିତ ଭାବେ କାମ କରି ବେଶ୍ ବିଶ୍ୱସ୍ତ ଓ ଅନ୍ତରଙ୍ଗ ହେବାକୁ ଲାଗିଲା। କାମସବୁ ଖୁବ୍ ପରିଷ୍କାର ପରିଚ୍ଛନ୍ନ ଓ ମାର୍ଜିତ ଭାବେ କଲା। ଘରଦ୍ୱାର ଓଲାପୋଛା, ଲୁଗାପଟା ଧୁଆ ଥୁଆ, ପରିବା କାଟିବା ଅଟା ଚକଟିବା, ଚା' କରିବା ଯାହା ଶିଖାଇଲେ ତାହା କଲା। କାମ ସାରି ଘଷି ଆଉଁଶି ଦେଉଥିଲା। ପାଖରେ ବସୁଥିଲା। ଗପୁ ଥିଲା। ସବୁ କଥା ଶେଷରେ ଗୋଟିଏ ଧାଡ଼ି ନିଶ୍ଚୟ କହୁଥିଲା– ମା' ଜାଣିଲୁ ଦଙ୍ଗା ହୋଇ ନଥିଲେ ଆମେ ଗାଁ ଛାଡ଼ି ଆସି ନଥାନ୍ତୁ। ଏତେବେଲେ ତା ମୁହଁ ବିଷଣ୍ଣ ଦିଶୁଥିଲା।

ସବୁବେଲେ ତୁ ତା କରି କଥାବାର୍ତ୍ତା କରେ। ତା' କଥା କହିବାର ଶୈଲୀ ସେମିତି। ମୋ ସାଙ୍ଗେ ଭାରି ଗପେ। ତାଙ୍କ ପାହାଡ଼, ଝରଣା, ବର୍ଷା ବତାସ ଶୀତ କାକର। କନ୍ଦା କୋଲି। ଫଲଫୁଲ। ବେଶୀ ଗପେ ହଲଦୀ କଥା। ସେ କେମିତି ହଲଦୀ ସିଝାଏ। ସେ ସିଝାଇବା ହଲଦୀର ରଙ୍ଗ ପୂରା ଚୋଖା। ତା'ର ପାଗ ଯୋଗଟା ପୂରା ପରଫେକ୍ଟ। ତାକୁ ସମସ୍ତେ ହଲଦୀ ସିଝାଇ ଦେବାକୁ ଡ଼ାକନ୍ତି। ସେ ଅନର୍ଗଳ ଗପେ। ମୁଁ ତା କଥା ଅଧା ବୁଝେ, ଅଧା ବୁଝିପାରେ ନାହିଁ। ଘରେ ତ କେହି ନଥାନ୍ତି। ମୋତେ ତା କଥା ଶୁଣିବାକୁ ଭାରି ଭଲ ଲାଗେ। ମୁଁ ହଁ ହଁ ମାରି ତାକୁ ଉସ୍ସାହିତ କରେ।

ଆମ ଘରେ ଦୁଇ ତିନିମାସ କାମ କଲା ପରେ ସେ ଗୁଡ଼ାଏ କାମ ପାଇଲା। ସେ ଆଉ ବେଶୀ ଗପିଲାନି। କିନ୍ତୁ କାମ କେବେ ହେଲା କରେ ନାହିଁ। ମୁଁ ଅନୁଭବ କରେ ତା'ର ମୋ ପ୍ରତି ଗୋଟେ ଆନ୍ତରିକ ସ୍ନେହ ସମ୍ମାନ। ଏବେ ତା'ର ସ୍ୱାସ୍ଥ୍ୟ ଟିକେ ବଦଲିଛି। ସେ ସୁନ୍ଦର ଦିଶୁଛି ଆଗଠୁ। ଏବେ ଶାଢ଼ି ବ୍ଲାଉଜ୍ ମ୍ୟାଚ୍ କରି ପିନ୍ଧୁଛି। ମୁହଁଟି ହସ ହସ। ଆଗଠୁ ସୁଠାମ।

ସତରେ ଏବେ ସେ ଭାରି ଖୁସି ଥିଲା। ସେ ଖୁବ୍ କ୍ଷିପ୍ର ଭାବେ କାମ କରୁଥିଲା। ସେ ଆଉ ଜମା ଅଧିକା ଗପ ସପ କରୁ ନଥିଲା। ତା'ର ବେଶ

ପୋଷାକ କଥାବାର୍ତ୍ତା ସବୁ ବଦଳିବାକୁ ଲାଗିଲା। ଦିନେ ସେ ମୁଚ୍‌ ମୁଚ୍‌ ହସି ହସି ପାଖକୁ ଆସିଲା। ହାତରେ ଗୋଟିଏ ମୋବାଇଲ ଫୋନ୍‌ ଧରିଥିଲା। ମୋତେ ଦେଖାଇଲା। କେମିତି କଅଣ ଚଳେଇବ ବୁଝିଲା। ତା ସହ କଥା ହୋଇ ଜାଣିଲି ସେ ଷଷ୍ଠ ଶ୍ରେଣୀ ଯାଏଁ ପଢ଼ିଚି। ଭଲ ପଢୁଥିଲା। ଘରଲୋକ ବାହା କରିଦେଲେ।

ମୁଁ ଧୀରେ ଧୀରେ ସମ୍ପୂର୍ଣ୍ଣ ସୁସ୍ଥ ହେଲି। କିନ୍ତୁ କାମବାଲିକୁ କାମ ଛଡ଼ାଇବାକୁ ଯେ ପିଲାମାନେ ଚାହିଁଲେ ନାହିଁ। ମୁଁ ବି ପୂରା ବସି ଯିବାରୁ ଟିକେ ଅଳସେଇ ହୋଇଗଲି। ଏଣେ କାମବାଲି ପ୍ରତି ମୋର ବି ଗୋଟେ ଆକର୍ଷଣ ଆସିଯାଇଥିଲା। ତାର ସରଳ ଓ ମାର୍ଜିତ କର୍ମପ୍ରବଣ ପ୍ରକୃତି ଯୋଗୁଁ। ଏସବୁ ସତ୍ତ୍ୱେ ତାକୁ ଆଉ ଦୁଇ ଓଳି ନୁହେଁ କେବଳ ସକାଳ ଓଳି କାମ କରିବାକୁ ଆସିଲା। ଉପର ଓଳି କାମ କମ୍‌। ସେ ଆସିଲା ଦିନୁ କେବେ ତା ପଇସାପତ୍ର ବାବଦରେ କିଛି କହୁନଥିଲା। ଅଧିକା କାମ ବରାଦ କଲେ ବିନା କିଛି ଦାବିରେ କାମ କରି ଦେଉଥିଲା। ତେଣୁ ତା'ର ପଇସାମାତ୍ରା ଅପରିବର୍ତ୍ତନ ରହିଲା। ସେ ଭାରି ଖୁସି ହେଲା। ସବୁଦିନେ ଠିକ୍‌ ସମୟରେ ଆସି କାମ କରେ। କିଛି ଆଳ ଦେଖାଇ କାମ ଆଦୌ ବନ୍ଦ କରେ ନାହିଁ। ଆଦୌ ହାତଉଠା ନୁହେଁ। ଯଦିବି କାମ ବନ୍ଦ କରେ ପୁଣି ଠିକ୍‌ କହିଥିବା ସମୟରେ ହିଁ ପହଞ୍ଚିଯାଏ। ଲାଗେ କାମବାଲିଟିଏ ହେଲେବି ତା ବ୍ୟକ୍ତିତ୍ୱରେ ଭିନ୍ନତା ଅଛି। ସବୁ ଆଧୁନିକ ସାଜ ସରଞ୍ଜାମରେ କାମ ମାତ୍ର ଥରଟିଏ ବତାଇଦେଲେ କରି ନିଏ। ବେଶ୍‌ ଭଲ ସ୍ମରଣ ଶକ୍ତି। ମାର୍ଜିତ ଆଚରଣ। ବ୍ୟବସ୍ଥିତ ଚଳଣି। ମନେହୁଏ ଯେ ବି ପାଠଶାଠ ପଢ଼ିବାକୁ ସୁଯୋଗ ପାଇଥିଲେ ନିଶ୍ଚୟ ଖୁବ୍‌ ଭଲ ପଢ଼ିଥାନ୍ତା। ସତରେ ପ୍ରତିଭାବାନ୍‌ ହେବା ଏବଂ ଏହାର ବିକାଶ ପାଇଁ ସୁବିଧା ସୁଯୋଗ ପାଇବା ଦୁଇଟା ଭିନ୍ନ ଜିନିଷ।

ସେ ଆସେ। କାମ କରି ଯାଏ। ମୋ ସହିତ ହିଁ କଥାବାର୍ତ୍ତା କରେ। ଏବେ ସେ ଖୁବ୍‌ ତରତର। ମୋତେ ଦେଖିଲେ ମୁହଁକୁ ମୁହଁ ପଡ଼ିଗଲେ ହସି ଦିଏ। ଧୀରେ ଧୀରେ ତା'ର ହସ ବି ମଉଳିବାକୁ ଲାଗିଲା। ସେ ବହୁତ ଦୁର୍ବଳ ଓ ଦୁଃଖୀ ଦୁଃଖୀ ଦେଖାଗଲା। ତାକୁ ପଚାରିଲି..ତୋ ଦେହ କଅଣ ଭଲ ରହୁନି କିରେ ଫୁଲମତୀ? ନାଁ ଲୋଭରେ ବହୁତ କାମ ଧରି ପକାଇ ଏମିତି ହନ୍ତସନ୍ତ ହେଉଛୁ? ଆଉ ଜମା ଆଗପରି ଗପୁନୁ, ହସୁନୁ, ମୋତେ ଜମା ଭଲ ଲାଗୁନି। ସେ ଟିକେ ହସି ଦେଇ ମୁହଁ ପୋଟି ଦେଲା। ମୋତେ ଲୁଚାଇଲେ ବି ମୁଁ ଜାଣିପାରିଲି ତା

ଆଖ୍ରୁ ଦୁଇଟୋପା ଲୁହ ୫ରି ପଡ଼ିଲା । ଜାଣିଲି କିଛି ଗୋଟେ ଦୁଃଖ ତାକୁ ଆବୋରି ରଖିଛି । ତରତର ହୋଇ କାମ ସାରି ଚାଲିଗଲା । ବୁଝି ପାରିଲିନି ମୋତେ କାହିଁକି ଲୁଚାଉଛି ? ହଁ ନୂଆ ନୂଆ କାମ କରିବାର କିଛି ଦିନ ପରେ ସେ ଖୁବ୍ ଖୁସି ଥିଲା । ତା ପୁଅ ଝିଅ ସ୍ୱାମୀ କଥା ଖୁବ୍ ଖୁସିରେ ଗପୁଥିଲା । ଏବେ ଦୁଃଖ କଥା କହିବାକୁ ସେ ହୁଏତ ସଂକୋଚ କରୁଛି ।

ମୋ ମନକିନ୍ତୁ ବୁଝିଲାନି । ମୁଁ ତାପାଇଁ ଟିକେ ସମୟ ଦେଲି । ସେ ସକାଳୁ ଅଗଣା ଓଲାଇ ବାହାର ଟ୍ୟାପ୍ ପାଖେ ବସି ବାସନ ମାଜେ । ମୁଁ ସେଇଠି ଚଉକି ପକାଇ ବସି ଗପ ଜମେଇଲି । ବାସନ ମଜା ପରେ ତାକୁ ଚାହା ଆଉ ଯାହା ଟିକେ ଦେଇ ମୁଁ ବି ଚା ପିଇଲି । ମୁଁ ଯାହା କହିଲି ଖାଲି ଶୁଣିଲା । ଯାହା ପଚାରିଲି ଖୁବ୍ ସଂକ୍ଷିପ୍ତରେ ଉତ୍ତର ଦେଲା । ଗଲାବେଳେ ମୁହଁ ପୋତି ଦେଇଗଲା ।

ଏତେ ହସକୁରି ଗପୁଡ଼ି । ଏବେ ତା ରଙ୍ଗଢଙ୍ଗ ମୋତେ କଷ୍ଟ ଦେଲା । ସେ ଦିନକୁ ଦିନ ଅଧିକ ଦୁଃଖୀ ଓ ଦୁର୍ବଳ ହେବାର ମୁଁ ଅନୁଭବ କରୁଥିଲି । ଦିନେ ସେ ଆସିଲା । ତା'ର ଫୁଲିଲା ଫୁଲିଲା ଆଖି ତା ମୁହଁ ଦେଖିଲେ ସ୍ପଷ୍ଟ ଅନୁଭବ ହେଉଥିଲା ସେ ଖୁବ୍ କାନ୍ଦିଛି । ହୁଏତ ଶୋଇନାହିଁ କି ଖାଇନାହିଁ । ସେ ବଡ଼ ସତର୍ପଣରେ ଆସି ଅଗଣା ଓଲେଇବାକୁ ଝୁଡୁ ଧରିଲା । ମୋ ମନ ଆଉ ସମ୍ଭଳିଲା ନାହିଁ । ମୁଁ ତା ହାତରୁ ଝୁଡୁ ଛଡ଼ାଇ ନେଇ ତାକୁ ହଲାଇ ଦେଇ କହିଲି ଆଗ କହ କ'ଣ ହୋଇଛି ତୋର ? ସେ ମୁହଁ ତଳକୁ କଲା । ତା ଆଖିର ଓଦ ଓଦ ଲୁହ ଅଗଣାକୁ ଭିଜାଇଲା । ତା ହାତ ଧରି ମୁଁ ଅଗଣାରୁ ଦାଣ୍ଡ ଘରକୁ ପଶିଆସି ସୋଫା ଉପରେ ବସି ପଡ଼ିଲି । ସେ ମୋ ଗୋଡ଼ପାଖେ ବସିଯାଇ ଖାଲି କଇଁ କଇଁ ହୋଇ କାନ୍ଦିଲା । ମୁଁ ପୁଣି ପଚାରିଲି ଆରେ କଅଣ ହୋଇଛି ତ କହ ? କିଛି ସମୟ ଦୁହେଁ ଚୁପ୍ । ମୁଁ ନିରବତା ଭାଙ୍ଗି ଟିକେ ଚଢ଼ା ଗଲାରେ କହିଲି– କହି ବୁନି ତ କିଛି ? ଯା କାମ କର, କାମ କରିବୁ ଯିବୁ ! କେବେ ମୋତେ ଆଉ ମା' ବୋଲି ଡ଼ାକିବୁନି । ପୁଣି କିଛି ସମୟ ନିରବତା ପରେ ନିଜ ଲୁଗା କାନିରେ ସେ ତା ମୁହଁକୁ ପୋଛିଲା । ଧୀରେ କହିଲା ତୁ କାହାକୁ କହିବୁନି ତ ? (ଧୀରେ ଧୀରେ ସେ ସମସ୍ତଙ୍କୁ ଠିକ୍ ଭାବେ କଥାବାର୍ତ୍ତା କରୁଥିଲେ ବି ମୋତେ ପୂର୍ବବତ୍ ତୁ' ତା କରୁଥିଲା, ମୁଁ କେବେ ତାକୁ ବାରଣ କରି ନଥିଲି) ଆଲୋ ତୋ କଥା ମୁଁ କାହା ଆଗରେ ଯାଇ କହିବି ? କହ କଅଣ ହୋଇଚି ତୋର ? ସେ ପୁଣିଥରେ ନିଜ ମୁହଁକୁ ପୋଛି ଦେଲା । ମୋ ଆଡ଼କୁ ସିଧା ଅନେଇଲା – କୋହ ଚାପି ଚାପି କହିଲା ମା ଜାଣିଚୁ ମୋ ବଡ଼ ଝିଅ

ନାଁ କୋଉ ଦିନୁ ଘରୁ ପଳେଇଲାଣି । ତା ବାପା ମୋତେ ଭାରି ରାଗିଲା । ବାଡ଼େଇଲା କ'ଣ କହିବି । ଚୁପ୍ ରହିଲି । ଝିଅ ତ ଭୁଲ କରିଛି । ହେଲେ ମାଆ ଜନମ ତ କରିଛି ଭିତରେ ଭିତରେ ପ୍ୟା ଲଗାଇଲି । ସେ ଅଛି ଗୋଟେ ରଙ୍ଗ ମିସ୍ତ୍ରୀ ସାଥିରେ । ବଡ଼ ମଦୁଆଟା । କାମକୁ ଗଲେ ଭଲ ରୋଜଗାର କରନ୍ତା । ହେଲେ ସେ ଦିନେ କାମ କଲେ ଦି'ଦିନ ମଦପିଇ ଗଡୁଛି । କାହାକୁ କହିବି ? ଭଲରେ ଖାଇବାକୁ ବି ଦେଉନି । ଦୁଃଖୀ ଘର ଝିଅ, ସେ ବି ମୂଲ ମଜୁରିକୁ ଯାଆନ୍ତା ହେଲେ ତା ପେଟରେ ପିଲା । ଆଠମାସ ହେଲାଣି । ଭାବିଲି ପିଲାଟା ହୋଇଗଲେ ମନ ବଦଳିବ । ନିଶାପାଣି ଛାଡ଼ି ଘରକୁ ଅନେଇବ । ଝିଅକୁ ବୁଝାଇଲି । କିଛି ନ ବୁଝ୍ ନ ସୁଝ୍ ଭୁଲ୍ କାମ କଲୁ । ସହିଥା, ଆଗକୁ ହୁଏତ ଭଲ ଦିନ ଆସିବ ।

ଏଇକଥାକୁ ସମ୍ଭାଳି ଟିକେ ମନଟାଣ କଲି । ହେଲେ ପୁଣି କ'ଣ ହେଲା ଜାଣିରୁ ? ପୁଅ ବି ଘରୁ ଗଲା । ଗୋଟେ ଝିଅକୁ ତ ଘରକୁ ଆଣିବ ବୋଲି ମୋତେ କହୁଥିଲା । ମୁଁ ବି ହଁ ନାଇଁ ନ କହି ହଉ ଦେଖିବା ବୋଲି କହିଥିଲି । ଆମେ ବା କଅଣ ଭୋଜି ଭାତ କରି ବାଜା ବଜେଇ ବାହାଘର କରିବୁ ? ତା ବାପାକୁ ବୁଝାଇ ଥାତି । ଆଣିବ ଯଦି ଆଣୁ । ହେଲେ ନାଇଁଲୋ ମାଆ ସେ ଝିଅ ପୁଣି ମୋ ପୁଅକୁ ଅମଙ୍ଗ ହେଲା । ପୁଅ ଟିକେ ରାଗି ଯାଇ ତାକୁ ଭିଡ଼ା ଓଟରା କଲା । ସେ ଝିଅ ଥାନାରେ ଯାଇ କଅଣ କହିଦେଲା ଯେ ମୋ ପୁଅକୁ ଥାନାବାବୁ ନେଇଗଲା । ସେଇଦିନୁ ଯାଇଚି ଯେ ଯାଇଚି ତା ଖବର ମୋତେ କିଛି ଜଣା ନାହିଁ । ସେ ପୁଣି ଅସରାଏ କାନ୍ଦିଲା ଆଉ ଲୁହ ପୋଛିଲା ।

ମା ଲୋ ପୁଅଝିଅ କଥା ସହିଲି । ତଥାପି ମୋ ଦୁଃଖ ସରିଲାନି । ତା ବାପାର କଣ ହେଲା କେଜାଣି ଏଣିକି ଏଣିକି ବହୁତ ପିଇଲା । ମୋତେ ନ କହିଲା କଥା କହୁଛି । କାମ କରି କରି ଫେରୁଛି । ତାଠୁ ବାରକଥା ଶୁଣୁଛି । କାମ ଛାଡ଼ି ଦିଅନ୍ତି । ନିଜେ ତ ଆଉ ଆଗ ଭଳି କାମକୁ ଯାଉନି । ମୁଁ କାମ ନ କଲେ ଘର ଚଳିବ କେମିତି ? କାମକୁ ଗଲାମାନେ ଅଭାଷା ଶୋଧୁଛି ଗାଈଗୋରୁ ପରି ବାଡ଼ଉଚି । ମୁଁ କଣ କରିବି ମା ? ମୁଁ କ'ଣ ସେମିତି ? ସେ ମୁହଁପୋତି ଖୁବ୍ ଜୋରରେ କାନ୍ଦିଲା ମୁଁ ଅନୁଭବ କଲି ପରିଣତ ବୟସରେ ନିଜ ସ୍ୱାମୀ ମୁହଁରେ ତା ଚରିତ୍ର ସଂହାର ତାକୁ ଖୁବ୍ କଷ୍ଟ ଦେଉଚି । ମୁଁ ତାକୁ ଟିକେ ଆଉଁଶିଦେଇ ଆଶ୍ୱାସନା ଦେଲି । କହିଲି, କାନ୍ଦେନା ମା, ଦୁହେଁ ତ ଏତେ ଦିନ ଚଳିଲଣି । ତା

ମନ କଅଣ ଟିକେ ଗୋଲମାଲିଆ ହୋଇଯାଇଛି। ତାକୁ କାହା ଘର କି କୋଉ ଲୋକ ଭଲ ନ ଲାଗୁଛି ସେ କାମ ଛାଡ଼ିଦେ। ନାଇଁ ଲୋ ମା। ମୁଁ ସେ ବୁଦ୍ଧି ବି ଖଟାଇ ସାରିଛି। ହେଲେ ସେ କୋଉଠରେ ବୁଝୁନି। ଖାଲି ମଦ ପିଉଛି। ଗାଲି କରୁଛି। ବାଡ଼ଉଚି ନ ହେଲେ ଚୁପଚାପ ଏକୁଟିଆ ବସୁଚି। ସେ ଆହୁରି ବିକଳ ହୋଇ କାନ୍ଦିଲା। ପତ୍ରଝରା ଶୂନ୍ୟ ଗଛଟେ ଭଲି ନିରିମାଖ୍ ଦିଶୁଥିଲା ସେ। ମୁଁ ବି କିଛି ବୁଝାଇବାକୁ ବୁଦ୍ଧି ପାଉ ନଥିଲି। ସେ ଆପେ ଆପେ ଉଠିଗଲା। ଆଉ କାମରେ ଲାଗିଲା।

ମୁଁ ବି ବଡ଼ ଅସହାୟ ବୋଧ କଲି ନିଜକୁ। ସେ କିନ୍ତୁ ଏଣିକି ତା ଦୁଃଖ କଥା ମନକୁ ମନ କହିଚାଲିଲା। ହୁଏତ ସେ ହାଲୁକା ହେଲା। ମୋତେ ଭାରାକ୍ରାନ୍ତ କଲା। ଜଙ୍ଗଲ ପାହାଡ଼ର ମଣିଷ ସେମାନେ। ସ୍ୱାମୀ ସ୍ତ୍ରୀ ଏକାଠି କାମକୁ ଯାଉଥିଲେ କାଠ କାଟୁଥିଲେ, ଫଳ ତୋଳୁଥିଲେ, କନ୍ଦା ତାଡୁଥିଲେ। ଫୁଲମତୀ ଏ ପରିବେଶରେ ନିଜକୁ ଯେମିତି ସାମିଲ୍ କରିଦେଲା, ସେମିତି ପାରିଲା ନାହିଁ ତା'ର ସ୍ୱାମୀ। ପୁଅ ଝିଅଙ୍କ ପାଇଁ ଉପରେ କଠୋର ସାଜିଥିଲେ ବି ତାକୁ କଷ୍ଟ ହେଉଥିଲା। କିନ୍ତୁ ସେ ଉପାୟ ଶୂନ୍ୟ ଥିଲା। ତା ମନର କ୍ରୋଧ, ଭୟ, ଅସହାୟତା, ହତାଶ ବୋଧ ତୀବ୍ର ହୀନମନ୍ୟତାରେ ରୂପାନ୍ତରିତ ହେଲା। ସେ ନିଜ ଉପରୁ ଆସ୍ଥା ହରାଇ ବସିଲା। ଏ ସମଗ୍ର ଦୁନିଆ ତାକୁ ଅବିଶ୍ୱସ୍ତ ମନେ ହେଲା।

କ'ଣ କରିବ? ସେ ଫୁଲମତୀକୁ ହିଁ ସଦେହ କଲା। ମଦ୍ୟପ ହେଲା। ଫୁଲମତୀ ଆହୁରି ଆହୁରି ଦୁର୍ବଲ ହେଲା। ଦୁଃଖୀ ହେଲା, କ'ଣ କରିବ ଫୁଲମତୀ? ଦୁଇ ସାନ ପିଲାଙ୍କ ପେଟକୁ ଦାନା, ଜାଲକାଠ, ପାଣି, ଆଲୁଅ ମାସ ଶେଷର ଘର ଭଡ଼ା ସବୁ ତ ଜରୁରୀ। ଫୁଲମତୀ ଆକାଶକୁ ଚାହୁଁଥିଲା। ଆଜି ଆକାଶରେ ପୂରା ଜହ୍ନ। ଜହ୍ନ ହସୁଚି। ଫୁଲମତୀ ଠିକ୍ ଚିହ୍ନି ପାରୁଚି ଏ ତ ଚଇତ ପୁନେଇ ଜହ୍ନ। ଏଠି ମାଦଲ ନାହିଁ। ନାହିଁ ଶାଲବଣ। ନାହିଁ ଝରଣାର ଗାନ। ଚିହ୍ନା ଆକାଶର ଚିହ୍ନା ଜହ୍ନଟା ଏ ମାଟିରେ ତା ପାଇଁ ଅଚିହ୍ନା ହୋଇଯାଇଚି।

□

ଡାହାଣୀ

ପାହାଡ଼ ଆଉ ପାହାଡ଼। ଜଙ୍ଗଲ ଆଉ ଜଙ୍ଗଲ। ପାହାଡ଼ ଖୋଲରେ ଛୋଟ ଏକ ଝରଣା। ଝରଣାର ଧାରେ ଧାରେ ଛୋଟ ଏକ ଗାଁ। ଗାଁ ନା ସାଇ? ଗାଁ ନୁହେଁ, ସାଇ ବି ନୁହେଁ। ଗୋଟେ ବସତି। ଆଜି ଅଛି, କାଲି ନାହିଁ। ବେଶ୍ ଛାଡ଼ି ଛାଡ଼ି ଫର୍ଚା ଫର୍ଚା ନୂଆଁଣିଆ ଚାଲଘର ସବୁ। ସାବଜା ସାବଜା ପାହାଡ଼ ଆଉଆଲରେ ଧୂସର ଏ ଘରର ନକ୍ସା। କୌଣସି ନିର୍ଦ୍ଦିଷ୍ଟତା ନାହିଁ, ଅନାବନା କିନ୍ତୁ ସମାନ ପ୍ରକାରର ପଚିଶ ତିରିଶ ଘର। ବାଉଁଶ ତାଟି। ରଙ୍ଗିନ କାନ୍ଥ, ଛୋଟ ପିଣ୍ଡାର ଚିତ୍ର ଭିତରେ ବନ୍ଦୀ ଅନ୍ଧ ମଣିଷ। ଏଠି ମଣିଷ ବଞ୍ଚିଯାଏ ଶାଳ ମହୁଲର ପ୍ରାଚୁର୍ଯ୍ୟରେ, କେନ୍ଦୁପତ୍ରର ଅର୍ଥନୀତିରେ। ଆମ୍ବ, ପଣସ, ଚାର କେନ୍ଦୁ, ପୁଡ଼େଇ ଜାମୁର ସମ୍ଭାରରେ। ରାଶି, ସୋରିଷ, ମକା ମାଣ୍ଡିଆର ଫସଲରେ। ସରଗି ଫୁଲର ବାସ୍ନା। ମହୁଲର ମହୁଲି ନିଶା, ମାଦଲର ମାଡ଼, ରୂପାଜହ୍ନର ରାତି ସୁନାସୂର୍ଯ୍ୟର ଦିନରେ। ଆଶା, ଆକାଂକ୍ଷା ଆଉ ଅଭିଲାଷର ଶୂନ୍ୟପଣରେ କଟିଯାଏ ଦିନ ମାସ ଓ ବର୍ଷ।

ସୂର୍ଯ୍ୟ ବୁଡ଼ିଲେ ରାତି ଆଉ ଉଇଁଲେ ସକାଳ। ପୁନେଇ ଜହ୍ନର ଶୀତଳ ଆଲୋକର ଉଭାସ। ସେ ରାତିରେ ସ୍ୱପ୍ନ ଓହ୍ଲେଇ ଆସେ। ନାଚ ହୁଏ। ଗୀତ ହୁଏ। ଧାଙ୍ଗଡ଼ା ମାତାଲ ହୁଏ। ଧାଙ୍ଗଡ଼ୀ ବି ମାତାଲ ହୁଏ। ମନ ଚୋରି ହୁଏ। ପରବ ହୁଏ। ପାରିଧ୍ ହୁଏ। କୁଟୁରା, ବାରହା, ମିରିଗ ନ ମିଲିଲେ ଛେଲି, କୁକୁଡ଼ା ମେଣ୍ଢ କି ଘୁସୁରିରେ ମଉଛବ ଜମେ। ଜୀବନ ଚାଲେ ପଥର ବୁକୁରେ। କଳକଳ ଛଳଛଳ ପାହାଡ଼ୀ ଝରଣାଟେ ଭଳି।

ଏଠି ସନିଆ, ମକରା, ସମବାରୀ, ସୁକୁରି ଦିନ କାଟନ୍ତି। ହସରେ ଲୁହରେ। ଖରା କାକରରେ। ନିଜ ଜୀବନରେ ମଗ୍ନ। ପଚାଶ ବର୍ଷର ସନିଆ କାଶୁଚି ଖୁଁ... ଖୁଁ...। ନିଃଶ୍ୱାସରେ ଶଘଟେ ମିଶିଛି ସୁଉଁ...ସୁଉଁ...। ପେଟ ଲୋଚାକୋଚା ହୋଇ ଯାଉଛି। ପଞ୍ଜରା ହାଡ଼ ଚମଡ଼ା ତଲୁ ଟାଙ୍କୁରି ଉଠୁଛି। ଆଖିରୁ ଲେଞ୍ଜେରା ମିଶା ଲୁହ ବୋହି ପଡ଼ୁଚି। କାଶ ଥମୁନି। ପୂଜାରେ ମନ୍ତରେ, ଝଡ଼ାଫୁଙ୍କାରେ। କାଲେସିର

. . . .
ସୋରିଷଫୁଲିଆ ଖରା ▢ ୩୩

କୁହାଟରେ, ଗୁଣି ଗାରେଡ଼ିରେ । ଯାଉନି କାଶଟା । କାଟୁ କରୁନି କିଛି । ଏବେ ପୁଣି କାଶୁଚି ମକରା । ବାପା ପରି । ଏକଦମ୍ ଏକା ଦୁହେଁ । କିଏ ବୁଢ଼ା, କିଏ ଟୋକା ବାରି ହେଉନି କିଛି । କାଶି କାଶି ଦୁହେଁ ବେହାଲ । କାଶରେ ଥୋଲା ଥୋଲା ରକ୍ତ । ରଇବାରୀ ଟୋକୀ ଆଉ ସୁକୁରି ବୁଢ଼ୀ ଖଟି ଖଟି କାକୁସ୍ଥ । ଛେଳି ବିକା, କୁକୁଡ଼ା ବିକା ସବୁ ସରିଲାଣି । ଘରେ ନାହିଁ ରାଶି, ସୋରିଷ କି ମାଣ୍ଡିଆ । ବଣରେ ନାହିଁ କେନ୍ଦୁପତ୍ର, ମହୁଲ କି ଆମ୍ବ ପଣସ । କୁକୁଡ଼ା ବଲିରେ ଶୁଣିଲାନି ବୋଲି ଗାଡ଼ର (ବୋଦା) ଗୋଟେ ବି ବଲି ଦିଆ ସରିଲାଣି । ହେଲେ ଫଲ ଶୂନ । ଆଗେ ବାପ ତା'ପରେ ପୁଅ ଦୁହେଁ ଚାଲିଗଲେ । ଘରେ ଦି'ଟା ରାଣ୍ଡ । ପରସ୍ପରର ଆଶ୍ରା । ଗୋଟେ ବୋହୂ ରଇବାରୀ ଆଉ ଶାଶୂ ସୁକୁରି । ଆଖିରେ ଲୁହ ନାହିଁ, ନିଆଁ ଜଲୁଚି । କିଏ ପାଙ୍କଣ କଲା ନାଁ ଡାହାଣୀ ଗ୍ରାସିଲା ? ରକ୍ତ ବାନ୍ତି କରି ଦୁହେଁ ମଲେ । ପୁଅ ଘଇତା ।

ସୁକୁରି ଗୁଣିଗାରେଡ଼ିବନ୍ଦ୍ କରିନାହିଁ । ସବୁ କମାଣି ସେଇଥରେ ଖର୍ଚ୍ଚ କରୁଚି । ରଇବାରୀ ପେଟରି ଅଛି । ଏଇ ପୁନେଇ ସରିକି ଜନମ କରିବ । ରଇବାରୀର ପାଦ, ମୁହଁ ଶେତା ଦିଶୁଚି । ଆଖିଗାଡୁଆ ହୋଇଚି । ପେଟଟି ବଡ଼ । ହାତଗୋଡ଼ ସରୁ ସରୁ । ସୁକୁରି ଏକା ଜଙ୍ଗଲ ଯାଉଚି । ସର୍ଗି ପତର, ଶିଆଲି ପତର ତୋଳୁଚି । ଦାନ୍ତକାଠି ଭାଙ୍ଗୁଚି । ହାତରେ ଦନା ଖଲି ବିକୁଚି । ବଡ଼ ହରକତ । କିଛି ଏଜ୍ନା ନାହିଁ ଜଙ୍ଗଲରେ ।

ଖାଁ ଖାଁ ଖରାବେଲ । ବୁଢ଼ୀ ଆସିଲାଣି ଜଙ୍ଗଲରୁ । ଶାଶୂବୋହୂ ସାଙ୍ଗ ହୋଇ ପେଜମିଶା ତତଲା ଭାତ ଖାଇଲେ । ଆଜି ବହେ କୁରକୁଟି ଆଣିଥିଲା ସୁକୁରି । ଭାରି ସୁଆଦ । ଖାଇବାଟା ଜମିଲା । ବୁଢ଼ୀ ପିଣ୍ଢାରେ ତୁଲାଉଥିଲା । ଘରୁ ରଇବାରୀ ଗର୍ଜନ କଲା । ବୁଢ଼ୀ ଧାଇଁଗଲା । ଭାଡ଼ିରୁ ପୁତୁରାଟେ କାଢ଼ିଲା । ଅଣ୍ଟା ଚିପିଦେଲା । ମୁଣ୍ଡ ଆଉଁଶି ଦେଲା । ଅଧିକ ଗର୍ଜନ କରିବାରୁ ଅଭାଷାରେ ଶୋଧିଲା । ରଇବାରୀ ଚୁପ୍ । ଏକଦମ୍ ଚୁପ୍ । କୁଆଁକୁଆଁ କାନ୍ଦଟେ ଶୁଭିଲା । ରଇବାରୀର ଆଖି ବୁଜି ହୋଇ ଯାଇଥିଲା । ବୁଢ଼ୀ କାତିରେ ନାହି କାଟିଲା । ଅଣ୍ଟା କୁଣ୍ଡା ଦେଇ ଗାଧୋଇଦେଲା । ଛୁଆକୁ ଶୁଆଇ ସବୁ ନିକେଇଲା । ରଇବାରୀକୁ ଉଠେଇଲା । କହିଲା, ଦେଖ୍ ଲୋ... ଶାଳୀ ମାଇ ଝିଅଟେ ।

ଦିନେ, ଦୁଇ ଦିନ । ଆଠ ଦିନ, ଦଶ ଦିନ । ପନ୍ଦର ଦିନ । ବୁଢ଼ୀ ସବୁ ସମ୍ଭାଲିଚି । ରଇବାରୀ କୁଆଡ଼େ ଯାଇନି । ନରମ ଓଥରେ ସବୁୟାକ ବଲ ଲଗେଇ

ଛୁଆଟା ଥନକୁ ଝୁଣ୍ଟି। ପେଟ ପୂରିଲେ ନିଘୋଡ଼ ନିଦରେ ଶୋଉଚି ବହୁତ ବେଳ।

ବୁଢ଼ୀ ଜଙ୍ଗଲ ଯାଉଚି। ଏବେ ଚଇତ ଶେଷ ହୋଇ ବଇଶାଖ ଅଧା ହେଲାଣି। ଜଙ୍ଗଲରେ ମହୁଲ, କେନ୍ଦୁପତ୍ର ଆମ୍ବ ପଣସ ଭର୍ତ୍ତି। ନୂଆଖାଇ ସରିଚି। ବୁଢ଼ୀ କେନ୍ଦୁପତ୍ର ତୋଳୁଚି ମହୁଲ ଗୋଟାଉଚି। ସେସବୁ ମୁଣ୍ଡରେ ବୋହି ଘରେ ପହଞ୍ଚି ଢାଲେ ପାଣି ପିଉଚି। ପିଣ୍ଢାରେ ପଡ଼ି ଯାଉଚି ଏକଦମ୍ ନିସ୍ତରଙ୍ଗ ହୋଇ। ରଇବାରୀ କ'ଣ କରିବ ?

ଆଜି ଛୁଆଟା ଝୁଣିଝାଣି ଖାଇ ପିଇ ଶୋଇଚି। ରଇବାରୀ ତାକୁ ଯତନ କରିଚି। ପିଣ୍ଢାରେ ଖଜୁରି ପଟି ପାରିଚି। ସିଆଲି ପତର ଛତାଟା ଡଣ୍ଡେଇ ଦେଇଚି। ଝିଅ ଶୋଇଚି ନିଘୋଡ଼ ନିଦରେ ପିଣ୍ଢାରେ। ପିଣ୍ଢାରେ କଅଁଳ କିରଣ। ଫେରୁ ଫେରୁ ଡେରି ହୋଇଯିବ। ପତ୍ରଛତା ଆଉଆଲ କରିଚି। ଖରା ପଡ଼ିବ ଯେ ଝିଅ ଉପରେ। ସବୁ ସଜିଲ କରି ତରତର ହୋଇଯାଉଚି ରଇବାରୀ। ଆଜି ବୁଢ଼ାକୁ ଉସାସ କରିବ। ସେ ଗୋଟାଇଥିବା ମହୁଲ ଖାଞ୍ଜୁକୁ ବୋହି ଆସିବ। ରଇବାରୀ ଗଲା। ତାହାହିଁ କଲା। ଫେରିବା ବେଳେ ଶାଶୂବୋହୂ ପରସ୍ପର ପ୍ରତି ସ୍ନେହ ମମତାର ମାପଚୁପ କରି ଆହ୍ଲାଦିତ ହେଉଥିଲେ ନିଃଶବ୍ଦରେ।

ଘର ପହଞ୍ଜିଲା। ହାବୁକା ମାରୁଥିବା ବଇଶାଖ ପବନରେ ଛତା ଚିତପଟାଙ୍ଗ। ଛୁଆଟା ଏଡ଼େ କଳାକାଠ, ଏଡ଼େ ଅବାଗିଆ କ'ଣ ଦେଖାଯାଉଚି ? ମହୁଲ ଖାଞ୍ଜୁକୁ ଦୁମ୍‌କିନା ଥୋଇଦେଇ ରଇବାରୀ ଝିଅକୁ ଟେକି ଆସିଲା। ତା' ନାକରୁ ଗଳଗଳ ହୋଇ ରକ୍ତ ଗଳିଲା। ଚିତ୍କାର କଲା ସୁକୁରି। କାଇଁ ଏକା ଛାଡ଼ିଗଲୁରେ... ରାଣ୍ଢ, ଡାହାଣୀ ଶୋଷିଦେଲା। ଶାଶୂବୋହୂଙ୍କ ମିଳିତ ଚିତ୍କାରରେ ଭୂକମ୍ପର ଭ୍ରମ ସୃଷ୍ଟି ହେଲା। ନଙ୍ଗଲା, ମୁକୁଲା, କାଲିଆ କୋତରା ଅଭେକା ମଣିଷ କିଛି ଧାଇଁ ଆସୁଥିଲେ।

ରକ୍ତ ଶୋଷି ସାରି ଡାହାଣୀ କ'ଣ ଗାଁ ଛାଡ଼ି ଚାଲିଗଲା ! ନା ରାସ୍ତାଘାଟ ନଥିବା ଅଭାବ, ଅନଟନ ଅଶିକ୍ଷାର ଏଇ ପାହାଡ଼ି ଖୋଲରେ ଲୁଚି ରହିଲା ଆଉ କାହାର ରକ୍ତ ଶୋଷିବାକୁ ?

❑

ସମୟର ଶିକ୍ଷୀ

ରାତି ଅନେକ ହେଲାଣି ନିଶ୍ଚୟ । ଉଆଁସ ପକ୍ଷ ସପ୍ତମୀ ଜହ୍ନରେ ବାରି ପଟଟା ଝାପସା ଦିଶୁଚି । ଘଡ଼ି ମାରି ଜହ୍ନ ଉଇଁ ସାରିଲାଣି, ମାନେ ରାତି ପାହିବାକୁ ମାତ୍ର ତିନି ଚାରି ଘଡ଼ି ବାକି ଅଛି । ସଠିକ୍ ହିସାବ କରି ପାରୁ ନାହାନ୍ତି ବିଲାସିନୀ, ରାତି କେତେ ହେବ ? ମନ ବିଚଳିତ ହେଲେ ଏମିତି ହୁଏ । ଆଖରୁ ନିଦ କୁଆଡ଼େ ହଜି ଯାଉଛି । ନାତୁଣୀଟା ବି ଆଜି ଶୋଇନି ପାଖରେ । ମାମୁଘରକୁ ଯାଇଛି ପରା ! ନ ହେଲେ ତାକୁ ଗପ କହୁକହୁ ଥାପୁଡ଼େଇ ଥାପୁଡ଼େଇ ନିଜକୁ ବି ନିଦ ହୋଇ ଯାଇଥାନ୍ତା । ଶୋଇବାର ଚେଷ୍ଟାରେ ଏକଡ଼ ସେକଡ଼ ଲେଉଟୁଛନ୍ତି ବାରମ୍ବାର । ନିଦ କିନ୍ତୁ ଆଦୌ ଆସୁନାହିଁ । ନିଦ ବଦଳରେ ଭାବନା ସବୁ ହିଁ ମାଡ଼ି ଆସୁଛନ୍ତି । ସ୍ୱାମୀ ଚାଲିଯିବା ପରେ, ଝିଅ ପୁଅ ଦୁହେଁ ବିବାହ କଲାପରେ କେତେ ବଦଳିଗଲା ଜୀବନ ସତେ । ରାତି ପାହିବାକୁ ବସିଲାଣି । ତଥାପି ନିଦ ଆସୁନାହିଁ ଜମା । ଫିକା ଜହ୍ନରେ ବାରିପଟ ସଜନା ଗଛ, ପିଜୁଳି ଗଛ, ଆମ୍ବ ଆଉ ପଣସ ଗଛ, କଦଳୀ ଗଛ ଓ ଅମୃତଭଣ୍ଡା ଗଛ ଯେମିତି ଦିଶୁଚି ଅସ୍ପଷ୍ଟ କିନ୍ତୁ ଅଚିହ୍ନା ନୁହେଁ । ଠିକ୍ ସେମିତି ସ୍ମୃତିମାନେ ବି ଛିଡ଼ା ହୋଇଛନ୍ତି । ନିଜ ବାହାଘର, ସ୍ୱାମୀ ସୁହାଗ, ଶାଶୂ ଶଶୁର, ଘର କରଣା, ଶାଶୂ ଶଶୁରଙ୍କ ପରେ ପରେ ସ୍ୱାମୀଙ୍କର ଆକସ୍ମିକ ସ୍ୱର୍ଗବାସ । ଆଉ ଏ ସବୁକୁ ନେଇ ସଂସାରର ଗତିଶୀଳତା । ସବୁ ଉଙ୍କି ମାରୁଛି ମନରେ ।

ଗାଁ ମାଇନର ସ୍କୁଲ ପିଅନ ବିଦ୍ୟାଧର, ମାନେ ବିଲାସିନୀଙ୍କ ସ୍ୱାମୀ । ବିଲବାଡ଼ି ବିଶେଷ ନଥିଲେ ବି ଚାକିରି ଖଣ୍ଡିକ ଯୋଗୁଁ ପିଲା ଦୁହେଁ ଶିକ୍ଷିତ ହୋଇଥିଲେ । ବିଦ୍ୟାଧରଙ୍କ ନମ୍ର ସ୍ୱଭାବ ଆଉ ପିଲା ଦୁହିଁଙ୍କର ପାଠରେ ପାରଦର୍ଶିତା ଯୋଗୁ ସ୍କୁଲରୁ ବେଶ୍ ସହଯୋଗ ମିଳିଥିଲା । ବିଦ୍ୟାଧର ନିଜ ସୀମିତ ଜ୍ଞାନରେ ପିଲାଙ୍କ ପଛରେ ଖୁବ୍ ଲାଗିଥିଲେ । ପିଲାଙ୍କ ପାଠପଢ଼ାରେ ବିଲାସିନୀଙ୍କ ମୁଣ୍ଡ କିନ୍ତୁ ପଶୁ ନଥିଲା । ନିଜେ ତ ନାମ ଦସ୍ତଖତର ଶିକ୍ଷିତା, ସେ ବା କଣ କରନ୍ତେ ଯେ ! ! ହେଲେ ଯେବେ ତୃତୀୟ ଶ୍ରେଣୀ ବୃଭି ପରୀକ୍ଷା ପାଇଁ ସୁମିତ୍ରା ବଛା ହୋଇଗଲା, ବିଦ୍ୟାଧର ତାକୁ ତାରିଦ୍ କରିଥିଲେ, ଆଉ ଘଡ଼ିଏ ଆଗରୁ ଉଠିବାକୁ । ପାହାନ୍ତି

ପଢ଼ା ନ ହେଲେ ବୃତ୍ତିକୁ ଯାଇ ଲାଭ କଣ ? ସେବେଠୁ ବିଲାସିନୀ ଖୁବ୍ ସଅଳ ଉଠିଥିଲେ । ପଢ଼ିଥିବା ପାଠକୁ ଝିଅ ପାହାନ୍ତାରୁ ବଡ଼ ପାଟିରେ ଘୋଷିଲାବେଳେ ସେ ଜଗି ବସୁଥିଲେ, କାଲେ ଝିଅ ଭୁଲେଇ ପଡ଼ିବ । ବାସ୍‍, ଶିକ୍ଷକମାନଙ୍କର ଆନ୍ତରିକତା ଓ ବାପା ମାଆଙ୍କର ତଦାରଖରେ ସୁମିତ୍ରା ଏମିତି ଢାଞ୍ଚାରେ ପଢ଼ିଗଲା ଯେ ଖାଲି କଣ ତୃତୀୟ ? ପଞ୍ଚମ ଆଉ ସପ୍ତମରେ ବି ବୃତ୍ତି ପାଇଲା । ଠିକ୍ ସେତିକିବେଳକୁ ମାଇନର ସ୍କୁଲଟି ହାଇସ୍କୁଲ ହୋଇଗଲା । ଝିଅ ସୁବିଧାରେ ପଢ଼ି ଚାଲିଲା । ତା'ପରେ ଅବଶ୍ୟ ପୁଅ-ଝିଅ ଦୁହେଁ ଦୂରରେ ପାଠ ପଢ଼ିଲେ । ପୁଅ ସନ୍ତୋଷ ଅନର୍ସ ଉଇଥ୍ ଡିଷ୍ଟିଙ୍ସନରେ ଗ୍ରାଜୁଏସନ୍ ସାରି ବି.ଇ.ଡ଼ି କଲା । ବାପାଙ୍କ ଇଚ୍ଛା ଅନୁସାରେ ଗାଁ ସ୍କୁଲରେ ମାଷ୍ଟ ହେଲା । ଝିଅ ମଣିଷ ଡାକ୍ତର ହେବା ପାଇଁ ଚେଷ୍ଟା କରି ପଶୁ ଡ଼ାକ୍ତରୀ ପଢ଼ିବାକୁ ଯୋଗ୍ୟ ହେଲା । କର୍ତ୍ତବ୍ୟ ସବୁ ସରି ଆସିବାବେଳକୁ ହଠାତ୍ ବିଦ୍ୟାଧର ଆରପାରିକୁ ଚାଲିଗଲେ ।

ଝିଅର ପଢ଼ା ସରିବା ମାତ୍ରେ ଚାକିରି ପାଇବାରେ ଡ଼େରି ହୋଇ ନଥିଲା । ବାଡ଼ୁଅ ଝିଅଟା କେମିତି ଏକା ରହିବ ? ବିଲାସିନୀ ଯାଇ ଝିଅର ଚାକିରି ଜାଗାରେ ତା' ପାଖରେ ରହିଥିଲେ । ଝିଅ ଡିଉଟି ସମୟ ବାଦ୍ ଅନ୍ୟ ସମୟରେ ବି ବ୍ୟସ୍ତ ରହୁଥିଲା । ମଣିଷ ଆଉ ପଶୁ ଚିକିତ୍ସାରେ କେତେ ଆଉ ପାର୍ଥକ୍ୟ କି ? ରୋଗ ତ ସବୁବେଳେ ଅଚାନକ । ଦିନ ନାଇଁ ରାତି ନାଇଁ, ପଶୁ-ଜନ୍ତୁଙ୍କ ଦିହ ବାଧକରେ ଡାକରା ଆସିଲା ମାତ୍ରେ ସୁମିତ୍ରା ଯାଉଥିଲା । ପ୍ରଶଂସା ଆଉ ପଇସା ସତେ ଯେମିତି ତା' ପଛରେ ଗୋଡ଼ାଉ ଥିଲା । ଏସବୁ ଦେଖି ଖୁସି ତ ଲାଗୁଥିଲା । ଚିନ୍ତା ବି ବଢୁଥିଲା ବିଲାସିନୀଙ୍କର । ବରପାତ୍ର ଖୋଜିବାର ଆଦ୍ୟପର୍ବରେ ବିଲାସିନୀ କହିଥିଲେ ଝିଅକୁ– ଆଲୋ ମାଆ, ତୁ ଆଉ ଚାକିରିଆ ବାହା ହୁଅ ନାହିଁ । ସ୍ୱାଧୀନ ଭାବରେ କିଛି କରୁଥିବା ଭଲ ପିଲାଟିଏ ତୋ ପାଇଁ ଖୋଜିବା । 'ସୁମିତ୍ରା ଅଭିମାନରେ ଫାଟି ପଡ଼ିଥିଲା । କହିଥିଲା 'ମୁଁ କଅଣ ଗୋଟେ ମୂର୍ଖକୁ ବାହା ହେବି ? 'ଚାକିରି କରି ନଥିବା ମଣିଷଗୁଡ଼ା କଣ ମୂର୍ଖରେ ଗଣା ? ଛାଡ଼ ! ଝିଅ କହିଲା, ତୁ ବ୍ୟସ୍ତ ହୁଅ ନାହିଁ । ମାଟ୍ରିମୋନିଆଲରୁ ଆମେ ପାତ୍ର ଖୋଜିବା ।" ବାପା ଛେଉଣ୍ଡ ଝିଅ, କାଲେ ତା' ମନରେ ଦୁଃଖ ରହିବ । ସେ ନିଜେ ଖୋଜୁ ତା ନିଜ ପାଇଁ ବର । କିଛି ଟେଲିଫୋନ୍, କିଛି ଦେଖାଚାହାଁ ପରେ ସତକୁ ସତ ଝିଅର ବାହାଘର ଠିକ୍ ହୋଇଗଲା । ଏକ ଜାତୀୟକରଣ ବ୍ୟାଙ୍କରେ ପ୍ରବନ୍ଧକ, ମାନେ ଜୋଇଁ ବ୍ୟାଙ୍କ ମ୍ୟାନେଜର । ଝିଅ ଖୁସି । ଯିଏ ଶୁଣିଲା, କହିଲା ସୁମିତ୍ରା ଭାଗ୍ୟବତୀ । ଏ ସବୁକୁ

ସଠିକ ବୁଝି ନ ପାରିଲେ ବି. ବିଲାସିନୀଙ୍କର ଏକ ସୁଖଦ ଅନୁଭବ ହେଉଥିଲା। ବାହାଘର ହୋଇଗଲା। ନିଜ ନିଜ ଚାକିରି ଜାଗାରେ ରହିଲେ ଝିଅ ସୁମିତ୍ରା ଆଉ ଜୋଇଁ ଅଶୋକ। କେଉଁ ଛୁଟିରେ କେଉଁଠି ସେମାନେ ଏକାଠି ହେବେ କି କୁଆଡ଼େ ବୁଲାବୁଲି କରିବାକୁ ଯିବେ, ଏ ସବୁ ପୂର୍ବରୁ ନିର୍ଦ୍ଧାରିତ ହେଉଥିଲା। ଏମିତି ଦୁଇ ବର୍ଷ ବିତିବା ପରେ ଗୋଟେ ଖୁସି ଖବର ଉନ୍ମୋଚିତ ହେଲା। ସୁମିତ୍ରା ମା' ହେବ। ଠିକ୍ ଅଛି, ଏବେ ତ ମାତୃତ୍ୱକାଳୀନ ଛୁଟି ପୂରା ଛ'ମାସ। ସୁମିତ୍ରାଟା ବଡ଼ ଦୃଢ଼ମନା ଝିଅ। ବେଶ ଫୁର୍ତ୍ତି ଥିଲା। ପିଲା ହେଲା ତ ଛୁଟିରେ ରହିଲା। ପୁଅଟିଏ। ମାଆ ପୁଅ ଡାକ୍ତରଖାନାରୁ ସିଧା ଆସି ବିଲାସିନୀଙ୍କ ପାଖରେ ରହିଲେ। ଏତେ ଦିନର ନିରୋଳା ଜୀବନଟା ଛମଛମ୍ ହେଇଗଲା। ତାଙ୍କୁ ଗଣ୍ଠିଧନ ମିଳିଗଲା। ନାତିର ଲାଳନ ପାଳନରେ ସବୁ ଜ୍ଞାନ ଲଗାଇ ସେ ପୂରା ମଜ୍ଜି ଗଲେ। ଚାହୁଁଚାହୁଁ ଛଅ ମାସ ବିତିଗଲା। ନାତିର ବିଦାୟ ପର୍ବ ହୃଦୟ ବିଦାରକ ଥିଲା। ତାହା ତ ହବାର ଥିଲା। ତେଣୁ ସହିବାକୁ ପଡ଼ିଲା।

ଚାକିରି ଜାଗାରେ ସୁମିତ୍ରା ତିନିଜଣ ମହିଳାଙ୍କୁ ଠିକ୍ କରିଥିଲା। ଜଣେ ସକାଳୁ ଆସି ଘରଦ୍ୱାର ଲୁଗାପଟା ଆଦି ସଫା କରୁଥିଲା, ପୁଅର ଲୁଗାପଟା ସଜାଡ଼ି ରଖୁଥିଲା ଓ ତାର ଗାଧୁଆ-ପାଧୁଆ କାମ ବି କରୁଥିଲା। ଜଣେ ଆସି ଦୁଇ ଓଳି ରୋଷେଇ କରି ଦେଉଥିଲା। ଆଉ ଜଣେ ସୁମିତ୍ରାର ଡ୍ୟୁଟି ସମୟରେ ଛୁଆର ଯତ୍ନ ନେଇଥିଲା। ଏମିତି ଅଛଦିନ ପରେ ସବୁଦିନ ଛୁଆର କିଛି ନା କିଛି ସମସ୍ୟା ଆରମ୍ଭ ହେଲା। ଝାଡ଼ା, ବାନ୍ତି, କାଶ, ଥଣ୍ଡା, ଜ୍ୱର– ଏମିତି କିଛି ନା କିଛି। ଆଇ ହାତଗଢ଼ା ସ୍ନେହ ସୁହାଗର କଅଁଳ କଢ଼ିଟା ବାର ହାତ ବାଜି ଝାଉଁଳିବାକୁ ଲାଗିଲା ସିନା! ଜମା ସତେଜ ଦିଶିଲା ନାହିଁ।

ଅଶୋକ ଆଉ ସୁମିତ୍ରାଙ୍କୁ ପୁଅ ଚିନ୍ତା ବିଚଳିତ କଲା। ଅଶୋକଙ୍କ ବାପା ବୋଉ ନିଜେ କିଣିଥିବା ଫ୍ଲାଟରେ ରହନ୍ତି। ତାଙ୍କର ତ ହଜାରେ ରୋଗବାଗ। ନାଟ ତାମସା ଦେଖ ଆସିଲା ପରି ନାତିକୁ ଦେଖିବାକୁ ଆସନ୍ତି, ଚାଲି ଯାଆନ୍ତି। ନାତିକୁ ନେଇ ପାଖରେ ରଖି ପାଳିବାର ଆଶା ତାଙ୍କଠାରୁ କରାଯାଇ ନ ପାରେ। ସେମାନେ ବେଳକାଳ ଜଗି ବଡ଼ କାଇଦା କଟକଣାରେ ଚଳନ୍ତି। ଉଭୟ ମଧୁମେହ ଓ ରକ୍ତଚାପ ରୋଗୀ। ଅତଏବ ପୁଅକୁ ଧରି ଅଶୋକ ଆଉ ସୁମିତ୍ରା ଦିନେ ଯାଇ ବିଲାସିନୀଙ୍କ ପାଖରେ ପହଞ୍ଚିଲେ। ପୁଅକୁ ପାଖରେ ରଖିବାକୁ ପ୍ରସ୍ତାବ ଦେଲେ। ବିଲାସିନୀଙ୍କର ପାପୁଲିରେ ଚାନ୍ଦ ପାଇବାର ଅନୁଭବ ହେଲା। ଟିକେ ଭୟ ଥିଲା,

ପିଲାଟା କାଳେ ମାଆକୁ ଝୁରିବ। ନାଁ, ମୋତେ ନୁହେଁ। ନଅ ମାସ ତ ହୋଇଥିଲା। ଗ୍ରାମ ଦେବତାଙ୍କ ପାଖେ ଅନ୍ନ ଛୁଆଁଇ ବଢ଼ା ଭାତ ଆଉ ପରିବା ସିଝା ଖୁଆଇବା ଆରମ୍ଭ ହୋଇଛି କି ନାହିଁ, ଛୁଆଟା ପୂରା କଅଁଳି ଗଲା। ସତେ ଅବା ପତ୍ରଝଡ଼ା ଗଛରେ ମଳୟ ଲାଗିଗଲା! ପୂରା ଛନ ଛନ ଗୁଲୁଗୁଲିଆ ସୁନ୍ଦର। ଚାରିଦାନ୍ତିଆ କୁନି ମୁହଁର ଦରପାକୁଆ ହସ ଏକଦମ୍ ବିଭୋର କରୁଥିଲା। ନାତିର ଚଗଲାମି ବଢ଼ୁଥିଲା ଆଉ ଆମୋଦିତ କରୁଥିଲା ବିଲାସିନୀଙ୍କୁ। ବାପା ମାଆ ସୁବିଧାରେ ପୁଅକୁ ଦେଖିବାକୁ ଆସୁଥିଲେ। ବେଲେବେଲେ ମନେ ପଡ଼ି ଯାଉଥିଲା, ତିନି ବର୍ଷ ପୂରିବା ପୂର୍ବରୁ ସେ ଫେରିଯିବ, ସହରର ଭଲ ସ୍କୁଲରେ ପାଠ ପଢ଼ି ଜୀବନ ଗଢ଼ିବାକୁ। ବିଲାସିନୀଙ୍କୁ କଲିଜା ଉପୁଡ଼ି ଯିବାର ଯନ୍ତ୍ରଣା ଅନୁଭୂତ ହେଉଥିଲା। ନାତି ନିଷ୍ଚୟ ଯିବ। ତେଣୁ ବିଲାସିନୀ ନାତି ମୋହ ଭଙ୍ଗା ପାଇଁ ନିଜକୁ ପ୍ରସ୍ତୁତ କରିଥିଲେ।

ପୁଅ ସନ୍ତୋଷ ଗାଁ ସ୍କୁଲରେ ମାଷ୍ଟ। ରୋଜଗାର ବଢ଼ାଇବା ପାଇଁ ଚାକିରିଆ ଝିଅ ଚାହିଁଲା ନାହିଁ। ତା'ର ଯୁକ୍ତି ବୋଉ କଅଣ ଜୀବନ ସାରା ଖାଲି ଖଟି ଚାଲିଥିବ ? ଚାକିରିଆ ସ୍ତ୍ରୀକୁ ଚାକିରି ଜାଗାରେ ଛାଡ଼ି ନିଜେ ଏକା ରହିବ ? ତେଣୁ ମଧବିତ୍ତ ପରିବାରର ସାଧାରଣ ଭାବେ ବି.ଏ. ପାସ କରିଥିବା ଝିଅଟିଏ ମାଆ-ପୁଅ ପସନ୍ଦ କଲେ। ବାହାଘର ହେଲା।

ନାତିକୁ ଅଢ଼େଇ ବର୍ଷ ହୋଇଗଲା। ସେ ତା' ଡ଼ାଡ଼ି ମମି ସହ ସହରକୁ ଗଲା। ତା ବିଦାୟ ପର୍ବର ଦୁଃଖ ଅବର୍ଣ୍ଣନୀୟ ଥିଲା। ପୁଣି ମାଆ ପୁଅ ଏକାଠି ହେଲେ। ପୁଣି କାମବାଲି ଠିକ୍ ହେଲା। ଅଶୋକଙ୍କ ଚାକିରି ଦୂରରେ ଥିଲା। ତେଣୁ ଗୋଟିଏ ଭଲ ଇଂରାଜୀ ମାଧ୍ୟମ ବିଦ୍ୟାଳୟରେ ମୋଟା ଟଙ୍କା ଦେଇ ନାମ ଲେଖା ହୋଇଗଲା। ସେଇ ଅନୁଯାୟୀ ବହି ଖାତା, ପୋଷାକପତ୍ର, ବ୍ୟାଗ, ପାଣି ବୋତଲ ଟିଫିନ୍ ବକ୍ସ ସବୁ ଠିକ୍ ହେଲା। ପୁଅ କିନ୍ତୁ ଆଗ ଭଳି ସତେଜ ଦିଶିଲା ନାହିଁ।

ଟେଲିଫୋନ୍ ତ ଏବେ ଭାବ ଆଦାନ ପ୍ରଦାନର ସବୁଠାରୁ କ୍ଷିପ୍ର ମାଧ୍ୟମ। ନାତି କଥା, ତା ଶୁଖୁଲା ମୁହଁ, ତା'ର ଆଈକୁ ଝୁରିବା ବିଲାସିନୀଙ୍କ ଛାତିକୁ ଟିକ୍ ଟିକ୍ କାଟୁଥିଲା। ମାତ୍ର ନିରୁପାୟ। ଝିଅ-ଜ୍ୱାଇଁ କେବେ ବି ତାକୁ ଗାଁରେ ରଖି ପଢ଼ାଇବାକୁ ଚାହିଁବେ ନାହିଁ। ତେଣୁ ମନ ଯେତେ ବ୍ୟାକୁଳ ହେଲେ ବି ବିଲାସିନୀ ଏ ବାବଦରେ ପାଟି ଖୋଲନ୍ତି ନାହିଁ।

ବୋହୂଟି ଭାରି ଭଲ । କାମରେ ବି ଭାରି କୁଶଳୀ । ତେଣୁ ନାତି ପାଖକୁ ଯିବାରେ ବିଲାସିନୀଙ୍କର କିଛି ଅସୁବିଧା ନଥିଲା । ପୁଣି ଗୋଟିଏ ନୂଆ ଢାଞ୍ଚା ଚାଲିଲା । ସୋମବାରରୁ ଶୁକ୍ରବାର ବିଲାସିନୀ ନାତି ପାଖକୁ ଗଲେ । ଏବେ ନାତିର ସବୁ ଠିକ୍‌ଠାକ୍ । ଜଣେ ମିସ୍ ତାଙ୍କୁ ପଢ଼ାଇବାକୁ ଆସୁଛନ୍ତି । ବିଲାସିନୀଙ୍କ ରହିବା ନ ରହିବା ସହିତ ନାତିର ସବୁ କିଛି ଆବୋରି ରହିଲା । ଆଇ ଥିଲେ ସବୁ ଠିକ୍ । ନ ଥିଲେ ଆନମନା, ଅବାଧ, ଦୁଷ୍ଟ ।

ଇଏ ପୁଣି ଗୋଟେ ମାୟା ଲାଗିଲାଣି । ବୋହୂଟାର ପାଦ ଭାରି ହେଲାଣି । ବିଲାସିନୀଙ୍କୁ ଏଠାରୁ ଓହରିବାକୁ ପଡ଼ିବ । ବୋହୂକୁ ଏକା ଛାଡ଼ି ନାତି ମୋହରେ ଝିଅ ପାଖେ ରହିବା ଠିକ୍ ହେବ ନାହିଁ । ଏମିତି ଭାବନା ଭିତରେ ଏପଟ ସେପଟ ହେଉ ହେଉ ଦିନ ଗଡ଼ିଗଲା । ପୁଅର ଝିଅଟିଏ । ମନ ଆନନ୍ଦ ଘରକୁ ଲକ୍ଷ୍ମୀ ଆସିଲେ । ପ୍ରଥମ ସନ୍ତାନ ଝିଅ ହେଲେ ଶୁଭ । ନାଁ ରହିଲା 'ଶୁଭଲକ୍ଷ୍ମୀ' ଡାକ ନାମ 'ଲକି' । ପହିଲି ପୋଖତ ବୋହୂଟା, କଅଁଳା ଛୁଆ କଥା କଅଣ ଜାଣିବ ? ତାକୁ ଏକା ଛାଡ଼ିବା କଅଣ ଠିକ୍ ହେବ ? ବିଲାସିନୀ ଆଉ ଯାଇପାରନ୍ତି ନାହିଁ ନାତି ପାଖକୁ । ସୁମିତ୍ରା ଭାରି ଅସନ୍ତୁଷ୍ଟ ହୁଏ । କହେ ଯାକୁ ଗାଁ'ରେ ଛାଡ଼ି ବଡ଼ ଭୁଲ ହୋଇଗଲା । ବଡ଼ ହଇରାଣ କରୁଛି ପିଲାଟା । ସତରେ ପିଲାଟା ହଇରାଣ କରୁଚି ନା ହଇରାଣ ହେଉଚି ତର୍ଜମା କରିବାକୁ କାହା ପାଖରେ ବେଳ ଅଛି ? ଫୁଲ-ପ୍ରଜାପତି, ମାଛ କଇଁଛ, ଗାଈ ବାଛୁରୀ, କାଳୀ କୁଆଁ, ଶଙ୍ଖୀ ବିଲେଇ, ଧଳା ବଳଦ କସରା ଷଣ୍ଢ, ଅଧା ଧଳା ଅଧା କଳା ଦାଢ଼ିବାଲା ଛେଳି, ବଡ଼ ଶିଙ୍ଗା ମେଣ୍ଢା, ନାଲି ବୁଲିଆ ଗଞ୍ଜା, ପେଣ୍ଟୁ କୁକୁଡ଼ା, ଡେଣା ତକୁ ମୁଣ୍ଡ କାଢ଼ିଥିବା ଚିଆଁ । ଆଇର ପିଠି ଥାପୁଡ଼ା । ମାମୁ କାନ୍ଧରେ ବଜାର ବୁଲା, ପରି, ଅପସରୀ, ରାଜକନ୍ୟା, କୁହୁକ କମଣ୍ଡଲୁ ଚଟେଇ, ଅସରନ୍ତି ଗପ- ଗୋଟେ ଚଟେଇ ଆସିଲା, ରାଜାଙ୍କ ଅମାରରୁ ଗୋଟେ ଧାନ ନେଇ ଫୁରୁ...ର୍‌...ର୍ କଲା କେମିତି ଭୁଲିବ ? ସେଇ ସବୁକୁ ଝୁରି ଝୁରି ପିଲାଟାର ମନ ବିଦ୍ରୋହୀ ହେଉଚି । ସେ କ'ଣ ଜାଣେ, ଏ ସବୁ ପ୍ରବଣତା ଏକଦମ୍ ଅଲୋଡ଼ା ଆଜିର ଦୁନିଆରେ ସଫଳ ମଣିଷଟେ ହେବା ପାଇଁ ?

ନାତି ସରାଗଟା ଏବେ ବିଲାସିନୀଙ୍କ ଛାତି ତଳେ ଷତଟିଏ ପାଲଟି ଯାଇଛି । ଏବେ ସେ ନାତି ପାଖକୁ ଯାଇ ପାରୁନାହାନ୍ତି କି ଛୁଟିରେ ବି ସୁମିତ୍ରା ପୁଅକୁ ଧରି ତାଙ୍କ ପାଖକୁ ଆଉ ଆସୁନାହିଁ । ଭଲ ପାଠ ପଢୁନାହିଁ ବୋଲି ତା' ଉପରେ ବାପା-ମାଆ ଭାରି ଅସନ୍ତୁଷ୍ଟ । ଖୁବ୍ ଶାସନ କରୁଛନ୍ତି ତାକୁ । ଏମିତି ଏମିତି ଆଠ ବର୍ଷ

ହୋଇଗଲାଣି । ଅନେକ ଅନୁରୋଧ ପରେ ମାଆ ପୁଅ ଆସିଥିଲେ । ଗୋଟିଏ ଦିନ ରହି ଫେରିଗଲେ । ଖୁବ୍ ଖୁସି ହେଲା ପିଲାଟା । ଜମା ଇଚ୍ଛା ନଥିଲା ତା'ର ଯିବାକୁ । ଜନମ ବେଳୁ ଏଠୁ ସେଠିକି ହେଉଛି । ଏଠୁ ବଦଲି ହୋଇ ସେଠିକୁ ଯାଉଛି । ତେଣୁ ତା'ର ସବୁ କିଛି ବଦଲି ଯାଇଛି । ଚିହ୍ନା ଆୟା, ଚିହ୍ନା ମିସ୍, ଚିହ୍ନା ମ୍ୟାମ୍ ଚିହ୍ନା ସାଙ୍ଗ, ସବୁ ବଦଳୁଛି । ଖାଲି ବଦଲି ପାରୁନି ଏ ବହିପତ୍ର, ପଢ଼ା, ଘୋଷା, ଲେଖା କାମଟକ । କେଉଠି ମନ ଲଗାଇବ ? କ'ଣ କରିବ ସେ ? ? ଗାଲି ମାଡ଼ କାମ ଦେଉନି । କାମ ଦେଉନି ଖେଳନା ଲାଞ୍ଚ, ପାର୍କ ବୁଲା, ହୋଟେଲ ଖିଆ, ରିମୋଟ୍ କାର, ମଡ଼ର୍ଷ୍ ଗେମ୍, କାର୍ଟୁନ୍ ଦେଖା । ନାଁ କେଉଁଥିକୁ ଲୋଭ ଅଛି, ନାଁ ମାଡ଼କୁ ଡର ଅଛି । ଗାଁ'କୁ ଆସିବାବେଳୁ ଲକି ପଛରେ ବୁଲୁଥିଲା ଦାଣ୍ଡଠୁ ବାରି । କୋଠି ଘର ଚେମେଣି, ସଜନା ଗଛର ଗୁଣ୍ଠୁରି, ଖଟଗଦା, ପଥର ତଳ ନେଉଳ, କୁଣ୍ଢା କୋଠିରେ କୁକୁର ଛୁଆ, ସିନ୍ଦୁକ ସନ୍ଧିରେ ମୂଷା ଜଗିଥିବା ବିରାଡ଼ି – ସବୁ ଦେଖୁଥିଲା କନକନ ଛନଛନ ହୋଇ ।

ଆସିବା ଆଗରୁ ବୋଧହୁଏ ସୁମିତ୍ରା ତାକୁ ତାଗିଦ କରିଥିଲା । ଫେରିବା ବେଳକୁ କିଛି ବି ପ୍ରତିବାଦ କଲା ନାହିଁ । ଆଖିରୁ ତା'ର ମନକୁ ମନ ଲୁହ ଝରି ପଡ଼ୁଥିଲା । ଠିକ୍ ଯିବା ବେଳକୁ ବିଲାସିନୀ ତାକୁ ଟିକେ ଶରଧା କରନ୍ତେ ତାଙ୍କୁ କୁଣ୍ଢେଇ ପକାଇ କାଇଁ କାଇଁ ହୋଇ କହିଲା– 'ଆଇ, ତୁ କାହିଁକି ମୋତେ ତୋ ପାଖରେ ରଖୁନୁ ? ମୋ ପାଖକୁ ବି ଯାଇନୁ ? ତୋ ପାଖରେ ଲକି ଅଛି ବୋଲି ନା ? ?' ତା'ପରେ ସେ ପଛକୁ ନ ଅନାଇ ଦୁମ୍ ଦୁମ୍ ହୋଇ ଚାଲିଗଲା । ବିଲାସିନୀ ଚୁପ୍ ରହିଥିଲେ । କଅଣ କହିଥାନ୍ତେ ? ଭଲ ପାଠ ପଢ଼ି ବଡ଼ ମଣିଷ ହେବାକୁ ତାକୁ ସହରରେ ରହିବାକୁ ପଡ଼ିବ । ନିଜେ ତ ପାଠ ପଢ଼ି ନାହାନ୍ତି । ପାଠ କଥା କେମିତି କହିବେ ?

ମା' ପୁଅ ଯିବାର ଆଠ ଦିନ ହୋଇ ନାହିଁ । ସୁମିତ୍ରାର ପଡ଼ୋଶୀ ବିଲାସିନୀଙ୍କ ପାଖକୁ ଫୋନ୍ କରିଛନ୍ତି । ଫୋନରେ ନାତି ବିଷୟରେ ଖବର ପାଇବା ପରଠାରୁ ବିଲାସିନୀଙ୍କର ଚିନ୍ତା ବଢ଼ିଯାଇଛି ଓ ନିଦ ହଜି ଯାଇଛି । ପାଠ ପାଇଁ ଏତେ ଲଢ଼େଇ ଛୁଆଟା ସାଥିରେ । ଘରେ ତାଗିଦ୍ କରି ହେଲା ନାହିଁ । ପିଲାଟାକୁ ବାଡ଼େଇ ତା ନୋଲା ଫଟା କଅଁଳ ପିଠିରେ ଗଧ ଲେଖା ଲଙ୍ଗଳା କରି ଦାଣ୍ଡକୁ ଛାଡ଼ିଦେଲେ ? ପାଠ ଭଲ ନ ପଢ଼ିବା ମାନେ କଣ ଭିକ ମାଗିବା ? ଜୀବନ ବିକଳରେ ମାଡ଼ ଭୟରେ ଦାଣ୍ଡକୁ ଆସିଲା ଲଙ୍ଗଳା ହୋଇ ଆଠ ବର୍ଷର ଗୋଟେ ପିଲା ! ! ଧନଟା

କେତେ ମାଡ଼ ଖାଇଥିବ ? କୁଆଡ଼େ ଯାଇ ଥାଆନ୍ତା କାନ୍ଦି କାନ୍ଦି ? ପିଲାଙ୍କୁ ଶିକ୍ଷିତ କରାଇ ବାହାବା ନେବାର ମୋହରେ ଅନ୍ଧ ହୋଇଯାଇଛନ୍ତି ବାପା ମାଆ ! କେତେ ନିଷ୍ଠୁର ସତେ ? ସୁମିତ୍ରାର ପଡ଼ୋଶୀମାନେ ପୁଅକୁ ନେଇ ବାପା-ମାଆଙ୍କ ଜିମା ଦେଇ ତାଗିଦ କରିଛନ୍ତି । ଫୋନ୍ କରିଛନ୍ତି । ଭାରି ଅଶାନ୍ତି ଲାଗୁଛି । ସନ୍ତୋଷ ସେଠାକୁ ଯିବା ପାଇଁ କହିବାରୁ ବିଲାସିନୀ ମନା କରିଦେଲେ । ଛାତିକୁ ସିନା ପଥର କରିଦେଇ ହୁଏ । ଭାବନାକୁ ତ ଶିକୁଳିରେ ବାନ୍ଧି ହୁଏ ନାହିଁ । ଭାବନା ଯେତେ ବଢ଼ୁଛି, ନିଦ ସେତେ ଦୂରେଇ ଯାଉଛି । ଝିଅ ଜୋଇଁଙ୍କର ଏ ଅମୂଳକ ଉଚ୍ଚାକାଂକ୍ଷା ପାଇଁ ମନ ବିଦ୍ରୋହ କରୁଛି । ଝରକା ଫାଙ୍କରେ ମଉଳା ଜହ୍ନଟା ଲାଲ୍ ଦୁର୍ଶୀଲାଣି । ରାତି ଏବେ ପାହିଯିବ ।

ଏଣେ ପଡ଼ୋଶୀମାନେ ପିଲାଟିକୁ ଧରି ଆସିଲାପରେ ଅଶୋକ ଆଉ ସୁମିତ୍ରା ଟିକେ ସଚେତନ ହେଲେ । ସେମାନେ ଟିକେ ଅଧିକ କଠୋର ହୋଇଥିବା ଉପଲବ୍ଧି କଲେ । ତେଣୁ ଆଜିକା ଶୈଳୀରେ ପୁଅକୁ 'ସରି' କହିଲେ । ପ୍ରତିକ୍ରିୟାରେ ପୁଅ କଇଁ କଇଁ ହୋଇ କାନ୍ଦିଲା, ହିକ୍‌କା ଉଠେଇ ସକ ସକ୍ ହୋଇ ତା'ର ଅସୁମାରୀ ଲୁହ କୋହ ସହ ଶୋଇ ପଡ଼ିଲା ପୂରା ନିଥର ନିର୍ବେଦ ହୋଇ ।

ସେଇ ରାତିରେ ଅଶୋକ ବାହାରିଗଲେ ତାଙ୍କ କର୍ମସ୍ଥଳକୁ । ଘର ନିଚ୍ଛାଟିଆ ହେବାପରେ ସୁମିତ୍ରା ଆଉ ଟିକେ ଅନୁତପ୍ତ ହେଲା । ଛୁଆଟାକୁ ଶାସନ କରିବାର ସୀମା ଡେଇଁ ଯାଇଛି । ପୁଅକୁ କୋଳେଇ ନେଇ ପାଖରେ ଶୁଆଇବା ବେଳକୁ ସୁମିତ୍ରାକୁ ଟିକେ କଷ୍ଟ ହେଲା । ପୁଣି ସେ ନିଜ ମନକୁ ହାଲୁକା କଲା । ପୁଅକୁ ଗଢ଼ିବା ପାଇଁ ତ ସେ ଶାସନ କରିଛି ଏବଂ କଠୋର ଦଣ୍ଡ ବି ଦେଇଛି । କ'ଣ ତା'ହେଲେ ସମାଧାନ ?

ତଥାପି ସୁମିତ୍ରାଙ୍କୁ ନିଦ ଲାଗୁ ନଥିଲା । ହଠାତ୍ ଖୁବ୍ ଜୋରରେ ଚମକି ଉଠି ପଡ଼ିଲା ପୁଅଟା । ପୁଅର ଉଠିବା ଏତେ ତୀବ୍ର ଥିଲା ଯେ ସୁମିତ୍ରା ବି ତତକ୍ଷଣାତ୍ ଉଠି ବସି ପଡ଼ିଲା । ବରଡ଼ା ପତ୍ର ପରି ଥରି ଥରି ଖଟର ଗୋଟିଏ କୋଣରେ ଖୁନ୍ଦି ହୋଇ କଅଣ କହି ଯାଉଛି ପୁଅ ? ସୁମିତ୍ରା ବୁଝିବାକୁ ଚେଷ୍ଟା କଲା । ସେ ଅସ୍ବସ୍ତ ଭାବେ ଏହା ହିଁ କହୁଥିଲା — "ଦେଖ, ଦେଖ ମମି । ଲକି ମରିଯାଇଛି ମୁଁ ତାଙ୍କୁ ମାରି ଦେଇଛି । ଦେଖ ଆମ ଫଳକଟା ଛୁରୀରେ, ଆଉ ମୋ ହାତରେ କେତେ ବଡ଼ ଲାଗିଛି ।"

ପିଲାଟା ଚାରି ଆଡ଼କୁ ଏମିତି ଚାହୁଁଛି ତା’ ଆଖରେ ଆଖ୍ ମିଶାଇ ହଉନି। ସେ ତା’ର ଦୁଇ ହାତକୁ ନିରେଖ୍ ଚାହୁଁଛି। ଜୋର୍ ଜୋର୍ ନିଃଶ୍ୱାସ ନେଉଛି – ଥରୁଛି। ତା’ ଦେହରେ ବିନ୍ଦୁ ବିନ୍ଦୁ ଝାଳ। ସେ ନିଜ ଦେହକୁ ଶାଙ୍କୁଡ଼େଇ ଆଣ୍ଠୁରେ ଦୁଇ ହାତ ଛନ୍ଦି ପିଣ୍ଡୁଳା ବନି ଯାଉଛି। ପୁଣି ମୁହଁ ଟେକି କଟ୍‌ମଟ୍ କରି ଚାହୁଁଛି। ସୁମିତ୍ରା କାକୁସ୍ସ ହୋଇ ଚାହିଁଛି। ନିଜ ପୁଅର ଉଜ୍ଜ୍ୱଳ ଭବିଷ୍ୟତ ଗଢ଼ିବାର ସ୍ୱପ୍ନ, ସେ ପୁଅର ଏ କି ରୂପ ଦେଖୁଛି !!!

▫

ଶାଗୁଣାର ଛାଇ

ସୁଖର ସ୍ଵପ୍ନଟେ ମିଳେଇ ଯିବାକୁ କେତେ ସମୟ ଲାଗେ ? ଅଚାନକ ଝଡ଼ ଆସେ । ଅନ୍ଧାର । ବର୍ଷା । ବଜ୍ରପାତ । ସବୁ ଘଟିଯାଏ ଗୋଟାଏ ପରେ ଗୋଟାଏ । ଝଡ଼ ଥମିଯାଏ । ଅନ୍ଧାର ହଟି ଯାଏ । ବର୍ଷା ନଥାଏ । ନଥାଏ ବି ଆଉ ବଜ୍ରପାତର ଆଶଙ୍କା । ଅତିକ୍ରାନ୍ତ ହୋଇଥିବା ଏଇ ସମୟର ଉଜୁଡ଼ା ସ୍ଵପ୍ନ ଆଉଥରେ କଅଣ ଗଜୁରି ଆସେ ବାସ୍ତବ ଜୀବନରେ ? ଜୀବନ ଲିଭିଯାଏ । ବଞ୍ଚିଥିବା ଜୀବନ ଲଢ଼େ କଠୋର ବାସ୍ତବତା ସାଥିରେ ।

ସ୍ଵପ୍ନ ତ ଅନେକ ଥିଲା ସୁବାସିନୀର । ସେ ବାହାହୋଇ ଆସି ଥିଲା । ସେ ମାଆ ହୋଇଗଲା, ତାକୁ ତା ସ୍ଵପ୍ନସବୁ ଫୁଟି ଉଠିବା ପରି ଲାଗିଲା । ଭଲ ବୁଝାମଣାର ଶାଶୂ ଶ୍ଵଶୁର, ନିଜ ସ୍ଵପ୍ନର କୁନି କାରିଗର, ତା ଛୋଟ ଝିଅ । ଏଇ ସଂସାର ଭିତରେ ପରବାସୀ ପତି ପାଇଁ ବ୍ୟାକୁଳତା ନଥିଲା, ଅବଶ୍ୟ ବିରହଟେ ନିଶ୍ଚୟ ଥିଲା । ତଥାପି ଦଇବାତ୍ ଗୁଡ଼ାଏ ଦିନ ସ୍ଵାମୀ ସହ ବିତାଇ ପାରିଥିବାରୁ ସେ ନିଜକୁ ଖୁବ୍ ଭାଗ୍ୟବତୀ ମଣୁଥିଲା ।

ଆର୍ଥିକ ପରିସଂଖ୍ୟାନର ସବୁଠାରୁ ତଳସ୍ତରରେ ଥାଇ ବଞ୍ଚିଯିବାର ସଂଗ୍ରାମ ଚଳାଇଥିବା ଜୀବନରେ ଇଏ କିଛି ବ୍ୟତିକ୍ରମ ନୁହେଁ । ଏଠି ବାପା ଝିଅ ବାହାଘର ପାଇଁ ଘର ବିକି ଭଡ଼ାଘରକୁ ବାହାରି ଯାଏ । ରୋଜଗାର ପାଇଁ ପୁଅକୁ ପରଦେଶୀ କରି, ଦିନଗଣେ କେଉଁଦିନ ଖୋଲା ଡ଼ିହରେ ଘରଟେ ଗଢ଼ା ହେବ ? ପୁଅ ଆସିବ । ବାହା ହେବ । ବାହାଘର ଦିନ କେଇଟାରେ ସ୍ତ୍ରୀକୁ ଛାଡ଼ି ଯିବ ରୋଜଗାର ପାଇଁ । ସେଠୁ ଫେରିବ ଟଙ୍କା ପଇସା ଧରି ଖୁସିରେ । ନ ହେଲେ ଏମିତିବି ହେବ ପୁଅସହ ସବୁ ଯୋଗାଯୋଗ ବିଚ୍ଛିନ୍ନ ହୋଇଯିବ । ଚାଲିବ ଅନୁସନ୍ଧାନ । ଜଣାପଡ଼ିବ ସେ ଆଉ ଗୋଟେ ସ୍ତ୍ରୀ ସାଥିରେ ରହୁଛି । କିମ୍ଵା ସତକୁ ସତ ମରିହଜି ଯାଇଛି । ଏଣେ ଛାଡ଼ିଯାଇଥିବା ସ୍ତ୍ରୀଟି ହୁଏତ ଅନ୍ତଃସତ୍ତ୍ୱା ହୋଇଥିବ । ମାଆ ହେବ । ଛୁଆଟି ମୁହଁକୁ ଚାହିଁ ଶାଶୂ ଶ୍ଵଶୁରଙ୍କୁ ଆପଣାର କରି ଜୀବନ କାଟିବ । ନ ହେଲେ ଛୁଆ ସହ ଆଉ କାହାକୁ ଗୋଟେ ବରଣକରି ରହିବ । ଏମିତି ବି ହେବ ଛୁଆକୁ ଛାଡ଼ି ନିଜ

ବାଟରେ ଚାଲିଯିବ । ଏଥିରେ ଚକିତ ହେବାର ବା କଅଣ ଥାଏ ? ଏମିତି କିଛି ଅସଜଡ଼ାପଣ ବୁଢ଼ବୁଢ଼ୀ ବେସାହାରା ହୋଇ ଧାଉଁ ଥିବେ.. । ଏ ଅଫିସ୍‌ରୁ ସେ ଅଫିସ୍‌, ଏ ଅନୁଷ୍ଠାନରୁ...ସେ ଅନୁଷ୍ଠାନ, ବୃଦ୍ଧାଶ୍ରମକୁ । ଏମିତି କେତେ କଥା । ନିତିଦିନିଆ ଘଟଣା ।

ସବୁ କାହାଣୀ, ସବୁ ସମ୍ଭାବନା, ସବୁକଳ୍ପନା ଚଳଣିରେ ଏବେ ନୂଆ ମୋଡ଼ ଆଣିଦେଲା 'କରୋନା' । ଟେଲିଫୋନ୍‌, ଟିଭି, ରେଡ଼ିଓ, ପୁଣି ଡାକବାଜିରେ ସବୁଠି, ସବୁ ସ୍ତରରେ ସଚେତନ କରାଗଲା । ଗାଁ ଗହଲି ଅଦି କଦି । ଖବରଟେ ବ୍ୟାପିଗଲା 'କରୋନା' ଭୂତାଣୁ ଆସିଛି ।

କରୋନାର ଏ ପ୍ରଥମ ଦଫା ପୂର୍ବରୁ, ବାହାହେବାକୁ ଆସିଥିଲା ସନ୍ତୋଷ । ବାପା ମାଆଙ୍କ ବରାଦରେ ଭଲରେ ଭଲରେ ସବୁ ହେଲା । ବୋହୂ ପାଇଁ ସୁନା କାନ ଝରା ଆଉ ରୂପା ପାଉଁଜି ବି । ତା ପରେ ପରେତ ଏଇସବୁ ଲକ୍‌ଡ଼ାଉନ୍‌, ସଟ୍‌ଡ଼ାଉନ୍‌, କଣ୍ଟେନ୍‌ମେଣ୍ଟ ଜୋନ୍‌, କ୍ୱାରେନ୍‌ଟାଇନ୍‌ ସେଣ୍ଟର, କୋଭିଡ଼୍‌ ହସ୍ପିଟାଲ କେତେ କଅଣ । କୁଆଡ଼େ ଆଉ ଯାଇଥାଆନ୍ତା ସନ୍ତୋଷ ! ! ଦିନେ ଓଳିଏ ନୁହେଁ, ପୂରା ସାତ ମାସ ଘରେ ରହିବାକୁ ପଡ଼ିଲା । ଚାରିପ୍ରାଣୀ କୁଟୁମ୍ବ । ରୋଜଗାର ଶୂନ୍‌ । ଅନେକ ସ୍ୱପ୍ନ ଅଧା ରହିଗଲା । ତଥାପି ଏଇ ସାତମାସର ଏକତ୍ର ରହଣି ଆନନ୍ଦ ଦାୟକ ନଥିଲା ବୋଲି କହି ହେବ ନାହିଁ । ବିନା 'କରୋନା'ରେ ଏହା ସମ୍ଭବ ହୋଇନଥାନ୍ତା । କରୋନା ଥମିବା ପରେ ସନ୍ତୋଷ ଫେରିଲା । ସ୍ତ୍ରୀ ପାଞ୍ଚମାସର ଅନ୍ତଃସତ୍ତ୍ୱା ହୋଇ ସାରିଥିଲା । ବାପା ମାଆ ବେଶ୍‌ ସନ୍ତୁଷ୍ଟ ଥିଲେ । ଏମାନଙ୍କୁ ଛାଡ଼ି ସନ୍ତୋଷ ପୁଣି ସ୍ୱପ୍ନରେ ରଙ୍ଗ ଦେବାକୁ ଚାଲିଗଲା ।

ଦୂରରେ ରହି ସନ୍ତୋଷ ଖୁବ୍‌ ଖଟୁଥିଲା, ଅନେକ ଖୁସିସହ ଘରକୁ ଫେରିବାକୁ । ଏଣେ ଯଥା ସମୟରେ ଝିଅଟିଏ ହେଲା । ହେଉ ଝିଅ, ସେ କଅଣ ଦଶମାସ ଗର୍ଭରେ ନଥିଲା ! ! ସେ କୋଉଠୁ ଆସିଲାକି ? କାହାରି ମନ ଉଣା ନଥିଲା । ଏଥର ଯିବାବେଳେ ସନ୍ତୋଷ ସୁବାସିନୀକୁ ଦେଇଯାଇଥିବା ସ୍ମାର୍ଟ ଫୋନ୍‌ରେ କଥାବାର୍ତ୍ତା, ଦେଖାଚାହାଁ, ଖୁସିବାସି ବେଶ୍‌ ଚାଲିଥିଲା ।

ପୂର୍ଣ୍ଣିମାର ଜୋଛା କ'ଣ ସ୍ଥାୟୀ ହୋଇ ରହିପାରେ ? ଅମାବାସ୍ୟା ଆସେ, ଅନ୍ଧକାର । କରୋନା ଲେଉଟିଲା । ଲେଉଟାଇ ଆଣିଲା ପ୍ରବାସୀଙ୍କୁ । ଏଥର ଆଉ ଏତେ କଟକଣା ନାହିଁ । ଯିଏ ଯାହାର ଆସିଲେ ନିଜ ନିଜ ଘରେ ରହିଲେ ।

ସନ୍ତୋଷ ଆସିବାର ଦିନ କେଇଟା ପରେ ଜ୍ୱରରେ ପଡ଼ିଲା। ବଢ଼ିଲା ସିନା, କମିବା ନାଁ ଧରିଲା ନାହିଁ। ବୁଢ଼ା ବାପା ମାଆ, କୋଅଁଳା ଛୁଆ ଆଉ ସ୍ତ୍ରୀ କିଏ କଅଣ କରିବ ? ନିଜେ ସବୁ ବୁଝ଼ାସୁଝ଼ା କରି ଡ଼ାକ୍ତରଖାନାରେ ଭର୍ତ୍ତି ହୋଇଗଲା। ଦୁଇ ତିନିଦିନ ପରେ ଫୋନ୍‌ ଯୋଗାଯୋଗ ଆଉ ସମ୍ଭବ ହେଲା ନାହିଁ। ସୁବାସିନୀ ବଡ଼ ବିବ୍ରତ ହେଲା। ଶହ ଶହ ଥର ଫୋନ୍‌ କରି କିଛି ଉତ୍ତର ନ ପାଇବାରୁ ରାଗରେ ଫୋନ୍‌ଟା ଫୋପାଡ଼ି ଦେଲା ଯେ ଗ...ଅ...ଲା। ପୁରା ଅଚଳ। ଯେତେ ଚେଷ୍ଟା କଲେବି ଆଉ କିଛି ହେଲା ନାହିଁ। ଏଣେ ଜଣେ ପରେ ଜଣେ ବୁଢ଼ା ବୁଢ଼ୀ ଜ୍ୱରରେ କମ୍ପମାନ। ଦି'ଦିନପରେ ଯାହା କଥାବାର୍ତ୍ତା କରୁଥିଲେ ପେଜ ପାଣି ପିଉଥିଲେ ସବୁ ବନ୍ଦ। ଏତିକି ବେଳେ ଖବରଟେ ଆସିଲା ସନ୍ତୋଷ ମରିଯାଇଛି। ଏଇ ଆଲରେ ଜଣା ପଡ଼ିଲା ବୁଢ଼ା ବୁଢ଼ୀଙ୍କ କଥା। ସେମାନେ ଡ଼ାକ୍ତରଖାନା ଯିବେ ନାହିଁ। ଘରେ ଚିକିତ୍ସା ଯୋଗାଇ ଦିଆଯିବ। କୋଳଛୁଆକୁ ଧରି ମାଇକିନାଟା ଖାଲି ରଡ଼ିବୋବାଲି କରି ଦାଣ୍ଡକୁ ଚାହୁଁଛି। ଗାଆଁ ସାରା ତ ତାଟି କବାଟ ବନ୍ଦ। କେଡ଼େ ଅସହାୟ, କେଡ଼େ ନିରୁପାୟ। କରୋନା ପଶିଛି ପରା ତାଙ୍କ ଘରେ। କିଏ ଆସିବ ? ହେଲେ କରୋନାରୁ ବର୍ତ୍ତିଯିବା ମଣିଷ ଅମରତ୍ୱ ପାଇଯିବ ତ !!

ସୁବାସିନୀର ଦେହ ମନ ସବୁ ବଡ଼ ବିଚିତ୍ର ଲାଗୁଚି। ସ୍ୱାମୀ ମୃତ୍ୟୁର ଶୋକ, କରୋନା ଭୂତାଣୁର ଆକ୍ରମଣ କାହାକୁ ସମ୍ଭାଳିବ ? ବୁଢ଼ା ବୁଢ଼ୀଙ୍କର ଆଉ ସ୍ୱର ଶବ୍ଦ ନାହିଁ। ସୁବାସିନୀ ଦେହରେ ବି ଅସମ୍ଭାଳ ତାତି। ଘରେ କିଛି ନାହିଁ। ଛୁଆପାଇଁକି ଆଉ କ୍ଷୀର ନାହିଁ ଥନରେ। ଅସହ୍ୟ କଷ୍ଟ ମନରେ, ଦେହରେ। ସୁବାସିନୀ କଅଣ ଭାବୁଚି ? କଅଣ କରିବ ? ଆଗକୁ କଅଣ ହେବ ? ସେ କିଛି ଜାଣିନି। ଜାଣି ପାରୁନି।

ମଣିଷର ପାଦ ଶବ୍ଦ। ଦୂରରୁ ଉହୁଙ୍କି କିଏ କଅଣ ସବୁ ପଚାରୁଛନ୍ତି। ଆଶାକର୍ମୀ, ସ୍ୱାସ୍ଥ୍ୟକର୍ମୀ, ସରପଞ୍ଚ, ତହସିଲଦାର, ସ୍ୱଚ୍ଛାସେବୀ କିଏ ? ଚାକିରିରେ ଦାୟ ନା ମଣିଷ ପଣିଆରେ ଦାୟ ? ଅନ୍ୟ ଗ୍ରହର ମଣିଷ ପରି ତ ଦିଶୁଛନ୍ତି, କାହାକୁ ଚିହ୍ନିବ ? ଏମାନେ ଆସୁଛନ୍ତି ମାନବିକତାରେ। ଏମାନଙ୍କ ହୃଦୟଟା ମନଠୁ ବଡ଼। ପ୍ରାଣଠୁ ପ୍ରବଣତା ବଡ଼। ଏମାନେ ଟିକେ ଭିନ୍ନ ପ୍ରଜାତିର ମଣିଷ। ଏମାନେ ବଞ୍ଚିବାର ଲାଲସାରେ ଅନ୍ଧ ନୁହଁନ୍ତି। ନିରାପଦ୍‍ଭାର ଆତୁଆଲରେ ଏମାନେ ଭାରୁ ନୁହଁନ୍ତି। ବଞ୍ଚିବାର ମୋହରେ ଜୀବନର ଅଲିକତାକୁ ଏମାନେ ଭୁଲି ନାହାଁନ୍ତି।

ଏକ୍‌ଲା ବାପା କାନ୍ଧରେ ଝିଅର ଶବ । ଏକୁଟିଆ ପୁଅକୁ ବୋହିନେବାକୁ ପଡୁଛି ବାପାର ମୂର୍ଦ୍ଦାର । କେଉଁଠି ପୁଣି ପୁଅ, ସ୍ତ୍ରୀ ପରିବାର ଆଡ଼ ହୋଇ ଯାଉଛନ୍ତି । ଅପରିଚିତର ଆତ୍ମୀୟତାରେ ଶବ ସଂସ୍କାର ହେଉଛି । ପ୍ରେମର, ଦୟାର, କରୁଣାର ଉ୍ସଟିଏ ଏବେ ବି ଅଛି ପ୍ରାଣରେ, ସିକ୍ତ କରୁଛି ରିକ୍ତ ପ୍ରାଣକୁ । ବଞ୍ଚାଇବାର କୋହତଳେ ବଞ୍ଚିବାର ମୋହ ଲୁଚି ଯାଉଛି । ରୋଗକୁ ଭୟହିଁ ବେଶୀ ଗ୍ରାସୁଛି । ଏ ଭୟ ବଞ୍ଚିବାର ମୋହ ପାଇଁ ତ ? କେବେ ଆଉ ଜୀବନରେ ମୃତ୍ୟୁ ନଥିଲା ? ? ଏତେ ତ୍ରସ୍ତ, ଏତେ ବ୍ୟସ୍ତ, ଏତେ ନିରାଶା କାହିଁକି ? ମଣିଷର ସାହଚର୍ଯ୍ୟରେ ତ ଜୀବନ ମଧୁମୟ । ନିର୍ଜନତାରେ କଅଣ ଜୀବନ ସମ୍ଭବ ?

ଶାଶୂ ଶ୍ୱଶୁର ଆଉ ନାହାଁନ୍ତି । ସୁବାସିନୀର ବି ଶ୍ୱାସ ରୁଦ୍ଧ ହେବାକୁ ଲାଗିଲାଣି । ସେ ଜାଣିସାରିଲାଣି ଆଗକୁ ଅନ୍ଧାର, କେବଳ ଅନ୍ଧାର ।

ମୃତ୍ୟୁ ତ ଜୀବନର ଏକ ଅଭିବ୍ୟକ୍ତି । ମୃତ୍ୟୁ ନଥିଲେ ଜୀବନ କାହିଁ ? ମୃତ୍ୟୁକୁ କଅଣ ଶରୀର ଜୟ କରିଛି କଦାଚିତ୍ ? ? ପ୍ରେମ ହିଁ କେବଳ ମୃତ୍ୟୁକୁ ଜୟ କରିପାରେ । ଭଲ ପାଇବା ହିଁ ପ୍ରତିହତ କରିପାରେ ମୃତ୍ୟୁର ଭୟକୁ । କରୋନା କାଳରେ ବଞ୍ଚି ଯିବାର ଦୁର୍ବାର ମୋହ ହିଁ ତ ଭୟଭୀତ କରାଉଛି । ଯୁଦ୍ଧ ଶକ୍ତିରେ ନୁହେଁ, ସାହସରେ ଜୟ କରାଯାଏ । ପ୍ରେମ ଆଉ ଯୁଦ୍ଧରେ କଅଣ ପରିଣତି ନିର୍ଣ୍ଣୟକରି ହୁଏ ? ଭୟହିଁ ପରାଜୟ ।

ସୁବାସିନୀ ହାରି ଯାଉଥିଲା । ତା ଆଖିର ଆଲୁଅ ଲିଭି ଯାଉଥିଲା । ତଥାପି ବିଶ୍ୱାସଟେ ବଞ୍ଚିଥିଲା ତା କୋଳରେ ଥିବା କଅଁଳ କଲିଜାଟି ପାଇଁ । ତା'ର ମନେପଡୁଥିଲା ଶାଗୁଣାର ଛାଇତଳେ ପରିତ୍ୟକ୍ତା ପରି କନ୍ୟା ପାଇଥିଲା ଶକୁନ୍ତଳାର ଜୀବନ । ଏ ଅସଂଖ୍ୟ ମଣିଷ ଭିତରେ କେହି ଗୋଟାଏ ମଣିଷର ଛାଇତଳେ ନିଶ୍ଚୟ ବଞ୍ଚିଯିବ ତା'ର କୁନୀ ଝିଅଟା । ଆଗାମୀକାଲିର ପୃଥିବୀ ପାଇଁ ।

❑

ସ୍ମୃତି ଜହ୍ନର ଅମାବାସ୍ୟା

ମୋ ଘରେ ଝୁଲୁଥିବା ବେତଦୋଳିରେ ବସିଛି ଦେବେନ୍‍। ମୁଁ ଛିଡ଼ା ହୋଇଛି ତା'ର ଖୁବ୍‍ ପାଖକୁ ଲାଗି। କାହାରି ପାଟିରେ କଥା ନାହିଁ। ତା' ଆଖି ଦି'ଟା ପହଁରୁଛି ଚାରିଆଡ଼ ବାରମ୍ବାର। ହାତରେ ରାଇଟିଂ ପ୍ୟାଡ୍‍। କଥା କହୁନି ସେ। କହିବନି ତମାମ୍ ଜୀବନ। ମୁଁ ଆଉଁଶି ଦେଉଛି ତା'ର ମୁଣ୍ଡବାଳକୁ, ବେକକୁ, ପିଠିକୁ। ଦେବେନ୍‍ ଧରି ପକାଉଛି ମୋ ହାତକୁ। ଦୁହିଁଙ୍କ ଆଖିରେ ଚକ୍‍ଚକ୍‍ କରୁଛି ଲୁହ। ବୋହୁନି, ଚିପି ହୋଇଯାଉଛି କଣ୍ଠ। କୋରି ହୋଇଯାଉଛି କଲିଜା, ତା ଦୁଇ ହାତରେ ଚାପି ଧରୁଛି ହାତକୁ। ଦେବେନ୍‍ ମୋର ସାନ ଭାଇ। ଖୁବ୍‍ ବୁଲିଛି ଏଇ ହାତ ଧରି, ହେଲେ ଆଜି ଏତେ ଜୋର୍‍ରେ ଜାବୁଡ଼ି ଧରୁଛି ହାତକୁ। ହାତ ଖସିଯିବ, ଖସିଯିବ ହାତ ଯେକୌଣସି ମୁହୂର୍ତ୍ତରେ।

ଦେବେନ୍‍ ହାତ ନେଇଯାଇ ତା' ପ୍ୟାଡ଼ରେ ଲେଖିବା ଆରମ୍ଭ କରୁଛି। କ'ଣ ଲେଖିବ? ମୁଁ ଚାହିଁଛି। ଲେଖୁଛି ଦେବେନ୍‍,। ମୋ ପରିସ୍ଥିତି ଭଲ ନାହିଁ ଦେଇ, ଯେକୌଣସି ମୁହୂର୍ତ୍ତରେ .... ଯ। ପରେ କ'ଣ ଲେଖିବ ଦେବେନ୍‍ ? ମୁଁ ତା ହାତଟିକୁ ଧରିପକାଇଲି, କହିଲି ଆମ ଏ ସଂସାରରେ କାହାର ଅବସ୍ଥା କେତେବେଳେ ଭଲ କହିଲୁ ? ତୁ ଯଦି କାଲି ଶୁଣିବୁ "ତୋ ଦେଇ ଗାଧୁଆ ଘରେ ପଡ଼ି ବ୍ରେନ୍‍ ହାମ୍‍ରେଜ୍‍ରେ...." କଥା ସରିବା ଆଗରୁ ଦେବେନ୍‍ ମୋ ପାଟିରେ ହାତ ଦେଇଦେଲା। ହେଲେ ମୋତେ ଲାଗିଲା ତା ଆଖିରେ ଆଶାତେ ଜ୍ୱଳିଲା ଦପ୍‍କିନା। ସେ ଟିକେ ହସିଲା। ମୋତେ ଭାରି ଭଲ ଲାଗିଲା। 'ସଂସାରରେ ମୃତ୍ୟୁର ଖେଳଠୁ ବୈଚିତ୍ର ଆଉ କେଉଁଠ ଥାଏ ?'

ପାଖରେ ଥିଲେ ରାଇଟିଂ ପ୍ୟାଡ୍‍, ଦୂରକୁ ଗଲେ ମେସେଜ୍‍। ଏବେ ଏହାହିଁ ଭାବ ବିନିମୟର ମାଧ୍ୟମ। ଦେବେନ୍‍ କଥା କହିବା ହରାଇବା ପରଠୁ ମୁଁ ସବୁବେଳେ ଫୋନ୍‍କୁ ପାଖରେ ରଖଥାଏ, କାଲେ କେତେବେଳେ ମିସ୍‍ ହୋଇଯିବ କିଛି ଗୋଟେ କଥା। ଡେରି ହୋଇଯିବ .... ତା' ବାବଦରେ କିଛି ସୂଚନା ପାଇବାରେ। ଜୀବନ

ସାରା ପଞ୍ଜେଇବାକୁ ପଡ଼ିବ ସିନା । ସେଥିପାଇଁ ସବୁବେଳେ ଫୋନ୍ ଥାଏ ପାଖରେ । କେତେ କଥା ମନେପଡୁଛି । ଦେବେନ୍ ଆମ ଘରକୁ ଆସିଥିଲା ସାନଭାଇର ସାଙ୍ଗ ହିସାବରେ । ଏ ଭିତରେ ବିତିଗଲାଣି କେତେ ଦିନ, ମାସ, ବର୍ଷ । ସେ ହୋଇଗଲାଣି ଭାଇର ସାଙ୍ଗ ନୁହେଁ; ଭାଇଟିଏ । ସେ ଦୁଇ ସାଙ୍ଗ ବେଲେବେଲେ କଜିଆ କରନ୍ତି । କଟି ଅପଡ଼ ହୁଅନ୍ତି । ହେଲେ କେହି କେବେ ଛାଡ଼ି ନାହାନ୍ତି କାହାକୁ । କେବେ ସମ୍ପର୍କରେ ସୃଷ୍ଟି ହୋଇନି ଗୋଟେ ଶୂନ୍ୟତା । ଗୋଟେ ଅଭିମାନ, ଗୋଟେ ଅବୁଝା ପଣ, ସବୁଠି ତା'ର ଉପସ୍ଥିତି । ଆବେଗ ଅନୁରାଗ । ଆମ ଘର ସହିତ; ଆମ ଘରର ଭଲ ମନ୍ଦ, ହାନିଲାଭ ସବୁଠି ସେ । ଭାଇଟେ ପରି । ନାଁ ଆଉ 'ପରି' ଶବ୍ଦଟା ଲଗାଇବା ଠିକ୍ ଲାଗୁ ନଥିଲା । ସେ ଭାଇଟେ । ଏକଦମ୍ ନିଜର ସ୍ନେହର ସାନଭାଇଟେ ।

ମୋ ଶାଶୂଘର ମୋ ସଂସାରକୁ ବି ତା'ର ଯିବାଆସିବା । ମୋ ପୁଅର ଜନ୍ମ ଦିନ, ଝିଅର ଏକୋଇଶିଆ, ଶାଶୂଙ୍କର ଅସୁସ୍ଥତା, ଶଶୁରଙ୍କ ଶ୍ରାଦ୍ଧ ସବୁଠି ତା'ର ଉପସ୍ଥିତି ।

ସମୟ ଚାଲିଛି ନିରଳସ କ୍ଷିପ୍ର ଗତିରେ ଅବିରତ । ଦେବେନ୍ ତା'ର ଡାକ୍ତରୀ ପଢ଼ା ସାରିଥିଲା । ନିଜ ଜୀବନ ସଙ୍ଗିନୀ ଭାବେ ବାଛିଥିଲା ଆଉ ଗୋଟେ ଡାକ୍ତରୀ ଛାତ୍ରୀକୁ । ପ୍ରେମର ପ୍ରାରମ୍ଭରେ ପଠାଇଥିଲା ଝିଅଟିର ଫଟୋ । କହିଯାଇଥିଲା ତା' ବିଷୟରେ କେତେ କ'ଣ । ଦୁହେଁ ବି ଆସି ଦେଖାକରିଥିଲେ ମୋତେ । ବାହାଘର ପୂର୍ବରୁ । ଭାଇ ଭଉଣୀ ସମ୍ପର୍କ ଭିତରେ ଯାହା ହେବା କଥା ସବୁ ଠିକ୍ ଚାଲି ଆସିଛି ଆଜିଯାଏଁ ।

ଦୁହେଁ ଡାକ୍ତରୀ ପଢ଼ା ସାରିଲେ । ବାହାଘର ହେଲା । ଗୋଟିଏ ଜାଗାରେ ଦୁହିଁଙ୍କ ଚାକିରି । ଗୋଟେ ଝିଅ, ପୁଣି ପୁଅଟେ । ଖୁସି ଖୁସିର ମାହୋଲ । ଅର୍ଥର ଅଭାବ ନାହିଁ । ପେସାକୁ ନେଇ ଭଲ ପଣିଆରେ କାର୍ପଣ୍ୟ ନାହିଁ । ନିଜଲୋକଙ୍କୁ ଶଙ୍ଖୋଳିବାରେ କପଟତା ନାହିଁ । ଯେଉଁଠି ଯାହା ଯେମିତି ହେବା କଥା ସବୁ ପୂରା ଠିକ । ଖୁଣିବାକୁ କିଛି ବି ନାହିଁ ଦୁହିଁଙ୍କୁ । ଜୀବନର ମଧ୍ୟାହ୍ନରେ ଜଞ୍ଜାଳତା ବଢ଼ିଯାଏ ଠିକ୍ ଦିପହର ଖରା ପରି ।

ସମ୍ପର୍କରେ ଆସେ ଶିଥିଳତା, ପୁଣି ଟିକେ ଖରା ନଇଁଗଲେ ଅପରାହ୍ନର ହାଲକା ପବନପରି ଜୀବନ ବି ହୋଇଯାଏ ଟିକେ ହାଲକା । ମୋ ଝିଅର ବାହାଘର

ସରିଯାଇଥିଲା । ତା' ମାମୁ ପଣିଆରେ କୋଉ କାମରେ ବି ଉଣା ହୁଏନି କେବେ । ସେ ଦୁହେଁ ଆସିଥିଲେ, ତା ସହ ସମ୍ପର୍କ ଥାଏ ବେଶ୍ ଆନ୍ଦନ୍ଦ ଭାବରେ । କିଛି କାମରେ ଭୁବନେଶ୍ୱର ଆସିଲେ ନିଶ୍ଚୟ ଆସେ ଆମ ଘରକୁ । କେତେବେଳେ ଏକା ତ କେତେବେଳେ ଦୁହେଁ । ପିଲାଙ୍କୁ ବି ଆଣେ କେବେକେବେ । ସବୁବେଳେ ମୋ ଉପରେ ଅଭିମାନଟେ ଲଦିଦିଏ ତା' ଘରକୁ ଯାଉନାହିଁ ବୋଲି । ଝିଅ ବାହାଘର ପରେ ବୋହୁଟିଏ ଆଣିବାର ନିଶା । ଘର ଲାଗୁଛି ଭାରି ଖାଁ ଖାଁ । ଝିଅ ତ ତା' ଘରକୁ ଗଲା । ବୋହୁଟିଏ ଆମ ଘରକୁ ଆସିବ ! ତା' ପାଇଁ ତ ଦରକାର କିଛି ପ୍ରସ୍ତୁତି । ଘର କାମ ହେଲା, ପୁଅ ବାହାଘର ବି ଠିକ୍ ହୋଇଗଲା । ବାହାଘରରେ ଆସିଲେ ସବୁ ବନ୍ଧୁବାନ୍ଧବ ହେଲେ ଦେବେନ୍ ଏକା ଆସିଥିଲା । କହିଲା ବୋହୁ ଆସିଗଲା ଆଉ କିଛି ମୁଁ ଶୁଣିବିନି, ତୁ କେବେ ଆସିବୁ ମୋ ଘରକୁ କହ । ମାନି ରୁଷିଛି ତୋ ଉପରେ । ତା' ସ୍ତ୍ରୀ ମାନି ଭାରି ଭଲ ଝିଅଟେ । ସେ ବି ବାନ୍ଧି ହୋଇଯାଇଛି । ନିଜର ପଣରେ ଆମମାନଙ୍କ ସହ । ମୁଁ ଗଲେ ସେ ଆସିବ । ଆରେ ବା... ବା, ପୂରା ରାଗିଯାଇଛି ? ବାହାଘର ସରିଲା, ତା' ଘରକୁ ଯିବାକୁ ପ୍ରତିଶ୍ରୁତି ଦେଲି ।

ରୁଣୁଝୁଣୁ ଝଙ୍କାରରେ ବୋହୁଟିଏ ଚଲିଲା ଘରେ । ଘର ଲାଗିଲା ପୂରିଲା ପୂରିଲା । ପରିବେଶ ଲାଗିଲା ମିଠା । ଖୁବ୍ ମିଠା । ଦିନସବୁ କଟିଲା ବିଭୋର ପଣରେ । ଦେବେନ୍ ଘରକୁ ଯିବା ଯିବା ବୋଲି କଥା ହେଉଥିଲେ ବି ବାହାରି ପାରିନଥିଲୁ ଆମେ ଦୁହେଁ । ପୁଅ ବୋହୁ ପୁଣି ନାତୁଣୀ କି ନାତି ଜୀବନରେ ଗୋଟେ ସ୍ୱପ୍ନ ରଙ୍ଗାୟିତ ହେଉଥିଲା ଗୋଟେ ନୂଆ ସ୍ୱାଦ । ଗୋଟେ ନୂଆ ସ୍ନିଗ୍ଧ ସରସତା । ଦିନ ସବୁ ଛନ୍ଦି ହୋଇଯାଇଥିଲା ସେଥିରେ ।

ହଠାତ୍ ଦିନେ ପୁଅ କହିଲା; "ବୋଉ ମାମୁ କ'ଣ ଦିଟା ଟିକେଟ୍ ପଠାଇଛନ୍ତି ! କ'ଣ କଥା ହୋଇଥିଲେ କି ତୋ ସହିତ ?" ମୁଁ ହସି ହସିକହିଲି ଆରେ ନାରେ । ଏଥର ତୋ ମାମୁ ଚାଲାକ୍ ପଡ଼ିଗଲା, ଏକଦମ୍ ଜବରଦସ୍ତ । ଏବେ ନାଚାର । ଯିବାକୁ ହିଁ ପଡ଼ିବ । ଯାଙ୍କ ସହ କଥା ହୋଇ ଟିକେଟ୍ ଅନୁଯାୟୀ ବାହାରିଲୁ ଦୁହେଁ ।

ଷ୍ଟେସନ୍‌ରେ ଦୁଇ ଛୁଆଙ୍କ ସହ ଅପେକ୍ଷା କରିଛି ଦେବେନ୍ ପାଦ ଛୁଡ଼ଁ ଛୁଡ଼ଁ କେଡ଼େ ମିଠା ହସଟେ ହସି କହିଲା, "ଏଥର ନ ଆସିଥିଲେ ଚିହ୍ନିଥାନ୍ତୁ ମୋତେ"

ତା ମୁଣ୍ଡଠୁ ପିଠିଯାଏ ହାତ ବୁଲେଇ ଆଶୁ ଆଶୁ କହିଲି, "ତତେ କ'ଣ ଆଜି ଯାଏଁ ଚିହ୍ନିନି ମୁଁ।" ଦୁହେଁ ହସିଲୁ କେତେ ଏଶୁତେଶୁ କଥାବାର୍ତ୍ତା ଘରେ ପହଞ୍ଚିଲୁ। ମାନି ଛୁଟି ନେଇ ଅପେକ୍ଷା କରିଛି। ପହଞ୍ଚିବାର ଔପଚାରିକତା ସରିଲା। ତଳେ ଆସନ ପକାଇ ଖାଇବାକୁ ଡାକୁଛି ମାନି। ଆମକୁ ଟେବୁଲରେ ବସି ଖାଇବାକୁ ଭଲ ଲାଗେନା ଏକଥା ବି କହିଛି ଦେବେନ୍ ମାନିକୁ। ପୂରା ଯ୍ୟାଙ୍କ ପସନ୍ଦ ମୁତାବକ। ରୋଷେଇ କେହି ଖାଇ ନଥିଲେ। ସମସ୍ତେ ପିଣ୍ଡାରେ ବସି ବହୁତ ଖୁସିରେ ସୁସ୍ୱାଦୁ ଭୋଜନ ହେଲା। ଯେ ହାତ ଧୋଇବା ବେଳକୁ ଦେବେନ୍ ତରତର ହୋଇ ଉଠିଯାଇ ଗୋଟେ ପାନ ପୁଡ଼ିଆ ଧରାଇଦେଲା। ମୋ ଛାତି କୁଣ୍ଢେମୋଟ ହୋଇଯାଉଥିଲା ତା' ଆତିଥ୍ୟରେ। ଭାଇ ଭାଉଜଙ୍କ ତାରିଫ୍ କରିବାକୁ କୋଉ ଭଉଣୀକୁ ଭଲ ନ ଲାଗେ !

ଖୁଆପିଆ ପରେ ବି ଅନେକ ସମୟ ଗପ ଚାଲିଲା। ଆମ ପାଇଁ ଗୋଟେ ରୁମ୍ ସଜାଡ଼ି ରଖିଛି। ଟିକେ ବିଶ୍ରାମ ନେଲୁ। ନିଦ କୋଉ ହେଉଚି ? ମନେପଡୁଚି ମଧୁର ଅତୀତ। ବାପା ବୋଉ ଥିବାବେଳେ ଆମ ଘର। ଆମ ଛଅ ଭାଇ ଭଉଣୀଙ୍କ ଗହଳିରେ ମିଶୁଥିଲା ସାଙ୍ଗସାଥୀଙ୍କ ଗହଳି। ଘର ଆମର ଘୋ ଘୋ କରୁଥିଲା। ଆମ ଅଳିଅର୍ଦ୍ଦଳି ସାଙ୍ଗରେ ସାଙ୍ଗମାନଙ୍କ ଗହଳିରେ ବୋଉ କେବେ ଅସନ୍ତୁଷ୍ଟ ହୁଏନି। ବରଂ ତା'ର ସ୍ନେହ ସୌହାର୍ଦ୍ଦ୍ୟର ମଧୁରତାରେ ସାଙ୍ଗମାନେ ସବୁବେଳେ ଆଗ୍ରହ କରନ୍ତି ଆମ ଘରକୁ ଆସିବାକୁ। ସେମିତି ଗହଳି, ସେମିତି ଆନ୍ତରିକତା ଆପଣାପଣ ଥିବା ଘରଟିଏ ଆମରି ବୟସର କିଛି ମଣିଷଙ୍କ ପାଖେ ଅପାସୋରା ସ୍ମୃତି ହୋଇ ରହିଥିବ ସିନା ଆଉ ଦେଖିବାକୁ ମିଳିବନି। ଦେବେନ୍ ଉଠି ଆସିଲାଣି। ସେ ଡାକିଲା, ହଁ ମାନି ଚା' ନେଇ ଆ। ଭାଇ ଉଠିଲେଣି। ମାନି ଚା ଧରି ଆସିଲା। ଯ୍ୟାଙ୍କର ସବୁ ଚଳଣିକୁ କେତେ ନିଖୁଣ ଭାବରେ ଲକ୍ଷ୍ୟ କରି ଆତିଥ୍ୟ ଦେଉଛନ୍ତି ଦୁହେଁ। ପୁଣି ଚାଲିଲା ଗପ, ପିଲା ଦୁହେଁ ଭାରି ଖୁସି। ଦେଖିଲି ଝିଅ ମୋ ହାତ ତିଆରି ଆମ୍ବ ଆଚାର ଖାଉଥିବା ବେଳେ ପୁଅ ଖାଉଚି ଆରିସା ପିଠା। ମୋତେ ଭାରି ଖୁସି ଲାଗିଲା। ମୋ ହାତ ତିଆରି ଜିନିଷ ଯାହା ସେମାନଙ୍କୁ ଭଲ ଲାଗେ ନେଇ ଆସିଥିଲି କିଛି। ବଡ଼ି, ଆଚାର, ପିଠା, ଉଖୁଡ଼ା.... ଏମିତି। ପରଦିନ ମାନି ହସ୍ପିଟାଲ୍ ଗଲା। ସେ ଗାଇନିକ ବାଲା ତା'ର ଏମରଜେନ୍ଦି ଥିଲା। ଦେବେନ୍ କିନ୍ତୁ ଛୁଟିରେ ରହିଲା ଦିନ ତମାମ୍ ଆମକୁ ସାଥିରେ ଧରି ପାଖଆଖରେ ଯାହା ସବୁଥିଲା

ଦେଖିଲା ପରି ବୁଲାଇଲା । କହିଲା, "ଦେଇ କାଲି ମୁଁ ରହି ପାରିବିନି, ତମେ ଗାଡ଼ି ନେଇ ବୁଲ ଆହୁରି ବହୁତ ଜାଗା ଅଛି ଦେଖିବା ପାଇଁ ।"

ଘରେ ନୂଆ ବୋହୂଟା । ପୁଅ କାମରେ ଚାଲିଗଲା ପରେ ପୂରା ଏକା ହୋଇଯାଉଥିବ । ତାକୁ ବୁଝାଇ ସୁଝାଇ ଆଉ ଗୋଟିଏ ଦିନ ରହି ଆମେ ଫେରିଲୁ । ଭଉଣୀକୁ ବିଦା କରିବାରେ ସେ କୋଉଠାରେ କମି ରଖି ନଥିଲା । ତା' ପରିବାରର ଅନୁରାଗଭରା ଆତିଥ୍ୟ ଆମକୁ ଅଭିଭୂତ କରିଥିଲା ।

ଘରେ ପହଞ୍ଚିଲୁ । ପୁଣି ଗଡ଼ି ଚାଲିଲା ଦିନ ସବୁ ଗତାନୁଗତିକତାରେ । ଚିଠି ତ ହଜିଗଲାଣି ଅନେକ ଦିନୁ । ଦେବେନର ଫୋନ୍ ଟିକେ କମିଗଲା ପରି ଲାଗୁଥିଲା । ଏ ଭିତରେ ମୋର ଗୋଟିଏ ନାତି ଆସି ଯାଇଥିଲା । ପ୍ରଥମ ନାତି । ତା'ର ଯନ୍ ନେବାରେ ଆଉ ମଜା ନେବାରେ ସମୟ ସବୁ କୁଆଡ଼େ ସରିଯାଉଥିଲା । ତଥାପି ଲାଗୁଥିଲା ଏଇ କେତେ ଦିନ ହେବ ଦେବେନ୍ କାଇଁ ଆଉ ଫୋନ୍ କରୁନି ଆଗପରି ।

ଦିନେ ସଂଧ୍ୟାବେଳେ ବସିଛି । ଦେବେନର ଫୋନ୍ ଆସିଲା ସାରାଂଶ ଥିଲା ସେ ଆଡ଼ମିସନ୍ ନେଇଛି ଭୁବନେଶ୍ୱରର ଏକ ହସ୍ପିଟାଲରେ । ତା'ର ଗୋଟେ ଅପରେସନ୍ ହେବ । କାଲି ତା' ପାଇଁ ମୋତେ ନେଇକି ଯିବାକୁ ହେବ ମୋ ହାତ ତିଆରି ଚାଉଳ ଖିରି ଆଉ ଟମାଟୋ ଜୁସ୍ । ତୋ ଭ୍ୟାନିଟ୍‌ରେ ଅଛ ପରିମାଣ ଆଣିବୁ ଲୁଚେଇକି । ମୋ କ୍ୟାବିନକୁ ଆସୁଥିବାରୁ କେହି ଚେକ୍ କରିବେନି । ଆଲୋ ମୁଁ ଗୋଟେ ଡାକ୍ତର ନାଁ । ସେ ହସି ହସି କହିଲା । ଏ କି କଥା ? ମୋତେ ତା କଥା କିଛି ଭଲ ଲାଗିଲାନି । ମୁଁ କହିଲି ହଁ. ମ., ମୁଁ ଜାଣିଚି ତୁ ଡାକ୍ତର । ହେଲେ ତୁ ଆଗ କହିଲୁ ଡାକ୍ତରର ପୁଣି କି ଅପରେସନ୍ ଯେ ? ଜଣ ହୋଇଛି ତୋର ? ସେ ଖାଲି ହସିଲା କହିଲା କାଲି ଆସିଲେ କଥାହେବା ଭାଇଙ୍କ ସହ ଆସିବୁ ମୋ ପାଇଁ ଆଣିବାକୁ ଭୁଲିବୁନି । ଫୋନ କାଟିଦେଲା । କି ଅଜବ ପିଲାଟେ ମନଟା ଜମା ଭଲ ଲାଗିଲାନି ଭାବିଲି ମାନିକୁ ଫୋନ୍ କରିବି । କାହିଁକି ଠିକ୍ ଲାଗିଲାନି । ଯା'କୁ କହିଲି, ସବୁ କଥାରେ ମୁଁ ଟିକେ ବେଶୀ ବିବ୍ରତ ହୋଇ ପଡ଼େ ବୋଲି ଯାଙ୍କଠାରୁ ଗାଲି ଖାଏ । ଯେ କହିଲେ କ'ଣ ଟିକେ ହୋଇଥିବ । କାଲି ଗଲେ ଜାଣିବିନି । ମୁଁ ଚୁପ୍ ରହିଲି ପରଦିନ ପହଞ୍ଚିଲି ତା' ପାଖରେ । ଦେଖୁ ଦେଖୁ ପଚାରିଲା ଆଣିଚୁ ?

ଦୁଇଟା ଛୋଟ ଟିଫିନ୍ ତା ହାତକୁ ବଢ଼ାଇ ଦେଲି। ସେ ବେଡ୍ ଉପରେ ବସିପଡ଼ି ଛୁଆଙ୍କ ଭଳି ଖାଇଲା। କଥା ହେଲୁ, ଯେତେ ପଚାରିଲି କିଛି କହିଲାନି, ଖାଲି ହସିଲା। କହିଲା, "ଆଲୋ କିଛି ନୁହେଁ, ଜିଭରେ ଘାଆଟା ଟିକେ ଦେଶୀ ଦିନ ରହିଲା, ସେଥିପାଇଁ। ଭଲ ହୋଇଯିବ ମ।" ଆମେ ବାହାରିଲୁ। ମୁଁ ତ ସବୁବେଳେ ବୋକିରେ ଲେଖା। ବାହାରକୁ ଆସିବା ପରେ ସେ କହିଲେ, "କ୍ୟାନସର ବୋଲି ସସ୍ପେକ୍ଟ କରୁଛନ୍ତି। ନା ମ, କିଛି ହେବନି ଅର୍ଲିଷ୍ଟେଜରେ ଜଣା ପଡ଼ିଛି। ନିଜେ ଡାକ୍ତର, ଭଲ ହୋଇଯିବ। ତମେ ବ୍ୟସ୍ତ ହୁଅ ନାହିଁ।"

ସେ ଡାକ୍ତରଖାନାରୁ ରିଲିଫ୍ ହେବା ଭିତରେ ଯେତେ ବେଶୀ ସମ୍ଭବ ତା ପାଖକୁ ଗଲି। ସେ ପ୍ରାୟ କାହାକୁ ଜଣାଇ ନଥିଲା। ମାନିକୁ ତା ଅସୁସ୍ଥତା ବିଷୟରେ ପ୍ରଶ୍ନ କରିବାକୁ କାଇଁ ଜମା ସାହସ ହେଲାନି। ସେ ବି ତା' ଆଉ ମୋତେ ବିଶେଷ କିଛି କହିଲା ନାହିଁ। ଦେବେନ୍ ଡିସଚାର୍ଜ ହୋଇ ଘରକୁ ଫେରିଲା। ଏବେ ଭାବର ଆଦାନ ପ୍ରଦାନ ମେସେଜ୍‌ରେ ହିଁ ହେଉଥିଲା। ପ୍ରାୟ ମାସକ ପରେ ସେ ଟେଲିଫୋନ୍‌ରେ କଥା ହେଲା। କିନ୍ତୁ ତା' କଥା ପୂର୍ବପରି ସ୍ପଷ୍ଟ ନଥିଲା।

ଜୀବନର ଆଉ ଗୋଟେ ନାଁ ଜଞ୍ଜାଳ। ମୋ ନାତି ବେଶ କାମ ଲଗାଉ ଥିଲା। ଆଉ ଗୋଟେ ପୁଅ ପାଇଁ ବୋହୂ ଖୋଜା ଆରମ୍ଭ କରିଥିଲି। ତା' ସହ ଉପର ଘର କାମ ବି ଆରମ୍ଭ ହୋଇଥିଲା। ବ୍ୟସ୍ତତା ବଢ଼ିଯାଇଥିଲା।

ମଝିରେ ପୁଅକୁ ପଠେଇଥିଲି ତାକୁ ଦେଖ ଆସିବାକୁ। ପୁଅ ଫେରିଆସି କହିଲା, "ବୋଡ ମାମୁ ବହୁତ ଶୁଖି ଯାଇଛନ୍ତି। ମାଇଁ ପୂରା ଚୁପଚାପ। ମୋତେ ଭଲ ଲାଗିଲାନି।" ଦେବେନ୍ ପାଇଁ ବହୁତ ଆନମନା ହେଲି। ଦୁହେଁ ତ ଡାକ୍ତର। ସବୁବେଳେ କ'ଣ ପଚାରିବି ତା ଦେହ କଥା ? ଦିନେ ଦେବେନ୍ କହିଲା, ଦେଇ ମୋର ଆଉ ଥରେ ଅପରେସନ୍ ହେବ। ମୁଁ କୋଟି ଯିବି। ମୁଁ କେତେ କ'ଣ ପଚାରିଗଲି ଘରକୁ ଆସିବାକୁ କହିଲି ସେ ମନା କଲା। ଗୁଡ଼ାଏ ଜିନିଷ ପତ୍ର, ଆଉ ଜଣେ ବି ଯାଉଛନ୍ତି ସାଙ୍ଗରେ ମୁଁ ସିଧା ଏରୋଡ୍ରମ୍ ଯିବି ତୁ ଆସିବୁ ଦେଖାହେବ।

ଦେଖା ହେଲା। ମୁଁ ଯାଇଥିଲି ଖରି ଟିକେ ନେଇଥିଲି ମାନି କହିଲା ସେ କ'ଣ ଏବେ ମିଠା ଖାଉଛନ୍ତି ? ଏବେ ବହୁତ ରେଷ୍ଟ୍ରିକ୍‌ସନ୍ ତାଙ୍କ ଖାଇବାରେ। ଦେବେନ୍ ମୋ ମୁହଁକୁ ଅନାଇ ହସିଦେଇ କହିଲା ତୁ ଆଣିବୁ। ମୁଁ ଟିକେ ଚାଖ

ଦେବି ସେ ଟିକେ ହସି ଦେଲା । ପୁଣି ତା ହସ ଏମିତି କ'ଣ ଦିଶିଲା । ହସଟିଏ ହସିଲେ ତ ଖୁସିଟିଏ ଖେଳିଯାଏ ହେଲେ ତା' ହସରୁ ତ ଲୁହ ଟୋପେ ଝରିଗଲା ।

ପୁଣି ଗଡ଼ିଲା ଦିନ । ଛାତି ଭିତରେ ଗୋଟେ ହଜେଇଲା ପଣ ବଢ଼ି ଯାଇଥିଲା । ଦେବେନ୍ ଆଉ କଥା କହି ପାରୁ ନଥିଲା, ଦ୍ବିତୀୟ ଅପରେସନ୍ ପରେ । ଏବେ ସବୁ ସ୍ପଷ୍ଟ । ତାକୁ କ୍ୟାନ୍ସର । ସେ ଜାଣିବା ବେଳଟା ଆର୍ଲିଷ୍ଟେଜ୍ ନଥିଲା । ଏବେ ଅଶାୟୟ । ଦୁଃଖ ବି ଅଶାୟୟ ହେଉଥିଲା, ବେଳୁବେଳ ।

ଏବେ ମୋ ପୁଅ ବାହାଘର ଠିକ୍ ହୋଇଗଲା । ଦିନ ବି ଧାର୍ଯ୍ୟ ହେଲା । ଦ୍ବିତୀୟ ଥର କୋଟିରୁ ଅପରେସନ୍ ହୋଇ ଫେରିବା ପରେ ତା' ସ୍ବାସ୍ଥ୍ୟ ଅବସ୍ଥା ଯେ ଭଲ ନଥିଲା ଏକଥା ସ୍ପଷ୍ଟ ହୋଇ ଯାଉଥିଲା । ଦେବେନ୍ ତ କଥା କହି ପାରୁ ନଥିଲା । କଥା କହିବାର କ୍ଷମତା ଥାଇ ବି ମାନି ପୂରା ମୂକ ହୋଇଯାଇଥିଲା । ଆମିଷ ଛାଡ଼ି ଦେଇଥିଲା । ନିଜ ପେସା ବାଦ୍ ସମୟତକ ସେ ଦେବେନ୍ ସହିତ ହିଁ କଟଉ ଥିଲା । ବାହାଘର କଥା ତାକୁ ତ କହିବି ନିଶ୍ଚୟ । ଆଗରୁ ବିଶ୍ବାସ ଥିଲା । ସେ ଭଲ ହୋଇଯିବ । ସେ ମୋର ସବୁ କାମରେ ରହେ । ଏଇଟା ମୋ ସାନ ପୁଅର ବାହାଘର ମାନେ ମୋ ସଂସାରର ଶେଷ ବାହାଘର । ମନଟା ଜମା ଭଲ ଲାଗୁ ନଥାଏ । ଆଗ ମାନିକୁ ଫୋନ୍ କଲି । ବହୁତ ସମୟ କଥା ହେଲି । ମନ ବି ବହୁତ କଷ୍ଟ ହେଲା । ମାନି କହିଲା ଦେଇ ତମେ ନିଜେ ତାକୁ କୁହ ସେ ନ ଭାବନ୍ତୁ ତାଙ୍କ ଦେହ ଭଲ ନାହିଁ ବୋଲି । ତମେ ତାଙ୍କୁ କହିଲ ନାହିଁ । ସତେ ତ !

ସବୁଥର ପରି ମୁଁ ନିଜେ ତାକୁ କହିବି ବାହାଘର କଥା । ସବୁ ଥର ପରି ? ନାଁ ଆଦୌ ସବୁଥର ପରି ନୁହେଁ । ମୁଁ ମେସେଜ୍ ଦେଲି ।

— କ'ଣ କରୁଚୁରେ ଭାଇ ?

— ହଁ .... କହ.... ଠିକ୍ ... ଅଛି... ଏମିତି ବସିଛି ।

ଗୋଟେ ଖୁସି କଥା କହବି ।

ଖୁସି କଥା... କହ... ଜଲ୍‌ଦି

ତୋ ସାନ ଭଣଜା ବାହାଘର ।

ସତରେ... କେବେ... କୋଉଠି ?

ଯେଉଁ ଫଟୋଟା ଦେଇଥିଲୁ, ସେଇ ସୁନ୍ଦର ଝିଅଟା। ସେଇଠି ଫାଇନାଲ କଲୁ ତ।

କହ... କେବେ ?

ମୋ ହାତ ରହି ଯାଉଥିଲା। ସବୁବେଳେ ମେସେଜ୍ କରି କରି ତା ହାତ କିନ୍ତୁ ଖୁବ୍ ଚ୍ୟଞ୍ଚଲ ହୋଇ ଯାଇଛି। ମୁଁ ଲେଖିଲି ଏଇ ଆସନ୍ତା ୨୬ ତାରିଖରେ ପରା। ଆଉ ଆଗକୁ ସୁଝୁନି ତା'ର ଜାତକ।

ବଢ଼ିଆ ... ଆଉ ଡେରି କାହିଁକି କରିଥାନ୍ତୁ ?

ମୁଁ ନିଶ୍ଚୟ ଯିବି। ମୁଁ ଟିକେ ଚୁପ୍ ରହିଗଲି। ସେ ପୁଣି ମେସେଜ୍ କଲା ତୁ କାମରେ ଲାଗେ। ଏଥର ଆଗରୁ ଯାଇ ପାରିବିନି ଦେଇ। ହେଲେ ପହଞ୍ଚିବି ନିଶ୍ଚୟ। ମୁଁ ଆଉ କ'ଣ କହିବି କିଛି ଭାବି ପାରିଲିନି।

ମୁଁ ଏକଥା ଘରେ ସମସ୍ତଙ୍କୁ କହିଲି। ସତରେ କ'ଣ ଆସିବ ସେ ? ତା' ଦେହର ଏ ଅବସ୍ଥାରେ ଏମିତି ଗୋଟେ ମାହୋଲକୁ ଆସିବା ପାଇଁ କେତେ ମାନସିକ ଶକ୍ତି ଦରକାର। ଯେ କହିଲେ ସେ ଯଦି ଆସୁଛି ଆସୁ! ହେଲେ ତମେ ତାକୁ ଏ ବାବଦରେ ଆଉ କିଛି କୁହନି। ବାହାଘର ସରିଲା। ଭୋଜି ଦିନ ସକାଳୁ ମାନି ଫୋନ୍ କଲା ଦେଇ ଆମେ ସଂଧାରେ ସିଧା ମଣ୍ଡପରେ ପହଞ୍ଚିବୁ। ତମେ ବ୍ୟସ୍ତ ହେବନି।

ସତକୁ ସତ ପହଞ୍ଚିଲା ଦେବେନ୍। ସବୁ ଅତିଥିଙ୍କ ମେଳରେ ମୋ ଆଖି ତା ବାଟ ରହିଁ ବସିଥିଲା। ମୁଁ ତାକୁ କୁଣ୍ଢେଇ ପକାଇଲି। ହାତ ଧରି ପୁଅବୋହୂଙ୍କ ପାଖକୁ ନେଲି। ତାଙ୍କ ସହ ଫଟୋ ଉଠାଇବା ବେଳେ ମୋ ପରିବାରର ସମସ୍ତଙ୍କୁ ଗୋଟି ଗୋଟି କରି ଖୋଜିଲା। ଫଟୋ ଉଠାଇଲା। ସେ ହସିଲା। ଭାଷାହୀନ ମୁହଁଟା ଶୁଷ୍କ କଳାକାଠ ଦିଶୁଛି। ଜିଅଟା କଣ୍ଢେଇଟିଏ ଭଲି ସେ ସବୁ କରୁଛି। ହସୁଛି, ହେଲେ ସବୁ ଯେମିତି ନିରାଶ ଯାନ୍ତ୍ରିକ। ସେ ଭୋଜି ଖାଇ ପାରିବନି। ତା'ର ଅଲଗା ତରଳ ଖାଦ୍ୟ। ମାନିକୁ ସାଥିରେ ନେଇ ଖୁଆଇଲି। କ'ଣ ଖାଇଲା ସେ ଛାଡ଼। ସେମାନେ ଫେରି ଗଲେ। ଦୁହିଁକୁ ଏକତ୍ର ଛାତିରେ ଚାପି ଧରିଲି। ଦେବେନ୍ ଗାଡ଼ିରେ ବସି ହସିହସି ହାତ ହଲାଉଥିଲା। ମାନି ବହୁତ ଚେଷ୍ଟା କରୁଥିଲା ଲୁହକୁ ଲୁଚାଇ ଦେବାକୁ।

ତାରିଖ ବଦଳୁଛି । ମାନି ଫୋନ୍ କରିଛି । ସେମାନେ ଚେକଅପ୍ ପାଇଁ ପୁଣି କୋଟି ଯାଇଥିଲେ । ଫେରିବା ବେଳେ ରାତିଟେ ରହିବେ ମୋ ପାଖେ । ଦେବେନ୍ ଚାହୁଁଛି । ମୋ ମନ କଅଣ ହୋଇଗଲା । କୋଚିରୁ ସିଧା ଆସିବେ ଫ୍ଲାଟ୍‌ରେ ରାତିରେ ପହଞ୍ଚିବେ । ପୁଅକୁ ସାଙ୍ଗରେ ନେଇ ମୁଁ ନିଜେ ଗଲି । ଏରୋଡ୍ରମ୍ ଟର୍ମିନାଲ । ଦୁହେଁ ଛିଡ଼ା ହୋଇଛନ୍ତି । ଏମିତି କ'ଣ ଦିଶୁଛ । ନାଜାଲ ପାଇପଟା ଲାଗିରହିଛି ଯେ ! ମୋ ପ୍ରଶ୍ନିଲ ଆଖିର ଉତ୍ତର ରଖି ମାନି କହିଲା, ଦେଇ ଏବେ କେବଳ ନାଜାଲ୍ ଫିଡ଼ିଂ ଡାଇରେକ୍ ଖାଇ ପାରିବେନି ଆଉ । ତା' କ୍ଷୀଣ ସ୍ୱର ଦେବେନ୍ ଅସୁସ୍ଥତାର ଗଭୀରତାକୁ ସ୍ପଷ୍ଟ କରୁଥିଲା । ମୁଁ ଭାବିଲି ଚେକଅପ୍ ପାଇଁ ଯାଇଥିଲା ମାନେ କିଛି ଭଲ ହୋଇ ଆସିବ । ଅଥଚ, ଏମିତି ଭାବରେ ଦେଖି ମୋ ପାଟି ଫିଟୁ ନଥିଲା । କ'ଣ କହିବି ? ସମସ୍ତେ ଚୁପ୍ । କିଛି ବି କଥାବାର୍ତ୍ତା ନଥିଲା । ଏକା ଦେବେନ୍ ନୁହେଁ, ସତେ ଯେମିତି କାହାରିବି କ୍ଷମତା ନଥିଲା କଥା କହିବାର ।

ଦେବେନ୍ ଆଉ ମାନି ମୁହଁକୁ ମୁଁ ସିଧା ଚାହିଁ ପାରୁ ନଥିଲି ଆମେ ଘରେ ପହଞ୍ଚିଲୁ ତାଙ୍କ କଥା ବୁଝିଲି ତାଙ୍କୁ ବିଶ୍ରାମ ନେବାକୁ କହି ମୁଁ ଗଲି । ରାତି ଅନେକ ହୋଇଗଲା । କିନ୍ତୁ ନିଦ ହୋଇନଥିଲା ।

ସକାଳୁ ଉଠିଲି । ମାନି ଆଉ ଦେବେନ୍ ବି ଉଠି ଗଲେ ଜଲଦି । ସେମାନେ ବାହାରି ଯିବେ । ଦେବେନ୍ କେତେବେଳେ କ'ଣ ଖାଇବ ସେଇ ନେଜାଲ୍ ପାଇପ୍‌ରେ ନିରବରେ ବ୍ୟବସ୍ଥା କରି ଚାଲିଛି ମାନି । ଦୁହେଁ ଅଭ୍ୟସ୍ତ ହୋଇ ଗଲେଣି ନିରବର ଇସାରାରେ । ଜନକ ପାଇଁ ଆଉ ଜଣେ ମୁକ ଏହା ହିଁ ବୋଧେ ସ୍ୱାମୀ ସ୍ତ୍ରୀ ସମ୍ପର୍କ । ସେଥିପାଇଁ ଜନ୍ମ ଜନ୍ମାନ୍ତରର । ତାଙ୍କୁ ଦେଖୁଛି । ମୋ ଲୁହକୁ ଲୁଚାଇ ଲୁଚାଇ ପୋଛୁଛି । ଜମା ସହି ପାରୁନି ଏ ପରିସ୍ଥିତି ।

ଗାଡ଼ି ଆସିଗଲାଣି । ଏବେ ସେମାନେ ଯିବେ । ସେମାନଙ୍କୁ ଅଟକାଇବାର ସାହସ ନାହିଁ ମୋର । ଦେବେନ୍ ମୋ ପାଖକୁ ଲାଗିଆସି ମୋ ହାତକୁ ଧରିଲା । ଦେବେନ୍‌କୁ ତ ମୁଁ ଆଜି ନୂଆ ଦେଖୁନି, ଦେଖିଚି ଯୋଉଦିନ ବାପା ଏକା ଡ୍ରେସ ଆଣିଥିଲେ ସବୁ ଭାଇଙ୍କ ସହ ତା'ର ମୋ ବାହାଘରରେ । ଯେଉଁ ଦିନ ସିଲେକ୍ଟ ହୋଇଯାଇଥିଲା ଡାକ୍ତରୀ ପଢ଼ା ପାଇଁ । କେତେ ବାଙ୍କରେ, କେତେ ମୋଡ଼ରେ ଜୀବନରେ ମୁଁ ଦେଖିଚି ତାକୁ । ତା'ର ସ୍ୱର ଶୁଣିଚି ଯେଉଁଦିନ ଠେଇଁଏ ହୋଇଥିଲା

ତା'ର । ମୁଁ ଯେଉଁ ଦିନ ତାକୁ କହିଥିଲି ତୁ ବୁଢ଼ା ହୋଇଗଲୁରେ ପୁଅଟେ ହୋଇଚି ତୋ ଭଣ୍ଡାର । ତା' ସ୍ୱର, ତା' ମୁଁହ, ତା ହସ, ତା' ଲୁହ ସବୁ ତ ପରିଚିତ ମୋର । ଆପଣାର ସ୍ୱାକ୍ଷରିତ ହୋଇ ରହିଛି ସ୍ମୃତି ଫଳକରେ ହୃଦୟରେ । ଅଥଚ ଆଜି ଏତେ ଅଚିହ୍ନା ଲାଗୁଚି ତା' ମୁଁହ । ସତେଯେମିତି ଅବେଳରେ ଗ୍ରହଣ ଗ୍ରାସରେ ତା' ଚାନ୍ଦଉଦିଆ ମୁହଁଟାକୁ ଢାଙ୍କି ଦେଇଛି ଅମାବାସ୍ୟାର ଅନ୍ଧାର ।

ଦେବେନ୍ ହାତମୁଠାରେ ମୋ ହାତ । ଦୁହେଁ ଚଲିଛୁ । ସେ ଜଣ ଜଣ କରି ସମସ୍ତଙ୍କଠାରୁ ବିଦାୟ ନେଉଚି । ହସୁଚି । ମୁଁ କିନ୍ତୁ ଜମା ସିଧା ଚାହିଁ ପାରୁନି ତା' ମୁହଁକୁ । ଆମେ ଦାଣ୍ଡ ଏରୁଣ୍ଡି ଡେଇଁଲୁ । ଦେବେନ୍ ଫେରି ଫେରି ରହୁଁଚି ଥରକୁ ଥର । ମୋ ହାତ ଭିତରେ ତା' ହାତ ଓଦା ହୋଇଯାଉଛି ଝାଲରେ । ମୁହଁ ଥମ୍ ଥମ୍ । ଝରୁନି କିନ୍ତୁ ଲୁହ ।

ଦେବେନ୍ । କଥା କହିପାରୁନି । ସ୍ୱାଦ ବି ଜାଣୁନି ଖାଦ୍ୟର । ଗୋଟାଏ ଦିନର ମଉନବ୍ରତ ଗୋଟାଏ ଦିନର ଖାଦ୍ୟ କେମିତି ଲାଗେ ? ସତେ ଅବା ଦେବେନ୍ ଜୟ କରିଛି ଇନ୍ଦ୍ରିୟମାନଙ୍କୁ । ଜୀବନ ଆଉ ମୃତ୍ୟୁ ମଝିରେ ସେ ପାଲଟି ଯାଇଛି ଜିତେନ୍ଦ୍ରିୟ । ଆମେ ଦାଣ୍ଡ ଅଗଣା ଡେଇଁ ଗାଡ଼ିପାଖେ ପହଞ୍ଚିଲୁ । ଡୋର ଖୋଲିବା ପୂର୍ବରୁ ତା'ର ସେଇ ପାଦଛୁଆଁ । ମୁଁ ତାକୁ ନିଜ ଉପରକୁ ଆଉଜେଇ ନେଲି । ସେ କିନ୍ତୁ ଘନିଷ୍ଠ ହେଲାନି । ନିର୍ବିକାର, ନିଥର । ଗାଡ଼ି ଛାଡ଼ିବାର ଇସାରା ଦେଉଥିଲା । ନିଃଶବ୍ଦରେ ପ୍ରସ୍ତୁତ ହେଉଥିଲୁ ଆମେ ଦୁହେଁ ପରସ୍ପରକୁ ହଜାଇ ଦେବାକୁ ଏ ଜନ୍ମ ପାଇଁ । ଆଉ ରୋକି ହେଉ ନଥିଲା ଲୁହକୁ । ହାତ ଯୋଡ଼ି ହେଉଥିଲା ମୃତ୍ୟୁର ନିୟନ୍ତାଙ୍କ ପାଇଁ ଆଉ ନିବେଦନଟେ ଥିଲା ହେ ପ୍ରଭୁ! କିଛି ନ ହେଉ ମୋ ସାନଭାଇଟାର ମୋ ଆଗରୁ ।

□

ଅନ୍ଧାରକୁ ଦିଶା

ତଇଲାରେ ହରଡ଼, ମାଣ୍ଡିଆ, ମକା କି ଜଞ୍ଜଲା କିଛି ନ ହେଲେ ସୁଆଁ, ଜାଲି କି ଗୁଲୁଚି ଚାଷ । ଗାଁମୁଣ୍ଡ ତୋଟାର ଯୋଡ଼ାଏ ଆମ୍ବଗଛ ଆଉ ଘର ପଛପଟ ପଣସଗଛ ଦୁଇଟା ବି ବେଶ୍ ସାହାଯ୍ୟ କରୁଥିଲେ ଜୀବନ ଚଳଣିରେ । ତାଙ୍କ ଫଳନ୍ତି ରତୁରେ । ପଣସକଠା ବେଶ ଭଲ ଦାମରେ ବିକ୍ରି ହେଉଥିଲା । ଆଉ ଆମ୍ବୁଲ ତ ବେଶ୍ ସାହାଯ୍ୟ କରୁଥିଲା ଭାତ ରୁଚିବା ପାଇଁ । ପୁଞ୍ଜାଏ କୁକୁଡ଼ା, ମାଆ ପିଲା ହୋଇ ସାତଆଠ ମୁଣ୍ଡ ଛେଲି । ଭଲମନ୍ଦ ଦେହ ଦୁଃଖରେ ବ୍ୟାଙ୍କଖାତାର ସଞ୍ଚୟ ପରି ସହାୟ ହେଉଥିଲା । ପଠାଣ ବେପାରୀ ଦୁଆରକୁ ଆସି ଟଙ୍କା ଗୁଞ୍ଜିଦେଇ ଯାଉଥିଲେ । ବୁଧୁନିକାକିର ହାତ ତିଆରି ହାଣ୍ଡିଆ ଆଉ ନାଲୁ ଅଜାର ଝରଣା କୂଳରେ ରନ୍ଧା ମହୁଲି ନ ହେଲେ ନିଜ ଉଦ୍ୟମରେ ପ୍ରସ୍ତୁତ ସଲପ ତାଡ଼ି ପୁନିଁ ପର୍ବକୁ ବେଶ ରଙ୍ଗିନ କରିପାରୁଥିଲା । ଯିଦିନ କାମକଲାବେଳେ ଚୂନ ମିଶା ବାଡ଼ି ଧୂଆପତ୍ର ଅଣ୍ଟା କରାଟରୁ କାଢ଼ି ହାତରେ ମକଚି ତିନି ତାଲିମାରି କଳରେ ଜାକିଦେଲେ ଭାରି ଫୁର୍ତ୍ତି ଲାଗୁଥିଲା । ଏମିତି ଏମିତି ଚାଲିଥିଲା ଜୀବନ । ନିଜର ପରର ସାଇ ଭାଇଙ୍କର ବିଲ ତଇଲାରେ ଖଟିଖଟି ବାପା ଦଇତାରି ବୁଢ଼ା ହୋଇଗଲା ବେଳକୁ ତାକୁ ଗୋଟେ ନୂଆ ସୁବିଧା ମିଲିଲା । ମାନେ ସେ ବାର୍ଦ୍ଧକ୍ୟ ଭତ୍ତା ପାଇଲା । କିଛି ଭତ୍ତା ପାଇବା ପରେ ସେ ମରିଗଲା । ତା ବୁଢ଼ୀକୁ ପୁଣି ମିଲିଗଲା ବିଧବା ଭତ୍ତା । ନିଜର ଗୁଡ଼ାଖୁ, ଦୋକତା ନହେଲେ ନାତି ଟୋକାର ଖଡି ଲେମନଚୁସ୍ । ନିଜର ଗୋଟେ ବଲ ହୋଇଗଲା ତା !! ପୁଅ ସନ୍ତୋଷ ବାପ ପରି ହିଁ ତ ଖଟୁଥିଲା ।

ଧୀରେ ଧୀରେ ଦୁନିଆ ବଦଲୁଥିଲା । ନିଶା କାରବାର ରୋକିବା ପାଇଁ ଝରଣା କୂଳରୁ ମହୁଲି ମଦରନ୍ଧା ସାଜ ଜବତ କରାଗଲା । ପର୍ବତ ଆଢ଼ୁଆଲର ଗଞ୍ଜେଇ ଚାଷ ଘରବାରିରେ ଲାଗିଥିବା ଦୋକତା ଗଛ ଉଜାଡ଼ି ଦିଆଗଲା । ସଲପ ଖଜୁରୀ ଗଛରେ ଝୁଲୁଥିବା ଠେକିକୁ ବାଡ଼େଇ ଭାଙ୍ଗି ଦିଆଗଲା । ନାଲୁ ଅଜା ଆଉ

ବୁଧୁନି କାକିର ମରଣ ସହିତ ଲୁଚାଚୋରା ମଦରନ୍ଧା ଆଉ ହାଣ୍ଡିଆ ତିଆରି ବନ୍ଦ ହୋଇଗଲା ।

ଖରାକାକରରେ, ପାଣିକାଦୁଅରେ ତଇଲାରେ ଯେତେ ଖଟିଲେ ବି ବର୍ଷକର ଖାଇବା ଗଣ୍ଠାକ ଆଉ ସାଧାରଣ ପିନ୍ଧା ଖଣ୍ଡକ ଛଡ଼ା ଆଉ କିଛି ହୋଇପାରୁ ନ ଥିଲା । ଘର ଖଣ୍ଡେ କରିବା, ପିଲାଙ୍କୁ ପାଠ ପଢ଼ାଇବା କଥା ଖାଲି ଭାବନା ଆଉ ସ୍ୱପ୍ନରେ ରହିଯାଉଥିଲା । ଏବେ ସନ୍ତୋଷ ସମେତ ଗାଁର ଅନେକ କେଜି କେଜି ଚାଉଳ ପାଇ ପାରୁଥିଲେ ଅତି ସୁଲଭ ମୂଲ୍ୟରେ । ଗାଁର କିଛି ଚତୁର ଓ ସାହସୀ ଯୁବକ ଚାଷଛାଡ଼ି ଦଲାଲ ସାହାଯ୍ୟରେ ସୁରଟ, କେରଳ, ଗୁଜୁରାଟ କି ଚେନ୍ନାଇ, ଦିଲ୍ଲୀ କି ବମ୍ବେ ଯାଇ ସୁତାକଳ କି ଇଟାଭାଟି, ହୋଟେଲ, ନ ହେଲେ କାରଖାନା, ନ ହେଲେ କୋଠାତୋଲା କି ରଙ୍ଗଦିଆ କାମରେ ସହରକୁ ସଜାଇ ଟଙ୍କା ଧରି ଘରକୁ ଫେରୁଥିଲେ । ରାତିର ଅନ୍ଧାରରେ ସ୍ୱପ୍ନକୁ ମିଳେଇ ଯିବାକୁ ନ ଦେଇ ସେଥିରେ ରଙ୍ଗ ଭରିବାକୁ ଚେଷ୍ଟା କରୁଥିଲେ ।

ଏବେ ସନ୍ତୋଷ ବି ଠିକ୍ କଲା ଦାଦନ ଯିବାକୁ । ତା'ର ପ୍ରଥମ ସନ୍ତାନ କନ୍ୟା ରନୁଟି ଗାଁ ସ୍କୁଲରେ ମାଟ୍ରିକ ପଢ଼ି ସାଇକେଲ ପାଇଥିଲା । ପୁଅ କିନ୍ତୁ ଘରେ ସାଇକେଲ ପାଇଁ କଜିଆ ଲଗାଇ ପାଠ ଛାଡ଼ି ଗୋଟେ ଗ୍ୟାରେଜରେ କାମକଲା । ବହି ଖାତା, ବ୍ୟାଗ, ଇଉନିଫର୍ମ ସମସ୍ତଙ୍କ ପାଇଁ ଅଙ୍ଗନବାଡ଼ିର ଅଣ୍ଡା, ଛତୁଆ ବି । ଝିଅଟି କିନ୍ତୁ କୈଶୋରର ପୁଷ୍ଟି ପାଇଁ ଭିଟାମିନ୍ ବଟିକା, ଖୁସି ଯୋଜନାର ନ୍ୟାପକିନ୍ ସବୁଠୁ ଭଲକଥା ସାଇକେଲ ପାଇ ପାଠ ପଢ଼ୁଥିଲା । ଗ୍ୟାରେଜ କାମ କରି ପୁଅଟି ଖୁସିଥିଲା । ବାବୁମାନେ କାମରେ ଖୁସି ହୋଇ ପାନ ଗୁଟୁକା ସିଗାରେଟ ଦେଉଥିଲେ । ସେ ଅନବରତ ଏ ସବୁ ଚଲାଉଥିଲା । ଦିନେ ଦିନେ ସାଙ୍ଗ ସାଥରେ ଭୋଜିଭାତ କରୁଥିଲା ଆଉ ଟିକେ ପିଉଥିଲା । ବିଲ ଏବେ ପଡ଼ିଆ, ବାତ୍ୟା ପବନରେ ଗଛ ଯାଇଛି । ସ୍ତ୍ରୀର ଜନଧନ ଯୋଜନାରେ ଖାତା ଅଛି । ଗାଁ ମାଇପିମେଲରେ ସୁଧଲଗା ସଂଘରେ ବି ମେମ୍ବର ଅଛି । ସନ୍ତୋଷ ରୋଜଗାର ଘରକୁ କମ, ପାନଦୋକାନର ଝଣ୍ଟିର ପାଉଚରେ ବେଶୀ ଯାଉଚି । ତେଣୁ ତା'ର ଦାଦନ ଯିବା ନିଷ୍ଠୁକୁ ସ୍ତ୍ରୀ କାହିଁକି ବିରୋଧ କରନ୍ତା ? ସେ ବାରିଘରେ ଲଙ୍କା, ପିଆଜ, ଶାଗ, ବାଇଗଣ ପୋତୁଥିଲା । ଦେଶୀ ଗାଈଟେ ବି ରଖିଥିଲା ହେଲେ ଏ ସବୁରେ ତା ଘରର

ମନମୁତାବକ ଉନ୍ନତି ହେଉ ନ ଥିଲା । ସେ ଜମା ସୁଖୀ ନଥିଲା । ଝିଅର ବୟସ ବଢୁଥିଲା । ପୁଅ ପାଇଁ ବୋହୂ ଆସିଲେ ରହିବାକୁ ଘର ନଥିଲା । ପାଣିପଙ୍କର ଜୀବନକୁ ଡେଇଁ ନିଜ ଲୋକଙ୍କୁ ଛାଡ଼ି ଦାଦନକୁ ଗଲେ ସେ ହୁଏତ ସୁଧରି ଯିବ । ଦାଦନ ଦଲାଲ ସହ କଥାବାର୍ତ୍ତା ସରିଥିଲା । ଅଗ୍ରୀମ ଟଙ୍କାରୁ କିଛି ସ୍ତ୍ରୀ ହାତରେ ଦେଇ ସନ୍ତୋଷ ନିଜପାଇଁ ହଲେ ଭଲ ପ୍ୟାଣ୍ଟସାର୍ଟ ଆଉ ଗୋଟେ କାନ୍ଧଝୁଲା ବ୍ୟାଗ ଆଉ ଚପଲ କିଣିଲା । ଗାଁରେ ଖୋଲିଥିବା ନୂଆ ମଦଦୋକାନରୁ ମଦ କିଣିବାକୁ ତା ପାଖରେ ପଇସା ଥିଲା ।

ଏବେ ସାଙ୍ଗ ସାଥୀସହ ଯିବା ପୂର୍ବଦିନ ରାତିରେ ଗୋଟେ ଭୋଜିର ଆୟୋଜନ ହେଲା । ସବୁ ଗଡ଼ବଡ଼ ହୋଇଗଲା । ଭୋଜି ପରଦିନ ସକାଳୁ ସନ୍ତୋଷ ଆଉ ଉଠି ନ ଥିଲା । ନାଁ ନିଶା ଉତୁରିଲା, ନାଁ ନିଦ ଭାଙ୍ଗିଲା । ବାସ୍ ଦାଦନ ନୁହେଁ ତାକୁ ଆରପାରିକୁ ଯିବାକୁ ହେଲା ।

ଥାନାରୁ ଖବର ପାଇ ସନ୍ତୋଷର ସ୍ତ୍ରୀକୁ ଥାନାକୁ ଯିବାକୁ ପଡିଲା । ପାଟେଇ ଝିଅକୁ ସାଙ୍ଗରେ ନେଇ ସେ ଥାନା ଆଡ଼କୁ ଚାଲିଲା । ମା'ଝିଅ ଦୁହିଁଙ୍କ ମୁହଁରେ ଭାଷା ନ ଥିଲା । ଗାଁ ମୁଣ୍ଡ ମଦଦୋକାନ ଡେଙ୍ଗାଁଲା ବେଳକୁ ଝିଅ କଲିଜାରୁ ରକ୍ତ ଚିପୁଡ଼ି ହେଉଥିଲା । ଗହଳି ଲାଗିଥିବା ଦୋକାନରେ । ଲେଖାହୋଇଛି ଆଗରେ 'ମଦ୍ୟପାନ ସ୍ୱାସ୍ଥ୍ୟପକ୍ଷେ କ୍ଷତିକାରକ' । ବୋତଲରେ ଲେଖା ହୋଇଛି ଖୁବ୍ ଛୋଟ ଅକ୍ଷରରେ ଇଂରାଜୀରେ ଏହି କଥା । ତା ବାପା ପଢ଼ିପାରିଥିଲା କି ? ତା ବାପା ମୂର୍ଖ । କାହାକୁ ପଚାରନ୍ତା, ଏ କ୍ଷତିକାରକ ଜିନିଷଗୁଡ଼ା ବିକା ହେଉଛି କାହିଁକି ? କାହାକୁ ପଚାରିବ ? ମାଆ ତଳକୁ ମୁହଁ ପୋତିଥିବା ବେଳେ ଝିଅ ଏଣେ ତେଣେ ଚାଲୁଚାଲୁ ଥାନାରେ ପହଞ୍ଚିଗଲେ ।

ଥାନାବାବୁଙ୍କୁ ସସମ୍ମାନେ ନମସ୍କାରାନ୍ତେ ତାଙ୍କ ନିର୍ଦ୍ଦେଶରେ ବେଞ୍ଚରେ ବସିଲେ । ଏବେ ବି ମାଆ ତଳକୁ ମୁହଁ ପୋତିଥିଲା ଆଉ ଝିଅ ଏଣେତେଣେ ଚାହୁଁଥିଲା । କାନ୍ଥରେ ଟଙ୍ଗା ହୋଇଥିଲା ପୂଜ୍ୟ ଜାତିର ଜନକ ମହାମ୍ୟା ଗାନ୍ଧୀଙ୍କ ଫଟୋଚିତ୍ର । ତା ତଳେ ସୁନ୍ଦର ଅକ୍ଷରରେ ଲେଖା ହୋଇଛି–"ମୋର ସ୍ୱପ୍ନ ନିଶାମୁକ୍ତ ଭାରତ" । ଏଇ କଥାଟୋ ଯେତେଥର ପଢ଼ିଲେବି ସେ କିଛି ବୁଝିପାରୁ ନଥିଲା ।

ତାଙ୍କ ଗାଁର ଗୌରଚନ୍ଦ୍ର ବାବୁ ବୁଲେଟ ଚଢ଼ି ଥାନା ପରିସରକୁ ପଶି ଆସିଲେ । ଗାଡ଼ିଥୋଇ ଥାନା ଭିତରକୁ ମାଡ଼ି ଆସିଲେ । ମାଆଇଆ ସାଙ୍କୁଡ଼ି ହୋଇଗଲେ । ଚୌକି ଛାଡ଼ି ଛିଡ଼ା ହୋଇପଡ଼ି କରମର୍ଦ୍ଦନ କରି ତାଙ୍କୁ ସ୍ୱାଗତ କଲେ ଥାନାବାବୁ । କହିଲେ ମହିଳା ମୋର୍ଚ୍ଚାର ସେ ମଦ ବିରୋଧ ଆନ୍ଦୋଳନ ରଫାଦଫା ହୋଇଯାଇଛି ।

ଆନନ୍ଦରେ ଗଦ୍‌ ଗଦ ହୋଇ ଗୌରଚନ୍ଦ୍ର ବାବୁ କହିଲେ– 'ମୋର ସୌଭାଗ୍ୟ ମଦ ବେପାର କରି ମୁଁ ଗୋଟେ ଦେଶ ସେବକର ଆମୃସନ୍ତୋଷ ଲାଭ କରୁଛି । ରାଜସ୍ୱ ହିଁ ତ ଦେଶ ଉନ୍ନତି ଆଉ ପ୍ରଗତିର ପ୍ରତୀକ । ଦୁଃଖ ଦୁର୍ଦ୍ଦଶାରେ ଜନତାର କ୍ଷତିପୂରଣ କଅଣ ରାଜସ୍ୱ ବିନା ସମ୍ଭବ ?

□

ଭଙ୍ଗା ଚୂଡ଼ି

ପିଲାଙ୍କ ନାଁରେ ମା'ଆଙ୍କୁ ଚିହ୍ନିବା ଗାଁର ଗୋଟାଏ ସୁନ୍ଦର ଚଳଣି। ଏଇ ଯେମିତି ମାଗା ବୋଉ। ତା ସହିତ ପୁଣି ସମ୍ପର୍କର ବିଶେଷଣଟି ମଧ ଯୋଡ଼ି ହୋଇଯାଏ। ଏଇ ଗାଁର ମାଗା ବୋଉ ସମସ୍ତଙ୍କର ଖୁଡ଼ୀ। ଘଡ଼ିଏ ହେଲାଣି ଚବର ଚବର ହେଉଛି। ସବୁବେଳେ ତା'ର ଅଭିଯୋଗ ଏଇ ପରିବର୍ତିତ ଚଳଣିକୁ ନେଇ। ହେଲେ କିଏ ଶୁଣୁଛି ଭଲା ! କିଏ ଆଉ ଆସୁଚି ବାରିପଟକୁ ? ଆଉ କଅଣ ଅଛି.... ଦାନ୍ତରେ ଗୁଡ଼ାଖୁ ଦିହ ମାରି, କଳରେ ଖିଲିପାନ ଜାକି ପଡ଼ିଆକୁ ଯିବା। ସେକାଲ ଆଉ ନାହିଁଲେ ମା'। ସଂଜେ ସକାଳେ ନିତ୍ୟକର୍ମ ପାଇଁ ଭଲ ଗୋଟାଏ ମେଳଣ ହେଉଥିଲା। ଖାଲି କଅଣ ନିତ୍ୟକର୍ମ ହେଉଥିଲା ? ସମୟଟା ବଡ଼ ମଗଜରେ ବିତୁଥିଲା। ଏଇ ସମୟରେ ଗାଁ ଜାକର କଥା ଏ କାନରୁ ସେ କାନକୁ ଯାଉଥିଲା। କେତେ ଦୁଃଖ କେତେ ସୁଖ, କେତେ ଭଲ କେତେ ମନ୍ଦ କେତେ ଆପଢି ଅଭିଯୋଗ କେତେ ସ୍ନେହ ସରାଗ ବନ୍ଧାକୁଣ୍ଢା ହେଉଥିଲା। ଏଇମ ଗାଁ ଗହଲିରେ ସଂଜେ ସକାଳେ ଝାଡ଼ା ଯିବା ବେଳେ। ଚତୁରମାସିଆଟା ସିନା ନାରଖାର। ନହେଲେ ଧାନକଟା ପରେ ଏ ଝାଡ଼ା ଯିବାଟା ଗୋଟେ ମିଳନ ପର୍ବ ହିଁ ଥିଲା।

ଗ୍ରାମ୍ୟ ଜୀବନର ଗୋଟେ ଖୋଲାପଣ ଏଇ ଖୋଲା ଝାଡ଼ା ପଡ଼ିଆରେ ଫୁଟିଉଠେ। ପଦାକୁ ଆସୁ ନଥିବା ବୋହୂ ଭୂଆଶୁଣୀ ପାଇଁ ଏଇଟା ହିଁ ତ ଗୋଟିଏ ଆପଣାର ଅନ୍ତରଙ୍ଗ ସମୟ। ଏତିକି ବେଲେ ହିଁ କଥା ଭାଷାରେ କିଏ ହୋଇଯାଏ ଅତି ଆପଣାର, ପୁଣି କାହା ସଙ୍ଗେ ଖାପ ଖାଏ ନାହିଁ ଭାବ। କାହାକୁ କିଏ ଭଲ ଲାଗେ ବା ଲାଗେ ନାହିଁ। ବୁଢ଼ୀ ବୁଢ଼ୀ ସାଙ୍ଗ। ବୋହୂ ବୋହୂ ସାଙ୍ଗ। କିଏ କାହା ଗାଁ ପାଖର କାହାର କିଏ ଚିହ୍ନାଜଣା ସବୁ ଏଇଠି ମୁକୁଲି ଯାଏ। ନିତ୍ୟକର୍ମ ସମ୍ପାଦନ କରିବା ଭିତରେ ନିଜ ନିଜ ଭାବରେ ମଜି ଯାଇହୁଏ।

ଗାଁର ବାଡ଼ୁଅ ଝିଅ ଏ ମେଳରେ ନଥାନ୍ତି। ସେମାନେ ସବୁ ଖାଇପିଇ ଶୋଇଉଠି ମୁଣ୍ଡକାନ କୁଣ୍ଢେଇ ଡକାଡକି ହୋଇ ବେଲ ଥାଉଁଥାଉଁ ବାହାରନ୍ତି।

ବିଲମାଳ ଗହୀର ସାରା ଟହଲ ମାରନ୍ତି। ଗପନ୍ତି, ହସନ୍ତି, ଧାଁ ଧପଡ଼ କରନ୍ତି। ଦଉଡ଼ି ଡିଆଁ ଖେଳନ୍ତି। କାହା ବାଡ଼ିରୁ ନରକୋଲି କି କରମଙ୍ଗା ତୋଳନ୍ତି। ଜୋର ଦାଡ଼ରୁ ଅନାବନା କୋଲି ନ ହେଲେ କିଆକଦା ଦରାଣ୍ଡନ୍ତି। ତା ଭିତରେ ଝାଡ଼ା ଯିବା କାର୍ଯ୍ୟ ହୁଏ। ଜୋରରେ ପାଣିସାରି ଧୁଆଧୁଇ ହୋଇ ଘରକୁ ଫେରନ୍ତି। ଠଙ୍ଗା ମଜା, ଗପସପର ଗୋଟାଏ ମାହୋଲ। ବାହାରକୁ ଝାଡ଼ାଗଲେ ଅସୁଖ ଲାଗିବ ବା ବାହାରେ ଝାଡ଼ାବସିବାକୁ କୁଣ୍ଠିତ ହେବାର ଭାବନା କାହା ମନରେ ନଥାଏ। କାହିଁକି ହେବ ଯେ!! କାହାର ପାଇଖାନା ଥିଲା ନାଁ କିଏ ପାଇଖାନାକୁ ଯାଉଥିଲା ଯେ ଏ ଭାବନା ମନକୁ ଆସିବ?

ସେତ ଗଲା ଝିଅଙ୍କ କଥା। ଗାଁ ବୁଢ଼ୀଏ ଆସିବେ ଆଲୁଅ ଥାଇ। କିଏ ଚାଲୁଥିବ ଡଗଡଗ ସଳଖ ହୋଇ, କିଏ ନଇଁନଇଁ ଚାଲୁଥିବ ନଇଁ ପଡ଼ିଥିବା ଅଣ୍ଡାରେ ହାତ ଦୁଇଟା ଛନ୍ଦି ପାଦ ଗଣିଗଣି। ଆଉ କିଏ ବାଡ଼ି ଧରି ଚାଲୁଥିବ ବାଡ଼ିକୁ ଠିପେଇ ଠିପେଇ। ସମସ୍ତେ କଅଣ ପାଣି ସାରିବାକୁ ଯାଇ ପାରିବେ ଜୋର କି ପୋଖରୀକୁ? ସେଇଥ୍ ପାଇଁ ଝିଅ କି ବୋହୂ କି, ଯା ଯାଉଲି ପାଣି କାଢ଼ି ଥୋଇ ଥିବେ ବାଲ୍‌ଟିରେ। ରସକି ପିଉଲ ଢାଲ୍‌ଟିଏ ଥୁଆ ହୋଇଥିବ ବାଲ୍‌ଟି ପାଖରେ ଅଣ ଆଡ଼ିଆକୁ। ବୁଢ଼ୀଟି ଆସି ପାଣି ସାରିବ। କୃଅମୂଳ ପଥରରେ ବସି ହାଲିଆ ମାରିବ। ପବନ ଉଠୁଥିବା ଛାତିରୁ ସାଁ...ସାଁ। ଫାଁ ଫାଁ। ଗୋଡ଼ରୁ ବାକୁଲା ଉଠୁଥିବ। ହୁଏତ ମନ କହୁଥିବ ଆଉ ଟିକେ ବସି ଯିବାକୁ, କାହା ସହ ଆଉ ଦୁଇପଦ କଥା ହେବାକୁ। ହେଲେ ନାଁ ଆଲୁଅ ଥାଉ ଥାଉ ହାଜର ହେବାକୁ ପଡ଼ିବ ଘରେ। ବଳ ବୟସ ହଟି ଗଲା ପରେ, ନିଜ କାମ ପାଇଁ ଅନ୍ୟ ଉପରେ ଆଶ୍ରା କରିବାକୁ ହେଲେ କେତେ କଥା ଜଗି ଚଲିବାକୁ ପଡ଼େ। ନହେଲେ ବେଳେବେଳେ ଅଯଥା ଅଶାନ୍ତି ହୁଏ। ଜାଣ ଅଜାଣରେ କାହାପାଟିରେ ପଦେ ଅଧେ କଥା ଏ ବୟସରେ ଦିହକୁ ଭାରି କାଟେ। ଏତେ କଥାରୁ କଅଣ ମିଳେ? ନିଜେ ସଜାଗ ହେଲେ ଯାଏ। ନିଜ ଦେହରେ ତ ବଳ ବପୁ ନାହିଁ ଅନ୍ଧାର ସରିକି ରହିବ କାହିଁକି? ପଡ଼ିଫଡ଼ି ଗଲେ ଦେହ ଦୁଃଖ ତ ପାଇବ। ପୁଣି ଉଲୁଗୁଣା ଶୁଣିଲେ କଟା ଘାଆରେ ଚୁନ୍ ପ୍ରାୟ। ତେଣୁ ପ୍ରାୟ ବୟସ୍କ ବୁଢ଼ୀସବୁ ସଂଧ୍ୟା ହେବା ଆଗରୁ ନିଜ କାମ ସାରି ଘରେ ପଶନ୍ତି। ବେଶୀ ବାଧା ଲାଗୁଥିଲେ କଳରେ ପାନ ଜାକି ଅଗଣାରେ

.............ସୋରିଷଫୁଲିଆ ଖରା □ ୬୩

କି ବାରଣ୍ଡାରେ ମସିଣା ପାରି ଗଡ଼ନ୍ତି । ବୋହୂଙ୍କୁ ଢୋକେ ଚାହା ମାଗନ୍ତି । ନାତି ନାତୁଣୀ ସହ ନବଜ କରନ୍ତି । ନହେଲେ ପୁଣି ବାହାରି ଯାଆନ୍ତି ଭଗତ ଘରକୁ । ଭାଗବତ ଶୁଣା ହୁଏ । ଦୁଃଖ ସୁଖ ବି ଚାଲେ ।

ଆଉ ବାକି ରହିଲେ ଦରବୁଢ଼ୀ ଆଉ ନୂଆବୋହୂ ଭୂଆଶୁଣୀ । ଯାଙ୍କ କଥା ତ ସବୁଠୁ ନିଆରା । ଦରବୁଢ଼ୀ ସବୁ ଆଗୁଆ ଆସି ଗପପେଡ଼ି ଖୋଲି ବହି ଜମେଇ ଦେଇଥିବେ । ମୁହଁ ଅନ୍ଧାରକୁ ଆସିବେ ନୂଆ ବୋହୂ ସବୁ । ଅଦ୍ଧ ଅଦ୍ଧ ଚିହ୍ନା ହୋଇ ଥିବେ ହୋଇ ଥିବେ, ଅଦ୍ଧ ପୁରୁଣା । ହୁଏତ କିଏ ଜଣେ କହୁଥିବ କାହାକୁ, ଆଲୋ ଆଜି ଏତେ ଉଚ୍ଚୁର କିଆଁ ? ପରିହାସ କରୁଥିବ ଆଉ କେହି 'ତୋ ଶାଶୂ ସାଆନ୍ତାଣୀଙ୍କୁ ଯମ ନେଉଥିଲା କି' ? ଅଦ୍ଧ ହସ ସହ ଶୁଭୁଥିବ ସଲଜ ଉତ୍ତରଟେ— 'ନାଇଁ ମ ଖୁଡ଼ୀ ବୋଉଙ୍କ ଭାଇ ଆସିଥିଲେ ତ ଚା' କରୁ କରୁ ଡେରି ହେଲା ।" ଏତିକି ବେଲକୁ ଆସି ଯିବେ ପୂରା ନଗଦ ନୂଆବୋହୂ ଏଇ ବର୍ଷର । ଯାଙ୍କ ସାଥରେ ଆସିଥିବେ ଶାଶୂ କି ନଣଦ, ନ ହେଲେ ବଡ଼ ଯା । ସବୁ ଠାଆ ଠାଆ ହୋଇବସିଯିବେ ଗହୀର ସାରା ଯାହାର ଯିଏ ସାଙ୍ଗ ଘନି ସେ ବସିବ ତା ପାଖରେ । ମୁହଁକୁ ମୁହଁ ଯୋଖ ଚାଲିଥିବ ଚୁପୁଚୁପୁ ଫୁସୁ ଫୁସୁ । ମୁହଁରେ ଆନନ୍ଦ ବିଷାଦର ମୁଦ୍ରା ଖେଲୁଥିବ । ମଝିରେ ମଝିରେ ଶୁଭୁଥିବ ଭୁଉଡ ....ଭୁଉଡ । ଠିଆ ହୋଇ ପଡ଼ି ପେୟକୁ ମଟୁ କେହି କେହି ବାଡ଼େଇବାର ଶବ୍ଦ । ବୁଢ଼ା ଆଙ୍ଗୁଠି ଆଉ ପାଖ ଆଙ୍ଗୁଠିରେ ଧରିଥିବା ଗୁଡ଼ାଖୁ ଟେଲାକୁ ଦାନ୍ତରେ ଆଉ ଟିକେ ରଗଡ଼ି ଦେଇ ପୁଉଟୁ କିନା ଥୁକି ଦେଉଥିବେ ଛେପ । ତା ପରେ ଝାଡ଼ା ନହେଲେ ଦାନ୍ତ ନେଫେଡ଼ି ବୟାନ ଦେବେ— ଆଲୋ ହେନା ବୋଉ ପେଟଟା ଏଡ଼େ ଗରୁ ଲାଗୁଚି ହେଲେ ଝାଡ଼ା କାଇଁ ଦେଖାଉନି କେଜାଣି ? ହଅ...ବାଆ ଆସିଲା ବେଳୁ ଆଜି କାଇଁ ମୋତେ ଝାଡ଼ା ଦେଖାଉନି । ତା ବୋଲି କଅଣ ଆସି ନଥାନ୍ତି ? ରାତି ବିକାଲି କାହାକୁ ପୁଣି ଖୁସାମତ କରିବି କହିଲ । କେମନ୍ତ !! ଏତିକି ଆସିଲେ ସବୁ ସଫା । ପେଟ ବି ମନ ବି । ଦିନ ଯାକର ଶାଶୂ ନଣଦ ଗଞ୍ଜଣାଠୁ, ବାପଘର ବଡ଼ପଣ ଦବା ନବା ପୁଣି ଘଟତା ସୁଆଙ୍ଗ, ରାଗରୋଷ ସବୁ ଅନିଭୋଗ କୋଉଠି କୁଢ଼େଇ ଦେଇ ହୁଅନ୍ତା ?

ଗାଁର ଆଦବ, କାଇଦା, ଲୁଚା ଛପା, ଛଲ କପଟ, ମାନ ଅଭିମାନର କଠୋର ବୋହୂ ପଣିଆ ଭିତରେ ଟିକେ ଖୋଲା ପଣ, ଟିକେ ଖୋଲା ପବନ

ପାଇବାର ଏଇଟା ଗୋଟିଏ ତ ମଉକା । ଏଇ ମଉକାରେ ସାଇର ଅନ୍ୟ ଖୁଡ଼ୀ, ବଡ଼ମା, ବଡ଼ୟା, ସାନ ଯା ସାଇ ମାନ୍ୟ ମାଇପିମାନଙ୍କ ସଙ୍ଗେ ମିଶାମିଶି କରିହୁଏ । ଅନ୍ତରଙ୍ଗତା ଆସେ । ନହେଲେ କିଏ ଚିହ୍ନନ୍ତା କାହାକୁ ? କୋଉଠି କହି ହୁଅନ୍ତା ନ କହି ପାରିବା କଥା ସବୁ ?

ହଁ ଏଇ ଝାଡ଼ାଯିବା, ଗାଧୁଆ, ପାଣିବୁହା । ଏଇ ସମୟକୁ ସବୁ ମାଇପିଯାକ ଚାହିଁ ବସିଥାନ୍ତି । ଏଇ ବେଳେ ହିଁ ତ ଗୋଟିଏ ସୁଯୋଗ । ଶାଶୁ ଯାଆ, ନଣଦ ଆଢୁଆଲରେ ମନଖୋଲି ଟିକିଏ କଥା ହେବା ପାଇଁ, ହସିବା ପାଇଁ । କାନ୍ଦିବା ପାଇଁ । ସବୁ କଥା କଅଣ ସବୁବେଳେ ଆପଣାର ମଣିଷମାନଙ୍କୁ କହି ହୁଏ ? ସବୁ ସମ୍ପର୍କର ପରିଧି ଡେଇଁ, ଯେଉଁ ସଂଜ୍ଞାହୀନ ସମ୍ପର୍କ ଗଢ଼ି ଉଠେ, ସେଇଠି ଅଧିକ ଉନ୍ମୁକ୍ତ ହୋଇପାରେ ମଣିଷ । ନିଜ ଆବେଗ ଅନୁରାଗ, ମାନ ଅଭିମାନର ବଖାଣ ସେଇଠି ହୁଏ, ବେଶୀ ନିଃସଙ୍କୋଚରେ । ଛାଡ଼ ଏ ଚଳଣି, ଏ ଭାବ, ଏ ଆବେଗ ଏସବୁ ଅନେକ ଦିନ ତଳର ଅନୁଭବ । ଏ ପ୍ରକାର ଗାଁ ଚଳଣି ଏବେ ବିରଳ ହେଲାଣି । ସହର ଉପକଣ୍ଠ ଏଇ ଗାଁରେ ଗାଉଁଲି ନ ହୋଇ ସହରୀ ହେବାର ତିବ୍ର ପ୍ରତିଯୋଗୀ ମାନସିକତା । କଲେବଲେ କଉଶଲେ ସମସ୍ତେ ବ୍ୟସ୍ତ ବିବ୍ରତ ହୋଇ ଲାଗିଛନ୍ତି, ସହରର ସୁଖ ସୁବିଧା ଗାଁକୁ ଓହ୍ଲାଇ ଆଣିବା ପାଇଁ । ଘରେ ଘରେ ସବୁ ବ୍ୟବସ୍ଥା । କେହି କାହା ଉପରେ ନିର୍ଭର କରିବାର ନାହିଁ । ସାମୂହିକ କୂଅ ପୋଖରୀ, ଗୋଚର, ଝାଡ଼ା ପଡ଼ିଆ ସବୁ ଏବେ ବ୍ୟକ୍ତିଗତ ଅଧିଆରରେ ମାଡ଼ି ଆସୁଥିବା ସହରରେ ବାସ ଉପଯୋଗୀ ଜାଗା ଖଣ୍ଡିଏର ଆକାଶ ଛୁଆଁ ମୂଲ୍ୟ ବୃଦ୍ଧି, ଗାଁର ସ୍ୱରୂପକୁ ବଦଲାଇ ଦେଇ ପାରିଛି ପୂରାପୂରି । କିଏ ନିଜ ଜାଗା ବିକିଲା, କିଏ ଜାଗା ପାଇଁ ଦଲାଲି କଲା । କିଏ ଘର ତିଆରି କଲା, କିଏ କାଠ ଯୋଗାଇଲା ତ କିଏ ବାଲି ଚିପ୍ସ ପକାଇଲା । କେତେ ନୂଆ ନୂଆ ଫନ୍ଦି ଫିକର । ଯାହାବି ହେଉ ସମସ୍ତଙ୍କର ରୋଜଗାର । ସମସ୍ତେ ମାଲାମାଲ । ଏବେ ସମସ୍ତଙ୍କର ଛାତପକା ଘର । ଘର ଭିତରେ ଆଧୁନିକ ସୁଖ ସୁବିଧା । ପାଣି ପାଇଁ ବି ପ୍ରାୟ ଏବର ଟିଉବଲ ବ୍ୟବସ୍ଥା । ଦୁଇ ଚକିଆକୁ ପଚାରେ କିଏ ? ସାଇକେଲ ତ ହଜିଗଲାଣି । ବରଂ ଅଧିକାଂଶଙ୍କର ଚାରିଚକିଆ ଯାନ । ମଣିଷ ଚିରଦିନ ବିକାଶନ୍ମୁଖ । ତା ନ ହୋଇଥିଲେ ପୁରାତନ ପ୍ରସ୍ତର ଯୁଗରୁ ଆମେ କଅଣ ଆସି ଏଇଠି ପହଞ୍ଚି ପାରିଥାନ୍ତେ ? ?

ସୋରିଷଫୁଲିଆ ଖରା ◻ ୬୫

          ଜୀବନ ତ ଗତିଶୀଳ ଜନ୍ମରୁ ମୃତ୍ୟୁ ଆଡ଼କୁ। ପରିବର୍ତ୍ତନଶୀଳ ବି ପ୍ରତି
ସୋପାନରେ। ସବୁବେଳେ ଉନ୍ନତରୁ ଉନ୍ନତତର ଜୀବନ ଜୀଇଁବାର ମାନସିକତା।
କିନ୍ତୁ ବେଳେବେଳେ ହୁଏତ ଏହି ଗତିଶୀଳତା ମଣିଷକୁ କରେ ଉଚ୍ଛୃଙ୍ଖଳ,
ଆବେଗହୀନ, ଉଦ୍ଧତ ଆଉ ଅହଂକାରୀ। ମଣିଷର ସୁଖାନ୍ଵେଷୀ ପ୍ରବୃତ୍ତି ହୁଏ ଅନ୍ଧ,
ବିଚାରହୀନ, ଆବେଗହୀନ, ପ୍ରବଣତା ବିହୀନ। ଏକ ପ୍ରତିଯୋଗ ଦୌଡ଼ର ପରିପ୍ରକାଶ।
ତାହାହିଁ ଉନ୍ନତିର ସୋପାନରେ ପୁଣି ପଡ଼ନର ପାଦଟିକା ଲେଖେ। ହୁଏ ଅନେକ
ବ୍ୟତିକ୍ରମ। କିଛି ଗୋଟେ ଆଘାତ, କିଛି ଗୋଟେ ଝଟକା ଲାଗେ ଭୌତିକ ଜୀବନର
ସୁଖ ସୁବିଧାରେ। ଏହାହିଁ ଜୀବନ। ଏହା ହିଁ ମଣିଷର ଯୁଗଯୁଗର ଇତିହାସ। ଏଥିରେ
କଅଣ ନୂତନତ୍ୱ ଅଛି ? ଏହା ହିଁ ତ ବିବର୍ତ୍ତନ।

          ଉଣେଇଶି ସହ ଅନେଶ୍ୱତ ମସିହା ମହାବାତ୍ୟା ପରେ ହିଁ ବିଶେଷ ଭାବେ
ବଦଳି ଯାଇଥିଲା ସହର ତଳିଆ ଗାଁ ସବୁ। ଆଗପରି ଗହଳି ଚହଳି ଆଉ ନଥିଲା
ଗାଁରେ। ଏବର ଶାଶୁମାନେ ବୋହୂ ସହିତ ନିଜର ସମ୍ପର୍କକୁ ସହଜ କରିବା ପାଇଁ
ଯତ୍ନବାନ୍ ଥିଲେ। ବୋହୂମାନଙ୍କର ଆଧୁନିକ ମାନସିକତାକୁ ସମ୍ମାନଦେଇ ବାଟ
ଚାଲିବାର ପ୍ରୟାସ କରୁଥିଲେ। ବୋହୂମାନଙ୍କର ସ୍ଵାଧୀନତା ଥିଲା, ଯୁଆଡ଼େ ଚାହିଁଲେ
ଯିବା ଆସିବାରେ ଆଉ ପ୍ରତିବନ୍ଧକ ନଥିଲା। ନାଟ ସିନେମା ଦେଖା, ମାର୍କେଟିଂ,
ପିଲାମାନଙ୍କର ଆଧୁନିକ ଶୈଳୀରେ ଲାଳନ ପାଳନ। ପାଠପଢ଼ା ସହିତ ନାଚଗୀତ
ଚିତ୍ରାଙ୍କନ ଖେଳକୁଦର ବିକାଶ ଦିଗରେ ହୁଏତ, ସେମାନେ ଆବଶ୍ୟକତାଠାରୁ
ଅଧିକ ଯତ୍ନବାନ ହେଉଥିଲେ। ଏଥିପାଇଁ ବେଶ୍ ଧାଁ ଧପଡ଼ କରୁଥିଲେ। ସବୁ
ପ୍ରକାର କାମ ପାଇଁ ସହାୟକ ଯନ୍ତ୍ର ଗ୍ରାଇଣ୍ଡର, ୱାସିଙ୍ଗମେସିନ୍ ଆଦି ଉପକରଣ
ଥିଲା, ଖୁବ୍ ବେଶୀରେ ଦୁଇଟି ପିଲାର ଲାଳନ ପାଳନରେ ଗଲଦଘର୍ମ ମା'ଆମାନେ।
ସମୟ ଅଭାବର ଆରୋପ ଆବୋରି ରଖୁଛି ପ୍ରାୟ ସମସ୍ତଙ୍କୁ। ଗାଁରେ ଆଉ
ଆଗପରି ମାଇପେ ଏକାଠି ଗପସପ ହେବାର କୋଉଠି ଦେଖିବାକୁ ମିଳୁନାହିଁ।

          ଏମିତି ବେଳରେ ପୁଣି ଆସିଗଲା ବାତ୍ୟା ଫନି। ଏହାରି ଫଳ ସ୍ଵରୂପ
କେତେ ଦିନର ପୁରୁଣା ସ୍ମୃତି, ପୁରୁଣା ଭାବ ପୀରତି ସତେ ଅବା ଫେରି ଆସିଲା।
ଏତେ କ୍ଷୟକ୍ଷତି ଏତେ ଅସୁବିଧା ଭିତରେ ବି ଗୋଟେ ଆନନ୍ଦର ରେଖା ଟାଣି
ହୋଇ ଗଲା କେତେ କେତେ ବୟସ୍କା ସ୍ତ୍ରୀ ଲୋକଙ୍କ ମୁହଁରେ କାହା ଘର ତାଜା

ଉପରେ ରସଗରା ଉଗୁଡ଼ା ହୋଇଥିଲା । ଦଉଡ଼ି ବାଲ୍‌ଟି ମିଳିବ ବା କାହୁଁ ? ଖୋଜା
ଲୋଡ଼ାରେ ଯାହା ମିଳିଲା ଧରି ବାହାରି ପଡ଼ିଲେ ବାରିପଟକୁ । ଆହା ଶୈଶବ ଯଦି
ଫେରି ଆସନ୍ତା ? ଏ ଅବସନ୍ନ ବୟସ ଆଉଥରେ ଯଦି ଅବତୀର୍ଣ୍ଣ ହୋଇ ଯାଆନ୍ତା
ଯୌବନରେ ? ? ସେଇ ଭଳି ଗୋଟିଏ ଆଶ୍ଚର୍ଯ୍ୟ ଆନନ୍ଦ । ବାରିପଟେ ସ୍ତ୍ରୀ ଲୋକଙ୍କ
ମେଳା, ମୁହଁରେ ମେଞ୍ଛା ମେଞ୍ଛା ହସ । ସବୁ କୋଲାକୋଲି ମୁଣ୍ଠିଆ ମରାମରି
ହୋଇଗଲେ । ପ୍ରଥମେ ଅତୀତ ସ୍ମୃତି ଚାରଣର ସୁଖ, ତା ପରେ ବାତ୍ୟା କ୍ଷୟକ୍ଷତି
ଜନିତ ଦୁଃଖ ।

କଥା କଅଣ କି, ବାତ୍ୟାରେ ସବୁଠୁ ବେଶୀ କ୍ଷତିଗ୍ରସ୍ତ ହେଲା ବିଜୁଳି
ଲାଇନ୍ । କି ସହର କି ଗାଁ. ଲାଇନ୍ ଆସିବା କାଠିକର ପାଠ ହେଲା । ଭାଙ୍ଗି
ପଡ଼ିଥିବା ଅସଂଖ୍ୟ ଗଛପତ୍ରକୁ କାଟି ଛିଣ୍ଡା ତାର ଆଉ ଉପୁଡ଼ି ପଡ଼ିଥିବା ଇଲେକ୍‌ଟ୍ରିକ୍
ଖୁଣ୍ଟକୁ ସଜାଡ଼ି ଲାଇନ୍ ଆସିବା ଏତେ ସହଜ ନଥିଲା । ସବୁ ଚଳେଇ ହେବ ହେଲେ
ବିନା ପାଣିରେ ଘର ଚଳିବ କେମିତି ? ଆଶା ଥିଲା ଦିନେ ଦୁଇଦିନରେ ଲାଇନ୍
ଆସିଯିବ । ତାହା ହେଲା ନାହିଁ ଟାଙ୍କିରୁ ପାଣି ସରିଲା । ଇନ୍‌ଭଟରରୁ କରେଣ୍ଟ
ସରିଲା । ପାଣି କିଣିକି ସିନା ପିଅ ହେବ । ସ୍ନାନ ଶୌଚ ହେବ କେମିତି ? ଆଜିକା
ପ୍ରଣାଳୀରେ ବିନା ଇଲେକ୍‌ଟ୍ରିରେ ବୋରଓ୍ୱେଲରୁ ପାଣି ବାହାରିବ କେମିତି ? ଆକାଶ
ଛୁଆଁ ଭଡ଼ା ଦେଇ ଜେନେରେଟର ଲଗାଇ ପାଣି ଉଠା ହେଲା । ହେଲେ ଏତେ
ଖର୍ଚ୍ଚ ପାଣି ପାଇଁ ! ! ସମସ୍ତଙ୍କ ପକ୍ଷେ ସମ୍ଭବ ନଥିଲା । ପୁରୁଖା ସ୍ତ୍ରୀ ଲୋକଙ୍କୁ ଏ ଖର୍ଚ୍ଚ
ସୁହାଇଲା ନାହିଁ ।

ଏଇ ମାଗାବୋଉ ଖୁଡ଼ୀ ସବୁଥରେ ଆଗୁଆ । ସେ ସମସ୍ତଙ୍କୁ ମେଲେଇଲା ।
ଗାଁ ପିଲାଙ୍କୁ ମତାଇ ଗାଁ କୂଅ ପୋଖରୀ ସଫା କରାଇଲା । କେତେ ନବଜିଆ କଥା
କହି ସମସ୍ତଙ୍କୁ ଡ଼ାକି ହାକି ଠୁଲ କଲା । ଗାଁ ବାରିପଟେ କିଛି ବର୍ଷ ତଳେ ଯେଉଁ
ବାଟରେ ଧାଡ଼ି ହୋଇ ପାଣି ବୋହୁଥିଲେ ଅତୀତରେ ବୋହୂମାନେ ହେଲେ ହେଲେ ।
ମାନେ ଏକାବେଳେ ଗରାଏ ଆଉ ବାଲ୍‌ଟିଏ । ଯାହାର ପିଲା ପେଟେକା ଅଧିକା
ତାର ବାଲ୍‌ଟିରେ ଲୁଗା ଭର୍ତ୍ତି ନ ହେଲେ କାନ୍ଧରେ ପଡ଼ିଥିବ ଓଦାଲୁଗା, ସମସ୍ତଙ୍କ
କାଖରେ ଗୋଟେ ରସଗରା, ଆଉ ହାତରେ ଗୋଟେ ରସବାଲ୍‌ଟି । ଏ ଗାଁରେ
ପାଣି ବୁହାଟା ଟିକେ ଭିଡ଼ । ଯାହା ଘରେ ପିଉଲ ଗରା ଥିଲେ ବି ସମସ୍ତେ ପାଣି

ବୃହନ୍ତି ସିଲ୍‌ଭର ଗରାରେ। ହାଲୁକା ହେବା ପାଇଁ। ପିତଳ ଗରାରେ ନୁହେଁ। ଗହୀରକୁ ଝାଡ଼ା, ପୋଖରୀରେ ଗାଧୁଆ ଆଉ ପୋଖରୀ ପାଖ ଗ୍ରାମଦେବତାଙ୍କ ବେଢ଼ା ଭିତର କୂଅରୁ ଘରକୁ ପାଣି, ଇଏ ସକାଳ ଓଳି ପୂରା ଦୁଇ ଘଣ୍ଟାର କାର୍ଯ୍ୟକ୍ରମ ବୋହୂ ପଣିଆର ମାପକାଠି ଅନୁସାରେ ଭୋର ପାଞ୍ଚଟାରୁ ସାତଟା ଯାଏ ଚାଲିଥ‌ିବ। ଓଦା ଲୁଗା ପିନ୍ଧି ବୁହା ହେଉଥ‌ିବ ପାଣି, ଗାଧୁଆ ସାରି ଘରକୁ ଯାଇ ଲୁଗା ବଦଲାଇ ପାଣି ବୋହିବାର ପ୍ରଥା ନଥ‌ିଲା, ଛୁଆଁ ହୋଇ ଯିବ ଯେ ପାଣି !! ଓଦା ଲୁଗାରେ ବୁହା ହୁଏ ହେଲେ..ଦୁଇହଳ...ଚାରିହଳ ଯେତେ ଯାହା ଘରେ ଆବଶ୍ୟକ। କେହି କାହାକୁ ଛୁଇଁବେ ନାହିଁ। ଟେକି ଟାକି ହୋଇ ବୁହା ହେଉଥ‌ିବ ପାଣି। ତା' ଭିତରେ କେତେ ଠଟ୍ଟା ପରିହାସ। କୋଉଠି କୁକୁର ଗୁହ। କୋଉଠି ଅପରିଷ୍କାର ମାଡ଼ି ଦେଲା ତ ଢଳା ହେବ ପାଣି ତକ। ହସରେ ଫାଟିବ ମେଦିନୀ। ଏମିତି କେତେ ନବରଙ୍ଗ। କଥାରେ କହିନି "ଯାଉଣୁ ଆସୁଣୁ ମୁରୁକି ହସା ପାଣି ବୁହା ବଡ଼ ସୁଖ।"

ସେଇ ଅମଲର ଅନେକ ତ ଥ‌ିଲେ। ସମସ୍ତଙ୍କୁ ମେଲିକରି ଲାଇନ୍ ଆସିବା ଯାଏ ସବୁ ସଜଡ଼ା ହେବା ଯାଏଁ ବେଶ୍ ଚାଲିଲା ପାଣିବୁହା। ଅତୀତର ପାଣିବୁହାଠୁ ଏହା ଥ‌ିଲା ନିଆରା। ଏଥ‌ିରେ ନ ଥ‌ିଲେ ଏବେକାର ଭୁଆସୁଣୀ। ସେମାନେ କ'ଣ ପାଣିବୋହି ପାରିବେ ? ପୁଣି ଅଧାକିଲୋମିଟର ଦୂରରୁ ? ତାଙ୍କୁ ଏଥ‌ିରେ ସାମିଲ କରିବା ମାନେ ବିପଦକୁ ଡାକିବା। କିଏ କଚଡ଼ା ଖାଇବ ନହେଲେ କାହାର ଗୋଡ଼ ମୋଡ଼ି ହେବ। କିଏ ବି ରୋକ୍‌ଟୋକ୍ ମନା କରିଦେବ। ସେମାନେ ଡାଙ୍କ କାମ କରନ୍ତୁ। ତେଣୁ ଏଇ ପୌଢ଼ ମହିଲାମାନେ ପାଣି ବୋହିବାରେ ଲାଗି ପଡ଼ିଲେ। ଏବେ କିନ୍ତୁ ଗପ ପରିମାଣ ଅତୀତଠୁ ଥ‌ିଲା ଯଥେଷ୍ଟ ବେଶୀ। ଏମାନଙ୍କର ଲାଜ ସଂକୋଚ ମାପଚୂପ ପଣର ଆଉ ଆବଶ୍ୟକତା ନଥ‌ିଲା। ତରତର ହୋଇ ଘରକୁ ଯିବାର ବି ନଥ‌ିଲା। ଗପ ଯେ ଗପ। ପାଣିତକ ବୋହିବା ଆଳରେ ଚାଲିଲା ଅସରନ୍ତି ଗପ।

ବରଷା, କାକର ନାହିଁ ପ୍ରବଳ ଗୁଲୁଗୁଲି। ଲାଇନ୍ ତ ନାହିଁ, ଘରେ ରହି ହେଉ ନଥ‌ିଲା। ଆଧୁନିକ ଯାନ୍ତ୍ରିକ ସଂସ୍କୃତି ମଣିଷକୁ ମଣିଷଠାରୁ ଦୂରେଇ ନେଉଚି ଅନେକାଂଶରେ। ପୂର୍ବେ ଖରାବେଳଟା ଆମ୍ବତୋଟାରେ, ଦାଣ୍ଡରେ, ବାରିରେ,

ଗପସପରେ କଟୁଥିଲା । ତା ସହ ମିଶୁଥିଲା ତାସ୍, ପଶା, ଲୁଡୁ, ବାଘବଜାରୀ ଖେଳ । ଏ ସବୁ ଭିତରେ ହଜି ଯାଉଥିଲା ଗରମ ଗୁଲୁଗୁଲି । ଏବେ ଘରେ ଘରେ ଏସି । ଏସି ଚଲାଇ କବାଟ କିଲି ରହିବା ଆଜିର ଆଭିଜାତ୍ୟ । ଏବେ ଗାଁ ସବୁ ନାଁ ଗାଁ, ନା ସହର ? ଏହା ଧୀରେ ଧୀରେ ଏକ କିମ୍ଭୁତକିମାକାର ଜନବସତିରେ ପରିଣତ ହେଲାଣି । ବିଶେଷ ଭାବେ ସହର ଉପକଣ୍ଠର ଗାଁ ।

ଲାଇନ୍ ଆସି ନଥିଲା । ପାଣି ବୁହା ଚାଲିଥିଲା । ବାରିପଟ ଲାଗୁଥିଲା ବେଶ୍ ଗହଳି । ଅବ୍ୟବହୃତ ପୋଖରୀ ତୁଢ଼ି ପରିଷ୍କାର ହୋଇ ଯାଇଥିଲା ଯ। ଭିତରେ । ପୋଖରୀର ପଥର ପାହାଚରେ ବସି ଗପ ଆସର ଜମଉଥିଲେ ସ୍ତ୍ରୀ ଲୋକଯାକ । ଢିଙ୍କିଶାଳରୁ ଢେଙ୍କାନାଳ ଯାଏଁ । ଯା ଭିତରେ କେତେବେଳେ ପଶିଆସିଥିଲା କନକ....... ଆହା....... କନକ...ହତଭାଗିନୀ ।

ଆଜିକୁ ଅନେକ ବର୍ଷ ତଳେ ରାଉତ ଘରକୁ ବୋହୂ ହୋଇ ଆସିଥିଲା କନକ । କନିଅର ଫୁଲ ପରି ଉଜ୍ଜ୍ୱଳ ହଲଦିଆ ମୁହଁ । ଜେଜେମା ନାଁ ଦେଇ ଥିଲା କନକ । କନକ ସତରେ କନିଅର ଫୁଲଟିଏ ତ ! ଏଡ଼େ ଅଭାବିକ ଘରେ ଏମିତି ସୁନ୍ଦରୀ ଏମିତି ରଙ୍ଗବତୀ ଥାଆନ୍ତି ସତରେ ? କନକ ବୋହୂ ହୋଇ ଆସିଲା ଯେ ଚହଲ ପଡ଼ିଗଲା ଗାଁରେ । ଆଗ ରୂପର, ତା ପରେ ଗୁଣର । ଏଇ ଖୁଡ଼ୀ ମ, ସେ ତ ମୂଳରୁ ଟପଟପ । ସେତେବେଳେ ସେ ତିନି ଚାରି ବର୍ଷର ଭୁଆସୁଣୀ ବୋହୂ । ତା ପ୍ରକୃତି ଯେମିତି କହନ୍ତିନି 'ଦେଖିଲା ସାପ ଗାତରେ ପୂରାଇ ଦେବନି' । ଯେମିତି ଶୁଣିଲା କନକ କଥା...କେମିତି ତାକୁ ଦେଖିବ ବୋଲି ଅଥୟ ହେଲା । ସେତେବେଳେ ନୀତିଗତ ଦୋସରା । ମାଗା ବୋଉ ଖୁଡ଼ୀ ପ୍ରଧାନ ଘର ବୋହୂ । ସେ କେମିତି ଯିବ ରାଉତ ଘର ଖଣ୍ଡାକୁ ବୋହୂ ଦେଖିବାକୁ ? ଝାଡ଼ା ପଡ଼ିଆରେ ସିନା ସମସ୍ତେ ଦେଖା । ହେଲେ ଏତେ ଝଞ୍ଚଟ କିଏ ଛାଡ଼ିବ ବୋହୂକୁ ସଭିଙ୍କ ସାଥିରେ ? ସକାଳୁ ଅନ୍ଧାର ଥାଇ ପୁଣି ସଞ୍ଜ ବୁଡ଼ି ଅନ୍ଧାର ହେଲେ ବୋହୂ ଆସିବ ଝାଡ଼ା । ସାଙ୍ଗରେ ଶାଶୂମା' ବଡ଼ ଯା' କେହି ଜଣେ ବୟସ୍କା ଗୋଟେ ହାରିକିନ୍ ଆଉ ଖଣ୍ଡେ ବାଡ଼ି ଥିବ ହାତରେ ଯନ୍ତୁଯୁନ୍ତା ଭୟ ତ ପୁଣି ଅଛି ! ପାଣି ବାଲ୍ଟି ଢାଳ । ଝାଡ଼ା ବସା ସରିବ । ବୋହୂ ଯିବ । ତାକୁ ଦେଖିବା ପାଇଁ କ'ଣ ରହିହେବ ରାତି ଘଡ଼ିଏ ଯାଏଁ । ସଞ୍ଜ ସଲିତା ଚା' ପାଣି କେମିତି ହେବ ? ବୋହୂ ଦେଖା

ସଅଁକଥୁ ଶାଶୁ ଗଞ୍ଜିଶା ବଲେଇ ଯିବନି ? ଅଗତ୍ୟା କନକକୁ ଦେଖିବାର ଅରମାନକୁ ଗୁଡ଼ାଏ ଦିନ ଚାପି ରଖିବାକୁ ପଡ଼ିଥିଲା । ଧୀରେ ଧୀରେ କନକ ଆସିଲା ଝାଡ଼ା । ଏକା ବେଳ ଥାଉ ଥାଉ ଆଉ ଚିହ୍ନିଲା କେତେ କାହାକୁ । ମାଗାବୋଉ ଖୁଡ଼ୀ ସମସ୍ତଙ୍କୁ ଗୋଠରେ ମିଶାଇ କଥା କହିବାରେ ଓସ୍ତାଦ । ସାରୁ ପରିବା ଜାଣ । ତା'ର ଏଇ ଗୁଣ ପାଇଁ ତାକୁ ଭଲ ପାଆନ୍ତି ସମସ୍ତେ ।

କନକ ଆସେ । ହସ ହସ ମୁହଁଟି, ଯିଏ ଯାହା ପଚାରିଲେ ଥିରି ଥିରି ମିଠା ମିଠା କଥାରେ ଉଉର ଦିଏ । କମ୍ କଥା କହେ । ରୁଗୁଲି, ଚପଟ, ହେଁ...ହେଁ..ଖେଁ....ଖେଁ ରେ ଭାଗ ନିଅନି କେତେବେଲେ । ସେ ସୁଆରିରୁ ଓହ୍ଲାଇବା ପରେ ତା ରୂପର ପ୍ରଶଂସା ସାରା ଗାଁ ଖେଳି ଯାଇଥିଲା । ତା ରୂପକୁ ଗୁଣ ଆହୁରି ଝଟକାଇଲା । ଗୁଣୀ ବୋହୂଟା । ସମସ୍ତଙ୍କ ମନନେଇ ନିରଳସ ଖଟଣି ଖଟିବାରେ ତାକୁ କିଏ ପାରିବ ? କେମିତି ଗଢ଼ିଥିଲା ବିଧି କେଜାଣି, ସବୁ ସଣ୍ଡୁଣା ନେଖ୍ ଥିଲା ତାଠି । ପାଇଟି ସାରି ଶୋଇବ ଡେରିରେ । ଉଠିବ ସଅଲ । ଥିବା ନ ଥିବା ଭୋକ ଦୁଃଖ ସବୁ ଦେହରେ ମାରି ଚଲୁଥିବ ଚାବିଦିଆ କଣ୍ଢେଇଟେ ଭଳି ।

ଆଉ ରୋହିତ ଭାଗ୍ୟ ଜାଣି ଫଳ । ଭାରି ସରଳିଆ ପିଲାଟା । ଦୁଇ ଭାଇରେ ସାନ । ବଡ଼ ଭଉଣୀ ବିଭା ହୋଇ ଯାଇଚି କୋଉ କାଲୁ । ଘରେ ବାପା, ବୋଉ, ଭାଇ ଭାଉଜ । ବିଲ ତିନି ମାଣ । ଭୁଜା ,ଚୁଡ଼ା ଚାଉଳ ବରଷକୁ ଅଭାବ ନୁହେଁ । ଧାନ କଟା ବାଦ୍ ବି ଫସଲ ହୁଏ ଗହୀରରେ । ଗାଁର କେତେ କିଏ କରନ୍ତି । ଜୋରରୁ ପାଣି ମଡ଼ାନ୍ତି । ପାଲି କରି ବାରି ଜଗନ୍ତି । କଖାରୁ, କାକୁଡ଼ି, ଭେଣ୍ଡି, ଜହ୍ନି, ଫୁଟି ତରଭୁଜ, ବଥୁଆ, ପାଳଙ୍ଗ, ଲେଉଟିଆ କେତେ କଣଠ । ଆଲୁ ବି ହୁଏ । ଜୋର ପୋଖରୀରୁ– ବି ମରନ୍ତି ମୀନ ମାଛ । ଗାଁ ସାଇରେ ଭାବଦୋଷ୍ଟିରେ କାମ କରି ଦୁଇ ପାଇସା ବି ହୁଏ । ବେଶ୍ ସୁରୁଖୁରୁରେ ଚାଲିଥାଏ ସଂସାର ।

ସୁଖଟା ବଡ଼ ଦଗାଦିଆ ଚିରକାଲ । ଲେଉଟି ଯାଏ ଅକସ୍ମାତେ । ଫେରି ଚାହେଁନା କ'ଣ ହେଲା କାହାର । ବେଇମାନ୍ ବେଫିକର । ଭୋଗିଲା ଲୋକ ଭୋଗ କରେ । ବେଲେବେଲେ ପାଲଟି ଯାଏ ଜୀଅନ୍ତା ମୁର୍ଦ୍ଦାର ।

କ'ଣ ହେଲା କେଜାଣି ରୋହିତର । ହଠାତ୍ ବିଲରୁ ଆସି ପଡ଼ିଗଲା ଘରେ । ସରମଝାଲ ବୋହିଲା ପରି ଦେହରୁ ଝମ୍ ଝମ୍ ଝାଲ ବୋହି ଗଲା । ଥାଟି ନାହିଁ

କଙ୍ଗ ନାହିଁ ଏତେ ଝାଲ! ଦିହ ଥରିଲା ବରଡ଼ା ପତ୍ର ପରି। ବଡ଼ ଭାଇ ଧାଇଁଲା ସାଇକେଲ ଧରି ଅଟୋ ଖଣ୍ଡେ ଡାକି ଆଶିବାକୁ। ତାକୁ ଲାଗିଲା ଦୁଇ ଘଡ଼ି ଅଟୋ ଆସିଲା ବେଳକୁ ରୋହିତ ବେଚେତ। କଦାକଟା ଭିତରେ ବୁହାହେଲା ଡାକ୍ତରଖାନା। ସବୁ ଶେଷ। ଡାକ୍ତରବାବୁ କହିଲେ ଛାତିକୁ ଧରିଲା। ରୋହିତ ଚାଲିଗଲା। ଘରେ ବଜ୍ର ପଡ଼ିଲା। କେତେ କୋଡ଼ି କଟାଡ଼ି, କେତେ ରଡ଼ି ବୋବାଲି ଶୁଣିଲା ଲୋକର ଛାତି ଥରିଲା, ଲୁହ ବୋହି ଗଲା କନକ ବେହୋସ। ପଞ୍ଚାଏ ବିଧବା ମାଇକିନା ତା ମୁହଁରେ ପାଣି ଛାଟି ହୋସ ଆଣିଲାବେଳେ ଚାରିପଟେ ବିଛାଡ଼ି ହୋଇ ପଡ଼ିଥିବା ଭଙ୍ଗା ଚୁଡ଼ି ଦେଖ୍ କନକ ପୁଣି ମୂର୍ଚ୍ଛା ଗଲା। ସବୁ ପୁଣି ଆୟଉ ହେଲା। ଦଶ, ଏଗାର, ବାର ସବୁ ସରିଲା। ଜହ୍ନ ଫୁଲିଆ ଚାଦ ଉଦିଆ ଅଇଶୁଲକ୍ଷଣୀ କନକ ରୂପାନ୍ତରିତ ହେଲା, ରାଣ୍ଡି, ଚଣ୍ଡାଲୁଣୀ, ଘଟା ଖାଇ ଅଲକ୍ଷଣୀରେ।

ଆହାରେ ଦଇବ କ'ଣ ନକଲୁ!! ପୁଅ ଚିନ୍ତାରେ ଝୁରି ମରିବାକୁ ବେଶୀ ଦିନ ଲାଗିଲାନି ବୁଢ଼ା ବୁଢ଼ୀଙ୍କୁ। ଆଜିବନ ଖଟିଖିଆ, ବୟସ ଭାରାରେ ନଇଁ ପଡ଼ିଥିବା ଅଣ୍ଢାରେ ନିୟତିର ଏ ପାହାର। କେମିତି ସହି ଥାଆନ୍ତେ? ଛଅଟା ମାସରେ ଡକାଢ଼କି ହୋଇ ଆରପାରିକୁ ବାହୁଡ଼ି ଗଲେ ଦୁହେଁ। କନକର ପୋଡ଼ା ପ୍ରାଣରେ ପୁଣି ଅଜାଡ଼ି ହୋଇ ପଡ଼ିଲା ରଡ଼ ନିଆଁ। ଭୋକ ଦୁଃଖରେ ପିଠି ଆଉଁସି ନିଜ ଲୁହରେ ଲୁହ ମିଶାଇବାକୁ ଆଉ କିଏ ଅଛି? ଶାଶୁ ଶ୍ୱଶୁର ଚାଲିଗଲାପରେ ଧୀରେ ଧୀରେ ବଦଲି ଗଲେ ଯାଆ, ଦେଢ଼ଶୁର। ଯେତେ ଖଟିଲେ ବି ଯାଆର ମନ ମାନିଲା ନାହିଁ। ଦେଢ଼ଶୁର ମୂକ ବଧିର ଅଚିହ୍ନା ମଣିଷଟିଏ ପାଲଟି ଗଲେ। ଏବେ ସବୁ କାମ କନକର। ଘର ବାହାର ପାଣି କାଞ୍ଜି। ଗୁହାଲ ଗୋବର ଦାଣ୍ଡ ପହଁରା ଲିପା ପୋଛା ଧୁଆ ମଜା ସବୁ। ସେ ଏ ଘରେ କେବଳ କାମବାଲିଟିଏରେ ରୂପାନ୍ତରିତ ହୋଇଗଲା।

କନକ କେବଳ କାମ କରେ କାହାକୁ ମୁହଁ ଦେଖାଇବାକୁ ଭଲ ପାଏ ନାହିଁ। କିଏ ଆହା ...ରୁ..ରୁ....କରେ କିଏ ମୁହଁ ମୋଡ଼ି ଦୂର ଦୂର କରେ କିଛି ଭଲ ଲାଗେ ନାହିଁ। କିଛି ସହି ହୁଏ ନାହିଁ।

କନକ ଧୀରେ ଧୀରେ ପୁରା ମଉନ ହୋଇଗଲା। ରାତି ଅଧରୁ ଚାଲିଥିବ କାମ। ଡର ନାହିଁ କି ଭୟ ନାହିଁ। ଜୀବନରୁ ଲୋଭ ଛାଡ଼ି ଗଲେ ଡର ବି ଅପେ

ଆପେ ଛାଡ଼ି ଯାଏ ନାଁ ? କି ଖରା କି ବର୍ଷା, କି ଅନ୍ଧାର କି ଆଲୁଅ କାମ ଚାଲିଥିବ । ବେଶୀ କାମ ହେଉଥିବ ଅନ୍ଧାରରେ । ଅନ୍ଧାର ଥାଉ ଥାଉ କାମ ସାରି ନିଜ ନିତ୍ୟ କର୍ମ ସାରିବ । ଘରେ ପଶିବ । କାହା ମୁହଁ ଦେଖ୍ବାର ନାହିଁ କି କାହାକୁ ମୁହଁ ଦେଖାଇବାର ନାହିଁ ।

ଅନ୍ଧାର ଥାଇ ପାଇଟି ଚାଲିଥାଏ । ହଳ ହଳ ପାଣିବୁହା ହୋଇ ଆସୁଥିବ ନିଉତି । ନିଉତି କାମବେଳେ ଛାଇଟେ ଆସୁଥିବ କନକ ଅନ୍ଧାରରେ କରିଚାଲିଚି ତା ପାଇଟି । ସେଇ ଅନ୍ଧାରରେ ଯାଉଚି ଛାଇଟେ । ନିଘା ନାହିଁ । ଭୂତ କି ପ୍ରେତ କି ପିଶାଚ ? ହେଇ ଥାଉ ଯାହା, ମାରି ଦେବ ? ଖାଇ ଯିବ ? ରକ୍ତ ପିଇବ ? ଖାତିର ନାହିଁ ।

ନିଉତି ଦେଖୁଚି ଛାଇଟେ । ପାଖଉଚି, ଦୂରଉଚି ହାବୁଡ଼ି ଯାଉଚି, ଆଢ଼ ହେଉଚି କନକ କିନ୍ତୁ ଚାଲିଚି ଭୁଷ୍ ଭୁଷ୍ ବେପରୁଆ ।

ଦିନେ ଫର୍ଚ୍ଚା ଆକାଶ ତଳେ କନକ ଦେଖୁଚି ସେଇ ଛାଇ ଗୋଟେ ବଳିଷ୍ଠ ମଣିଷ ।

ଆହା ଏଡ଼େ ବଡ଼ ଦୁନିଆରେ ଏକାଏକା ଜୀଇଁ ଯିବା ସହଜ ନୁହେଁ ସତରେ । ସେଇଥିପାଇଁ ବୋଧହୁଏ ମଣିଷ ହାବୁଡ଼ି ଯାଏ ମଣିଷକୁ ।

ଏବେ ଭାରି ଦୁର୍ବଲ ଲାଗେ କନକକୁ । ଶୋଇପଡ଼େ ତା'ର ସେଇ ଚାଲ ଛପର ମାଟିକାନ୍ଥ ଘର ବଖରାରେ । ଯୋଉଁଠି ଭଲ ପାଇବାର ମହମହ ବାସ୍ନାରେ ସେ ଭିଜି ଯାଉଥିଲା ଦିନେ । କନକ କାନ୍ଦେ, ଅବଶ ଦେହ ହାତକୁ ନିରିଖେ । ନିଜ ପାଖେ ନିଜେ ଅଚିହ୍ନା । କେଡ଼େ ମଳିନ, କେଡ଼େ ଶ୍ରୀହୀନ, କେଡ଼େ ନିଉଛଣା । ଦିନଯାକର ଖଟଣିରେ ନିଦ ଲାଗିଯାଏ । ସ୍ୱପ୍ନରେ ଆସେ ରୋହିତ । କନକ ଦେହରେ ମଳୟ ବାଜେ । ରୋହିତ ହସେ, କନକକୁ ବିବସନା କରେ । ଚାଉଁକିନା ନିଦ ଭାଙ୍ଗିଯାଏ କନକର । ଦିହ ଥରେ, କି ନିଉଛଣା ଜୀବନ । ଲୋଚା କୋଚା ଚମଡ଼ା ତଳର କଙ୍କାଲ ତଳେ ଏବେ ବି ବୟସ ଲୁଚିଛି ??

କନକ ଭାଙ୍ଗି ପଡ଼ୁଛି । ଦେହରେ ମନରେ ବାରମ୍ବାର । ଏବେ ତାକୁ ଭାରି ଭୟ ଲାଗୁଚି ସେ ଛାଇକୁ । ଛାଇ ତାକୁ ଚାହିଁ ରହୁଚି । ଆଢ଼ ହେଉଚି, ଚାଲିଯାଉଚି ।

ଛାଇ ପାଖେଇ ଗଲେ କନକର ଛାତି ଦପଦପ୍ ହେଉଚି। ଛାଇ ନ ଦୁଶିଲେ ଆଖ୍ ତାକୁ ଖୋଜୁଛି।

ଆଜି ଖୁବ୍ ପାଖରେ ଛାଇଟା, କନକ ଚାହୁଁଚି ଫେରି ଫେରି। ଆରେ କନକ ପୂରା ଆନମନା। କନକ ଝୁଣ୍ଟି ପଡୁଚି ଖୁବ୍ ଜୋରରେ। କନକକୁ ତୋଲି ଧରୁଚି ସେ ଛାଇ। ଫିସ୍ ଫିସ୍ ହୋଇ କହୁଚି— 'କ'ଣ ହୋଇଥାନ୍ତା ଏଇନେ"। ନିଆଁ ରଙ୍। କନକ ଥରୁଚି। ରୋହିତ ଜୁଇରେ ପୋଡ଼ି ଯାଇଥିବା କୁଆଁରୀ ବୟସଟା କ'ଣ ଏବେ ବି ଜୀଇଁଛି ? ହେ ଭଗବାନ! କେହି ନାହାଁନ୍ତି ତ କୋଉଠି ? କନକ ଛାଟିପିଟି ହେଇଚି। ଛାଇ ଚାଲିଯାଉଚି ଜୋର ଜୋର ଆଗକୁ ଆଗକୁ।

କନକ ପ୍ରତି କାହାରି ନିଘା ନାହିଁ। ଖଟୁଚି ଖାଉଚି। ବଞ୍ଚିଲେ ବଞ୍ଚୁ। ମଲେ ମରୁ। କ'ଣ କଲା ? କୁଆଡ଼େ ଗଲା ? କାମ ପାଇଁ ଟିକ୍ ତ ସବୁ ଠିକ୍। କନକ ସବୁଦିନ କାମ କରୁଚି ବାରି ଆଡ଼େ। ଆହୁରି ଚଞ୍ଚଳ, ଆହୁରି ଅନ୍ଧାର ଥାଇ। ଏତେ ଅନ୍ଧାର ଯେ ଛାଇଟା ଦିଶୁନି। ଆସି କିନ୍ତୁ ମିଶି ଯାଉଚି ଦେହରେ। ହଁ ଏକ୍ ଦମ୍...ଏକଦମ୍ ନିଜର ରୋହିତ ପରି। କିଏ କଅଣ କେବେ କହିଥିଲେ କନକକୁ ଆହା ପଦେ ? ଏଇ ଛାଇ ତା'ର ନିଜର। ପୂରା ନିଜର ଉଭାରୁଛି ମନର ଦୁଃଖ। ଉଭାରୁଛି ଦେହର ଭୋକ।

ମାସେ ଦୁଇ ମାସେ ଛଅ ମାସ। କନକ ଯାଣିଚି ସେ ଖସିଯାଇଚି ବହୁତ ତଳକୁ। କେମିତି ହେବ ମୋହଭଙ୍ଗ ଛାଇ ସାଥ୍ରୁ ??

ଆଜି ବି କନକ ଉଠିଚି ଅଧରାତିରୁ। ସାଥ୍ରେ ଆସିନି ଘରା ବାଲ୍ଟି। ସାବୁନ୍ କି ତେଲ। ଗୁଡ଼ାଖୁ କି ଢାଲ। ଖାଲି କନକ ଆସି ଢୁଲି ପଡ଼ିଚି ବାରି ମୁହଁ କଇଁଆ ଗଛରେ।

ଆହା ବାଜା ନା ମହୁରି ? ଖାଇ ନା କଉଡ଼ି ? କୋଉ ପଟେ ମଶାଣିକୁ ଗଲା ହତଭାଗିନୀଟା କେହି ଜାଣିଲେନି।

ମଲା ଖବରଟା ସିନା ପ୍ରଘଟ ହୋଇ ନଥିଲା। ହେଲେ ଚଗଲା ଧୋବାର ବୟାନଟା ଗାଁ ସାରା ଖେଳିଯିବାକୁ କେତେଟା ମୁହୂର୍ତ୍ତବି ଲାଗିଲାନି। ଚଗଲା ବୟାନ

. . . . ସୋରିଷଫୁଲିଆ ଖରା □ ୭୩

ଦେଲା— "ରାଣ୍ଡୀ ମାଇପିଟାର ଏତେ ଫିସାଦି। ମୁଁ କାଇଁ ଜାଣିବି ? ନାହିଁ ମୁଣ୍ଡଟା ପୋଡ଼ିଲାନି ଜମା। ଖାଲିତ ଗଡ଼ିଲା। ମୁଁ ସେଉଠୁ ଜାଣିଲି। ମୁଁ କେତେ ମଡ଼ା ପୋଡ଼ିଚିଟି ମୋ ଅନ୍ଦାଜ ମିଛ ହେବ ? ତା ପେଟରେ ନିଶ୍ଚୟ ପିଲା ଥିଲା। ମୁଁ କୋଉ କୁରାଢ଼ୀ ଲଗେଇଟିକି ? କେମନ୍ତ ! ଆଗରୁ ଜାଣିଥିଲେ ସିନା। ଏଇଟା ପିଶାରୁଣୀ ହେବା ନିଧାର୍ଯ୍ୟ। ଦେଖ୍‌ବନି ଉଆଁସ ରାତିରେ ବିଧବା ବେଶରେ ପିଲା ସେକୁଥିବ କନକ।"

▢

ମଲା କଣ୍ଟେଇ

ଯେଉଁଠି ସରିଲା କୁମାର ସାହି, ସେଇଠୁ ଆରମ୍ଭ ହେଲା କେଉଟ ସାହି । ଏ ଘର ମାଟିକାନ୍ଥ ତାଳ ଛପର । ସେ ଘର ମାଟିକାନ୍ଥ ଚାଳ ଛପର । ଏ ଘରେ ମା' ଧାନକୁଟେ, ପାଣି ବୁହେ, ଗୁହାଳ ପୋଛେ, ବାସନ ମାଜେ, ଲୁଗା କାଚେ । ସେ ଘରେ ବି ସେଇଆ । ଏ ଘରୁ ବାପା ସକାଳୁ ଯାଏ କ'ଣ କ'ଣ କାମ କରେ । ବାରଟା, ଗୋଟାଏ, ଦୁଇଟା ବେଳକୁ ଆସେ । ଝାଳ ସରସର । କେବେ ତେଲ ଲଗାଏ, କେବେ ନୁଖୁରା ପୋଖରୀକୁ ଯାଏ ଗାଧୋଇବାକୁ । ଘରକୁ ଆସେ ଭାତ ଖାଏ, ପାନଭାଙ୍ଗେ, ଦାଣ୍ଡରେ ବସେ । ନହେଲେ ଗାମୁଛା ପାରି ଗଡ଼ପଡ଼ ହୁଏ । ଏ ଘରେ କାଳିଆ, ମାଳିଆ, ଲଙ୍ଗଳା ନୁଖୁରା ଛୋଟବଡ଼ ଚାରିପାଞ୍ଚ ପୁଅଝିଅ । ସେ ଘରେ ବି । ଏ ଘରେ କ'ଣ ଥିଲେ ନଥିଲେ ବୋଉ ବାରିଦୁଆରେ ଦିଆନିଆ ହୁଏ । ସେ ଘରେ ନଥିଲେ ବି ସେଇଆ ହୁଏ । ଦି' ଘରର ବାପା ସଞ୍ଜ ବୁଡ଼ିଲେ ପିଣ୍ଡାରେ ବସି ପାନ ଖାଆନ୍ତି । ଦୁଃଖସୁଖ ହୁଅନ୍ତି । ସବୁଥର ମିଳାମିଶା, ହସଖୁସି । ଗୋଟାଏ ଘରେ ମାଛ ଶୁଖୁଆ ଭଣଭଣ । ଏଠି ସେଠି ଜାଲ, ମୁଗୁରା, ଖାଲେଇ, ବଜା । ଆଉ ଗୋଟାଏ ଘରେ କାନ୍ଥକୁ ଆଉଜା ପାଣ୍ଢି ଗୋଛା, ଉହା, ଓଦାମାଟି । ଏଠି ସେଠି ହାଣ୍ଡି, ସରା, ମାଠିଆ, ଆତିକା, ଘୁମ ପଲମ । ବାସ୍, ଏତିକି ଛାଡ଼ିଦେଲେ ଆଉ କିଛି ପାର୍ଥକ୍ୟ ବୁଝିପାରେନି ସେ ଘର ଝିଅ ମାଲତୀ । ବୁଝି ବି ପାରେନି ଏ ଘରପୁଅ ମଧୁ, ମାନେ ମଧୁଆ ।

ସବୁରି ଦେହ ଭିତରେ କଲିଜାଟେ ଥାଏ । ସବୁରି ମୁଣ୍ଡରେ ବୁଦ୍ଧି ଥାଏ । ସବୁରି ଛାତି ଭିତରେ ଭଲପାଇବାଟେ ଥାଏ । ହେଲେ ଜଣ ଜଣଙ୍କ କଲିଜା ଟିକେ ଅଲଗା କି ? ଅଲଗା କି ଟିକେ ବୁଦ୍ଧିଟା । ଅଲଗା ଟିକେ ମନଟା । ଅଲଗା ଟିକେ, ଜହ୍ନଟା, ବର୍ଷାଟା, ଶୀତଟା, ଖରାଟା, ସଞ୍ଜଟା, ସକାଳଟା, ନଈଟା, ଆକାଶଟା, ନିଦଟା, ସ୍ୱପ୍ନଟା, କାହିଁକି ? କେଜାଣି ? ସେଇମାନେ ହିଁ ଦୁଃଖୀ ହୁଅନ୍ତି ଏ ଦୁନିଆରେ ।

ମଧୁଆଟା ଅଲଗାଟେ କି ? ଅଲଗାଟେ କି ମାଲତୀଟା ? ଆରେ ମଧୁଆ– ତୁ ତ କୁମ୍ଭାରଘର ଟୋକା। କୁମ୍ଭାରୁଣୀଟେ ବାହା ହୋଇଥାନ୍ତୁ। ତତେ ହାଣ୍ଡିଗଢ଼ାରେ ସାହାଯ୍ୟ କରିଥାନ୍ତା। ମାଲତୀ– ତୁ ତ କେଉଟଘର ଟୋକୀ। କେଉଁ କେଉଟକୁ ବାହାହୋଇ ଚୁଡ଼ା କୁଟିଥାନ୍ତୁ। ମାଛ ଶୁଖୁଆ ସାଉଟିଥାନ୍ତୁ। ବାସ୍, କେଉଟଘର ଝିଅ କେଉଟୁଣୀ ହୋଇ ସୁଖରେ ରହିଥାନ୍ତୁ। ଆଲୋ ଧୂଲିଖେଳ ବେଳେ ସିନା ଜାଣିନଥ୍ଲୁ। ଯୋଉଦିନ ମାଛି ଅନ୍ଧାରରେ ମଧୁଆ ଖୁସ୍କିନା ତୋ ଗାଲରେ ଚୁମାଟେ ଦେଇ, ଚୁଟ୍‌କିନା ତା' ଘରେ ପଶିଗଲା, ସେଦିନ ବି କ'ଣ କିଛି ଜାଣିନଥୁଲୁ ? ହଇଲୋ, ଗାଁ ଝିଅ ପରା ପାଞ୍ଚ ଛଅ ବରଷ ହେଲାବେଲକୁ ଜାଣିଯିବେ ଜାତି ବୋଲି କ'ଣ ଗୋଟେ ଅଛି। ହେଲେ ମାଲତୀ କୋଉ ଅଜଣା ଚାଉଲ ଭାତ ଖାଉଥିଲା କେଜାଣି ? କିଛି ବୁଝିଲାନି। ବାସ୍‌ଟେ ଚହଟିଗଲା ଗାଁରେ। ମାଲତୀକୁ ମଧୁଆ ଭଲ ପାଉଚି। ଘରେ ଆକଟ ହେଲା। ଆଉ ସାଙ୍ଗସାଥୀ ହେବେ କେମିତି ? ପୂରା କଡ଼ା ନଜର ଦିହିଙ୍କ ଉପରେ। ପ୍ରେମ କ'ଣ ଡରେ କଡ଼ା ନଜରକୁ ? ମୁରବିମାନେ ଡାଲେ ଡାଲେ ଗଲେ, ପ୍ରେମୀମାନେ ପତ୍ରେ ପତ୍ରେ ଯାଆନ୍ତି।

ପୋଲିସ୍ ଅଛନ୍ତି ବୋଲି ଚୋରି କ'ଣ ହଉନି ଦୁନିଆରେ ? କୋଉ ସଞ୍ଜରେ କୋଉ ଆଲୁଅରେ କି ଅନ୍ଧାରରେ ମଧୁଆର 'ଚୁମା' ପହଞ୍ଚି ଯାଉଥିଲା ମାଲତୀ ପାଖରେ। ମାନେ କୁମ୍ଭାରଘର 'ଚୁମା'ଟେ ପଶିଯାଉଥିଲା କେଉଟ ଘରେ। ଜିତିଗଲା ମଧୁଆର 'ଚୁମା'। ଘର ମୁରବିଙ୍କ ଆକଟ ପାଖରେ ବାହାଘର ସିନା ହୋଇପାରିଲାନି। ହେଲେ ମାଲତୀକୁ ଧରି ଚମ୍ପଟ ମାରିଲା ମଧୁଆ। ଦୁଇପିଣ୍ଡା ଯେ ଲମ୍ଭି ଯାଇଥିଲା ଏ ଓଲିରୁ ସେ ଓଲି। ମାଟିରେ କାନ୍ଦ ଉଠିଲା। ବାରିପଟ ମଝି ବାଡ଼ଟା ଯେ ଦରଭଙ୍ଗା ହୋଇପଡ଼ିଥିଲା। ସେଥିରେ ମଜବୁଟିଆ ବାଉଁଶ କାମଡ଼ା ବନ୍ଧାହେଲା। ଗାଁସାରା ଟୁପୁରୁ ଟାପୁର ହେଲେ। ଚୋର ଗଲାଠୁ ବୁଦ୍ଧି ପଶିଲା। ଯାହା ହେଲା ହେଲା। ସେ କହିଲା– ମୋ ପୁଅ ମଲା। ଯେ କହିଲା– ମୋ ଝିଅ ମଲା। ପଲାଶ କାଠରେ ଦାହ ସଂସ୍କାର ହେଲା। ସାଇ କୁଟୁମ୍ ଦଶଭାତ ଖାଇଲେ। ଗାଁ ପଞ୍ଚାୟତକୁ ଜରିମାନା ଦେଇ ଯେଧୋ ଜାତିରେ ଯିଏ ମିଶିଲେ।

ଯେ ଗଲା ଗାଁ କଥା। ଏଣେ ମଧୁଆ ମାଲତୀ ଯେ ଗାଁରୁ ପଲେଇଗଲେ, ଆହା... କେଡ଼େ ଦୁଃଖ। କେହି ଦେଖି ପାରିଲେନି ତାଙ୍କ ଛାତି ତଲର କଲବଲ,

ଛାଡ଼। ମାଲତୀକୁ ଅଠର। ମଧୁଆକୁ ବାଇଶି। ଘରନାହିଁ, ଚାଲନାହିଁ। ସହର ଚଲଣି ଜଣାନାହିଁ। ତଥାପି ମଣିଷ କ'ଣ ନାହାନ୍ତି ଦୁନିଆରେ ? କାହା କାହା ସାହାଯ୍ୟରେ ସାହସରେ ତିଆରି ହେଲା ଗୋଟେ ଘର। ହଁ, ଘର ହେବ ପରା ? ଛିଣ୍ଡା ଜରି, ଖଣ୍ଡିଆ ଅଖା, ଚିରା ପୋଷ୍ଟର ବାଉଁଶ ଦଣ୍ଡା, ସବୁ ନସର ପସର ହୋଇ ଚୋରେଇ ନ୍ତେଇ ଯୋଗାଡ଼ କଲା ମଧୁଆ। ଢେର ସାହାଯ୍ୟ ବି କଲା ମାଲତୀ। ଆସିଥିଲେ ତ ଦିହେ ଦିହେ। ଖଣ୍ଡେ ଚାଲ, ଗୋଟେ ହାଣ୍ଡି, ଗୋଟେ ମାଠିଆ, ଗୋଟେ କଡ଼େଇ, ଗୋଟେ ବାଲ୍ଟି, ଗୋଟେ... ଗୋଟେ... ଗୋଟେ... ହେବାକୁ ଲାଗିଗଲା ତିନି ଚାରିମାସ। ଘର ଚାଲ ନଥିଲା ବୋଲି ସିନା ପେଟର ଭୋକ ସହିବାକୁ ପଡ଼ୁଥିଲା। ହେଲେ ଦେହର ଭୋକ କ'ଣ ସହି ହେଉଥିଲା ? ପେଟରେ ବଢ଼ୁଥିଲା ଗୋଟେ ପିଲା – ତିନି ଚାରି ମାସର।

ପାଣି ସୁଅର ଦିନସବୁ ଗଡ଼ିଯାଏ, ଗଡ଼ିଯାଉଥାଏ। ପହିଲି ପ୍ରେମ, ପହିଲି ସନ୍ତାନ, ପହିଲି ଆଷାଢ଼, ପହିଲି ଶୀତ। ପହିଲି... ପହିଲି... ପହିଲି...। ସବୁ ମିଠା, ସବୁ ନିଆରା। ମାଆ ହେଲା ମାଲତୀ, ଝିଅଟେ। କେତେ ଧାଇଁ ଧପଡ଼ି ମାଗିଯାଚି ଲାଗିପଡ଼ିଲା ମଧୁଆ। କେହି କେହି ସହାୟ ହେଲେ। ପୋଖତି ମାଲତୀ ଟାଣ ହେଲା। ଟାଣ ବି ହେଲା ଝିଅ ହେନା। ହଉ ଅଭାବ, ଥାଉ ଦୁଃଖ ! ମାଲତୀ ଆଉ ହେନାର ସୁବାସରେ ଚହଟୁଥିଲା ମଧୁଆର ମନଅଗଣା। ଦିନ ସରୁଥିଲା ଅଭାବ ସଂସାରରେ, ଭାବର ବିଭୋର ପଣରେ। ବେଳେବେଳେ ଭାବର ବିଭୋର ପଣ ଅଭାବର ଅଗ୍ନିଶିଖାରେ ଜଳିପୋଡ଼ି ପାଉଁଶ ହୋଇଯାଏ। ଯେତେ ଖଟିଲେ ବି ନିଅଣ୍ଟ ଭରିଲାନି ମଧୁଆର ସଂସାରରେ। ଗୋଟିଏ, ଦୁଇଟା, ତିନିଟା ଝିଅ ହେଲେ। ଗାଁରୁ ଉଡ଼ା ଖବର ଆସୁଥିଲା– ବାପାମାଙ୍କ ଲୁହଝରାଇ ଅଜାତିଆଣୀକୁ ଧରି ରହିଲା। ତା' କୁଳ କ'ଣ ରହିବ ? ଭିତରେ ଭିତରେ ଭାଙ୍ଗି ପଡ଼ୁଥିଲା ମଧୁଆ।

ରଙ୍ଗ ଛାଡ଼ିଲା ପ୍ରେମର ପୃଥିବୀରୁ। ମାଲତୀ ଆଉ ମଧୁଆର ସବୁ ସମ୍ପର୍କ ଖୋଟି ହେବାକୁ ଲାଗିଲା ଭୋକ, ଦୁଃଖ ଆଉ ଅଭିମାନର ଚିକିଟା ମାଟି ତଳେ। ତୀବ୍ର ଭଲ ପାଇବା ରୂପାନ୍ତରିତ ହେଲା ତୀବ୍ର ଘୃଣାରେ। ଆହା... ଜୀବନ। ସବୁକୁ ଛିଣ୍ଡାଇ ଯାହା ଯୋଡ଼ିହୋଇ ଯାଇଥିଲା, ତାହା

ଛିଣ୍ଡିଗଲା। ବାସ୍ତବତାର ଶାଣିତ ଛୁରିରେ। ଟୋପାଏ ପାଣି ପାଇଲେ ଅଦିନରେ ବି ଫୁଟି ମହକୁଥିବା ମଧୁମାଳତୀ ଲତାଟା ମିଶିଯାଉଥିଲା ପୂରା ମାଟିରେ। ମଧୁଆ ସବୁଦିନ କାମକୁ ଯାଉନି। ମଦ ପିଉଚି ଧୁମ୍। ପଡୁଚି ଏଠି ସେଠି, ମାତାଲ୍। ହାଡ଼ କଙ୍କାଳର କଳା ଛାଇଟେ। ମାଳତୀ ଧାଉଁଚି ଝିଆ ଓଲି ହୋଇ ତା' ପିଣ୍ଡା। କାହା ଗୋଡ଼ ଧରୁଚି, କାହା ହାତ ଧରୁଚି। ନେହୁରା ହଉଚି, କେମିତି ଜିଇଁବ ଜୀବନ। ଆଖି ସାମ୍ନାରେ ତିନିଟା ଜୀବନ ନସର ପସର ହେଉଛତି। ପେଟ ଭିତରେ ଆଉ ଗୋଟେ ହୁଲୁଚୁଲୁ ହେଲାଣି। କୋଉଦିନ ବାହାରି ଅସିବ ଏ ସୁନ୍ଦର ଦୁନିଆ ଦେଖିବାକୁ। ଆସିଲେ ଦେଖିବନା ସୁନ୍ଦର ଦୁନିଆଟେ ?

ଆଉ ଗୋଟେ ଆସିଲା। ସେ ବି ଝିଅଟେ। ଝିଅ ଜନମଟା କେତେ ନିଉଛଣା ଏ ସଂସାରରେ !! କେତେ ସହିବା ପଣ, କେତେ ପାରିବା ପଣ, କେତେ ସାହସିକତା, କେତେ ମମତା, କେତେ.., କେତେ, କେତେ... କଅଣ ଦେଖିଇ ପାରିଲେ ସମସ୍ତେ ଖୁସି ହେବେ ଝିଅଟେ ଜନ୍ମ ହେଲେ ? କେବେ ? କେଜାଣି ମଧୁଆର ମନଟା ପୂରା ଚୂନା। ଝିଅଟେ ହେଲା ଯେ ! ରାସ୍ତାକଡ଼ରେ ଛୁଆଲି ଦେହରେ ନସର ପସର ହୋଇ ପୁଣି ବର୍ତ୍ତିଗଲା ମାଳତୀ। କିଏ କେମିତି ସହାୟ ବି ହେଲେ। କେତେ କେତେ ଯୋଜନାରେ ମଣିଷପଣିଆରେ ଥଇଥାନ କରିଦେଲେ ଝିଅ ତିନୋଟିକୁ। ହେନା, ସୁନା ଆଉ ମୀନକୁ। ମାଳତୀ ଛାତି ଭିତରେ କଲିଜାଟା କିଟ୍‌କିଟ୍ ହେଉଥିଲା, କଚକଚ୍ ହୋଇ କଟି ଯାଉଥିଲା। ତଥାପି ଏମିତି ମରମର ଅଭୋକା ଛୁଆଗୁଡ଼ାକୁ ଦେଖିବା ଅପେକ୍ଷା ବରଂ ନଦେଖୁ ତାଙ୍କର ଖାଇବା ପିଇବା, ପିନ୍ଧିବା, ବଞ୍ଚିବାର ଚେହେରା।

ସେଇ ବାବୁମାନେ ମାଳତୀକୁ କହିଲେ- ଚାଲ ତୋତେ ବି ଥଇଥାନ କରିଦେବୁ। ବଞ୍ଚିବୁ ଲୋ ଛୁଆଟାକୁ ଧରି। ଆଗକୁ ବରଷା ଦିନ। ଓଦା କାକରରେ, ଭୋକ ଦୁଃଖରେ ମରିଯିବ ମାଆ ପିଲା। ନା, ହେଲାନି। ବୁଝିଲାନି ମାଳତୀର ମନ। ହେନା ଗଲା, ସୁନା ଗଲା, ମୀନା ବି ଗଲା। କୋଳରେ ଥାଉ ନୟନା। ହେ ..ଏ..ଏ..ଇ ଦୋକାନ ପିଣ୍ଡାରେ ଯେ ଗଡୁଚି ମଧୁଆ। ନିଘତ ଦେଖୁଚି ତାକୁ ମାଳତୀ। ବେଳେ ବେଳେ ମିଶି ଯାଉଚି ଆଖିରେ ଆଖି। ମଧୁଆ ଭାବୁଚି ଆଜି

ଡାକିବକି ମାଲତୀ... ଆ ଆ... ମୋ ଧନ... ମୋ ପାଖକୁ ଆ, ତୋ ବିନା ମୁଁ ମରିଯିବି। ମାଲତୀ ଭାବୁଚି ମଧୁଆ କହିବ ମୋ... ପାଗଳୀ... ତୁ ସତରେ ପାଗଳୀ ହୋଇଯିବୁ ଲୋ ମୋ ବିନା, ଆ... ଆ... ମୋ ପାଖକୁ ଆ। ନା, ସେମିତି କିଛି ବି ହେବାର ନଥିଲା। ତଥାପି ଆଖ ଚାରିଟା ମିଶିଯିବାର ମାୟା। କୋଲର ଛୁଆଟା କୋଲରେ ଲାଗିଥିବାର ମମତା ମାଲତୀକୁ କୁଆଡ଼େ ଯିବାକୁ ଦେଉନଥିଲା। କ'ଣ କରିବ ମାଲତୀ? ଦେହରେ କୁଟାଖିଏ ଟେକିବାର ବଳନାହିଁ। ଛୁଆଟା ଅହରହ ଥନଟାକୁ ପାଟିରେ ପୁରେଇଚି। ଟୋପାଏ କ୍ଷୀର ଥାଆନ୍ତା ହେଲେ!! କୋଉଠୁ ଆସିବ? ଦାନା ନଖାଇଲେ ପରା ଗାଈ କ୍ଷୀର ଦିଏନି। ମଣିଷ ବୋଲି କ'ଣ ଖାଲିପେଟରେ ଝରିପାରିବ କ୍ଷୀର? ମାଲତୀର ବିକଳପଣ, ନେହୁରା ପ୍ରାଣ ଦେଖି ତାକୁ ଗୋଟେ ବୁଢ଼ା ବେପାରୀ ବୁଦ୍ଧି ଦେଲା। କହିଲା– ଦେଖ ଝିଅ ତୋ ଦେହରେ ତ ଆଉ କିଛିକୁ ବଳନାହିଁ। ନେ ପାରିଦେ ଖଣ୍ଡେ କଳା ଜରିପାଲ ରାସ୍ତା କଡ଼ରେ। କଣ୍ଢେଇ ସବୁ ସଜାଡ଼ି ଥୋଇଦେ ଧାଡ଼ିକି ଧାଡ଼ି। ବସିକି ବିକିବୁ, ପରିଶ୍ରମ ନାହିଁ। ରାତିକି ରାତି ମୋତେ ମୂଲ ଫେରେଇ ଦେବୁ। ଲାଭ ତୋର, ବଞ୍ଚିଯାଅ ମା' ଝିଅ।

ବୁଡ଼ିଗଲା ଭେଲାକୁ କୁଟା ଖୁଏ ଆଶରା। ହଁ, ମାଲତୀ କଥା ମାନିଲା। ନିଭତି ବସିଲା ବିକିବାକୁ ଭଲିକି ଭଲି କଣ୍ଢେଇ ହାତୀ, ଘୋଡ଼ା, ଶୁଆ, ପାରା, ଟ୍ରକ୍, ଟ୍ରାକ୍ଟର, ବସ୍, ଭ୍ୟାନ, ପୁଅ, ଝିଅ, ପରୀ, ରାଜକୁମାରୀ, ସିପାହି, ପୋଲିସ, କେତେ କଥଣ?

ସବୁଦିନ ବସୁଚି ମାଲତୀ, ଗରାଖ କାହିଁ? କାହିଁ ଗରାଖ? କୋଉଠି ଲାଭ? କୋଉଠି ତା'ଖାଇବା? କୋଉଠି ତା' ନୟନା ପାଇଁ କ୍ଷୀର? ଏଡ଼େ ଅସନି ମାଇକିନାତା, କୋଲରେ ପୁଣି ରୋଗିଣା ଛୁଆଟା। କିଏ କିଣିବ ଛୁଆଙ୍କ ଖେଳନା ତା' ପାଖରୁ??

ନୟନା ଆଉ ବେଶୀ ହଲଚଲ୍ ହେଉନି। ବେଶୀ କେଁ...କେଁ କରୁନି। ଖାଇ ଯାଉନି ହାତର ଆଙ୍ଗୁଲି। ଚୁଟୁମି ପକଉନି ମା'ର ଶୁଖିଲା ଥନ। ମାଲତୀ ମନ ଖୁସି। ସୁନା ଝିଅଟେ ନୟନା। ସେ ବୋଧେ ନିଭତି ଏଇ କଣ୍ଢେଇମାନଙ୍କୁ ଦେଖ ଦେଖ ଜାଣୁଚି, ଏ କଣ୍ଢେଇଗୁଡ଼ା ଭାରି ଭଲ। ଖାଇବା ପିଇବା, କାନ୍ଦକଟା, ହଗାମୁତା ଅଲି ଅଝଟ କିଛିନାହିଁ।

....
ସୋରିଷଫୁଲିଆ ଖରା ▢ ୭୯

କଙ୍ଗାରୁ ପରି ପେଟତଲେ ନୁହେଁ, ଡାହାଣ ପଟ କାନ୍ଧରୁ ବାଁ'ପଟ କାଖତଲକୁ ଝାତସିଆଁ ଲୁଗାର ଥଲିଟେ । ତା' ଭିତରେ କୁନି ଝିଅଟେ ନୟନା । ମାଲତୀ ଚାହୁଁଚି ତାକୁ ଥରକୁ ଥର । ଥଲି ବାହାରକୁ ଝୁଲେଇ ଦେଇଚି ହାତ । ଝୁଲି ପଡ଼ିଚି କଅଁଳ ବେକରେ ଲଡ଼ ଲଡ଼ କୁନି ମୁଣ୍ଡଟେ ।

ଏଇଟା ବି କଣ୍ଢେଇଟେ । ମାଲତୀର ସବୁଠୁ ପ୍ରିୟ କଣ୍ଢେଇ । ସବୁ କଣ୍ଢେଇଙ୍କ ମେଲ ତ ଏଇ କଣ୍ଢେଇ ପାଇଁ । କଳା ମିଟିମିଟି ସୁକୁଟା ଦିହ । ଚମଡ଼ା ତଲେ ଛାତିର ହାଡ଼, ତା' ତଲେ କୁନି କଲିଜାଟେ ଦୁକ୍‌ଦୁକ୍‌ ଦୁକ୍‌ଦୁକ୍‌ । କେବେ ଜାମା, କେବେ ନାଇଁ । ଅନଉଥଲା ମୁଟୁମୁଟୁ । ଲାଗିଥାଉ ପଛେ ନେଷ୍ଟେରା ଆଖ୍‌କୋଣରେ । ଭାରି ସୁନ୍ଦର ସେ ଆଖ୍ ଦିଇଟା, କଥାକୁହା । ଚାହିଁଥବ ମାଆକୁ । କହୁଥବ ମାଆ, କାହିଁକି ଚାହୁଁଚୁ ମୋ ଆଡ଼େ ଥରକୁ ଥର ? ସିଆଡ଼େ ଚାହାଁ । ଦେଖେ ତୋ ନାଲି ହଳଦିଆ, ଶାଗୁଆ ନେଲିଆ କଣ୍ଢେଇମାନଙ୍କୁ । ମୋ ଦେହରେ ରଙ୍ଗ ନାହିଁ, ମୋ ଚୁଟିରେ ତେଲ ନାହିଁ । ମୋ ଦେହରେ ସିଲ୍‌କି ଫ୍ରକ୍ ନାହିଁ । ମୋ ଗୋଡ଼ରେ ଜୋତା ନାହିଁ, ମୋ ମୁଣ୍ଡରେ ଟୋପି ନାହିଁ । କାହିଁକି ଚାହୁଁଚୁ ମୋତେ ଏତେ ? ମୁଁ ତ ତୋର କାଳିକାନି, ସୁକୁଟି ସେଣ୍ଟେରି ହଗୁରି ମୁତୁରୀ ମୁରୁକୁଟିଆ କଣ୍ଢେଇଟେ !

ନାଁ, ଆଉ ଅନଉନି ନୟନା, କହୁନି କିଛି । ହଉନି କାଇଁ ତା' ଛାତିଟା ଦୁକ୍ ଦୁକ୍ । ନା, କିଛି ହେଉନି । ମାଲତୀ ଜୋରରେ ହସିଲା । ଲୋକ ବେଢ଼ିଗଲେ ତା' ହସ ଶୁଣି । କହିଲେ– ମରିଯାଇଚି ଲୋ ତୋ ଛୁଆଟା । କାଢ଼ିପକା ଥଲିରୁ । ମାଲତୀ ହସିଲା, ଆହୁରି ଜୋରରେ ହସିଲା । କହିଲା କଣ୍ଢେଇ କ'ଣ ମରିବ ? କଣ୍ଢେଇର କ'ଣ ଜୀବନ ଥାଏ ? ମୋ ନୟନା ବି କଣ୍ଢେଇ ହେଇଗଲା, ମଲା କଣ୍ଢେଇ । ମାଲତୀ ହସିଲା... ହସିଲା......ହସିଲା ।

▫

କଣ୍ଢେଇ ହସୁଛି

ହୋହଲ୍ଲାରେ ଫାଟିପଡୁଚି ରାସ୍ତାକଡ଼ । ମା'ର କୋଳରେ ମଲା ପିଲାଟେ । ମା' କିନ୍ତୁ ମାନିବାକୁ ନାରାଜ । ମରିଯାଇଛି ତା ଝିଅ । ତା କୁନି ଝିଅ ନୟନା । ବଢୁଚି ଗହଲି । ବଢୁଚି ମତ ମନ୍ତବ୍ୟ । ବଢୁଚି ମା'ର ଅବୁଝ ପଣ । ଯମ ସିନା ନେଇ ଯାଇଚି ନୟନାର ଜୀବନ, ହେଲେ କୋଉ ନିଷ୍ଠୁର ମଣିଷ ଅବୁଝ । ମା'ର କୋଳରୁ ଛଡ଼ାଇ ପାରିବ ମଲା ପିଲାଟା !!

ପ୍ରେମ କ'ଣ ମରିପାରେ ? ପ୍ରେମର ସ୍ୱାକ୍ଷର କ'ଣ ଲିଭିପାରେ ହୃଦୟରୁ ? ମଧୁଆ ବଞ୍ଚିଛି । ମାଲତୀ ସହିତ କଥା ହେଉନାହିଁ । ସମ୍ପର୍କ ରଖି ନାହିଁ ହେଲେ ମଧୁଆ ମନରେ ମାଲତୀ ନାହିଁ ବୋଲି କ'ଣ କହି ହେବ ? ଗହଲିର ଆବାଜ୍ ମଧୁଆ କାନରେ ବାଜିଲା । ମାତାଲ ମଧୁଆ ଆଖି ଖୋଲିଲା । ଟଳଟଳ ପାଦ ଆଉ ଢଳଢଳ ଆଖିରେ ଉଠି ଠିଆ ହେଲା । ତା ନିଶା ଓହ୍ଲାଇଗଲା । ତା' ପାଦ ଦୃଢ ହୋଇଗଲା । ଆଖିକୁ ଫର୍ଚା ଦିଶିଲା । ହଁ ମାଲତୀକୁ ନେଇତ ଏ କୋଲାହଲ । ତା' ପ୍ରଥମ ପ୍ରେମ । ତା ହୃଦୟର ପୁଲକିତ ସ୍ୱାକ୍ଷର, ମାଲତୀ ।

ମଧୁଆ ଆଉ ମୁହୂର୍ତ୍ତେ ରହିପାରି ନଥିଲା । ଗୋଟିଏ ଡ଼ିଆଁରେ ସେ ଆସି ପହଞ୍ଚିଥିଲା ମାଲତୀ ପାଖରେ । ସବୁକଥା ବୁଝିବାକୁ ବେଶୀ ସମୟ ଲାଗି ନଥିଲା । ସେ ମାଲତୀକୁ ଜାବୁଡ଼ି ଧରିଲା । ଅବୁଝ ମାଲତୀ କେତେ ଖୁଦା, ବିଧା, ନାଦିଦେଲା ମଧୁଆ ଛାତିରେ । ବାଡ଼େଇଲା ମୁଣ୍ଡକୁ ବି ସେଇଠି । ଖୁବ୍ କାନ୍ଦିଲା ଆଉ ଚେତା ହରାଇଲା । ସବୁ ସରିଲା । ମଲାପିଲାଟା ମା କୋଳରୁ ଚାଲିଗଲା ମଶାଣି ।

ଭଲପାଇ ଗାଁ ଛାଡ଼ିଥିବା ମଧୁଆ ଆଉ ମାଲତୀ ଅଭାବ, ଅନଟନର ତାଡ଼ନାରେ, ଆଶା ପ୍ରତ୍ୟାଶାର ହିସାବ ନିକାଶରେ, ରାଗ ଅଭିମାନର ଜ୍ୱାଲାରେ ପରସ୍ପରଠାରୁ ଦୂରେଇ ଯାଇଥିଲେ । ତାଙ୍କର ଚାରୋଟି ଝିଅ ହେନା, ସୁନା, ମିନା ଆଉ ନୟନାର ବୋଝ ମୁଣ୍ଡେଇଥିଲା ମାଲତୀ । ମଧୁଆ ମାତାଲ୍ ହୋଇ ଗଡୁଥିଲା

ଏଠି ସେଠି । ଚାରୋଟି ଛୁଆଙ୍କର ବୋଝେବୋହି ମାଲତୀ ଥକି ପଡ଼ିଥିଲା । ଭୁଷ୍ଟି ପଡ଼ିଥିଲା । କିଛି ସହୃଦୟ ଲୋକଙ୍କର ସହାୟତାରେ ତିନୋଟି ଝିଅଙ୍କୁ ଅନାଥ ଆଶ୍ରମରେ ଥୋଇଥାନ୍ କରିବାକୁ ରାଜି ହେଲା । ନିଜଠୁ ଦୂରେଇ ଦେଲା । ଛାଡ଼ି ପାରି ନଥିଲା କୋଳର କୁନିଝିଅ ନୟନାକୁ । ନିଜର ଦୁର୍ବଳ ଶରୀର କାମଧନ୍ଦା କରି ଦୁଇ ପଇସା କମେଇବାକୁ ଆଉ ସକ୍ଷମ ହେଉ ନଥିଲା । ଦୁଃଖର ଦିନରେ ସହାୟତାର ହାତବି ଲମ୍ବିଆସେ କିଛି ଦୟାଳୁ ମଣିଷଙ୍କର । ଗୋଟେ କଣ୍ଢେଇ ଦୋକାନୀ ବୁଢ଼ା ମଉସା ତାକୁ ବୁଦ୍ଧି ଦେଇଥିଲେ କଣ୍ଢେଇ ବିକି ବଞ୍ଚି ଯିବାକୁ । ହେଲେ ତା ଅପରଛନିଆ ରୂପ ତା କୋଳର ରୋଗିଣା ପିଲାକୁ ଦେଖି କେହି ତାଠୁ କଣ୍ଢେଇ କିଣିଲେ ନାହିଁ । ଭୋକ ଦୁଃଖରେ ସଢ଼ିଲେ ମା' ଝିଅ । ଆହା....ଶେଷରେ ତା'ର ଜିଅନ୍ତା କଣ୍ଢେଇଟା, ତା ପ୍ରାଣର ନୟନା ତା ମମତାର ଶେଷ ସନ୍ତକଟା ମରିଗଲା ।

ମାଲତୀ କୋଳରୁ ନୟନାକୁ ଯେ କାଢ଼ି ଦେଲା ମଧୁଆ ମଶାଣିକୁ ନେବା ପାଇଁ ମନ ତା'ର ବଦଳି ଗଲା । ଆହା...ଏତେ ମମତା ତା ବାପା ପଣିଆର, କୋଉଠି ହଜାଇ ଦେଇଥିଲା ? କାହିଁକି ନିଜକୁ ଏମିତି ଅସଜଡ଼ା କରିଦେଲା ? ଦୁଇ ପରିବାରର ଆପଣାଙ୍କୁ ପରକରି ଜାତି ଗୋତ୍ରର ପାଚେରି ଭାଙ୍ଗି ମାଲତୀକୁ ଧରି ଚାଲି ଆସିଥିଲା ସହରକୁ କ'ଣ ଥିଲା ସାଥିରେ ? ଛାତିଭର୍ତ୍ତି ନିରୋଳା ଭଲ ପାଇବା ନାଁ ଆଉ କିଛି ? ଅଥଚ ସେଇ ଭଲ ପାଇବାକୁ କାହିଁକି ସେ କଲୁଷିତ କଲା, କାହିଁକି ଭାବିଲା ଖାଲି ଝିଅ ଜନ୍ମ ହେଲେ କୁଳ ବୁଡ଼ିଯାଏ ! ! ଗୁଡ଼ାଏ ଅଯଥା କଥା ମୁଣ୍ଡରେ ପୂରାଇ ମାତାଲ ହେଲା । ମଦ ପିଇଦେଇ ମାତାଲ ହୋଇଗଲେ କ'ଣ ସମସ୍ୟା ସବୁ ସମାଧାନ ହୋଇଯାଏ ? ଏଇ ମଦ ପାଇଁ ସ୍ତ୍ରୀ ଝିଅ ସମସ୍ତେ ଦୂର ହୋଇଥିଲେ । ଆଜି କିନ୍ତୁ ମଧୁଆର ନିଶା ପୂରା ଉତୁରି ଯାଇଥିଲା । ସତରେ କେତେବଡ଼ ଭୁଲ ସିଏ କରିଦେଲା । ନିଜ ପାଇଁ, ମାଲତୀ ପାଇଁ, ଶେଷରେ ନିଜର ନିଷ୍ପାପ ନିରୀହ ଚାରି ଝିଅଙ୍କ ପାଇଁ ! !

ଆଉ ଭୁଲ୍ ହେବ ନାହିଁ । ଯେଉଁ ଭଲପାଇବା ଯେଉଁ ମନର ସାହସନେଇ ସେ ଗାଁ ଛାଡ଼ିଥିଲା ପୁଣି ଥରେ ସେ ବଳକୁ ସାଉଁଟିଲା । ମାଲତୀର ଅବସ୍ଥା ଆଦୌ ଭଲ ନାହିଁ । ସେ ହାରିଯାଇଛି । ତାର ସବୁ ସ୍ୱପ୍ନ ଉକୁଡ଼ି ଯାଇଚି । ହେଉ ପଛେ

ଅନେକ ଡେରି । ତଥାପି ବୁଝୁଛି ମଧୁଆ । ବୁଝିଛି ନିଜର ଭୁଲ । ସେ ମଦ ଛାଡ଼ିଲା ମଜୁରିକୁ ଗଲା । ମାଲତୀର ପୋଡ଼ା ମନ ଆଉ ରୋଗିଣା ଦେହକୁ ଯତ୍ନ କଲା ।

ସମୟ କାହାକୁ ଅପେକ୍ଷା କରେ ନାହିଁ । ମଧୁଆ ଆଉ ମାଲତୀ ଦୁଃଖର ତାଡ଼ନାରେ ପୁଣି ନିବିଡ଼ ହେଲେ । ପାଲ ପଲିଥିନ୍‌ର ଭଙ୍ଗା କୁଡ଼ିଆ ପୁଣି ସଜଡ଼ା ହେଲା । ସମୟ ପୁଣି କଡ଼ ଲେଉଟାଇଲା । ମଧୁଆ ମନରେ ନୂଆ ଗୋଟେ ଭାବନା ଆସିଲା । ସେ କୁମ୍ଭାରଘର ପୁଅ ଗଢ଼ି ଶିଖିଛି ହାଣ୍ଡି, ମାଠିଆ, ସରା, ପଲମ, ଘୁମ, ଆଟିକା ହେଲେ କାହିଁ ତା ଚକ ? କୋଉଠୁ ଆଣିବ ମାଟି ? କେଉଟଘର ଝିଅ ମାଲତୀ ମୁଢ଼ି ଚୁଡ଼ାତ ଭାଜି ଶିଖିଚି । ଗୋଟାଏ ହାଣ୍ଡି ମୁଠାଏ ଖଡ଼ିକା ଆଙ୍ଗୁଳାଏ ବାଲି ଆଉ ଅଣ୍ଟ ଚୁଡ଼ା ଯୋଗାଡ଼ କରିବା ତ ଅସମ୍ଭବ ହେବନାହିଁ । ହଁ ସେଇଆ ହେଲା । ମାଲତୀ ମୁଢ଼ି ଭାଜିଲା ଚୁଡ଼ା ଭାଜିଲା । ଆଉ ସେଇଆକୁ ନେଇ ମଧୁଆ ବିକିଲା ଗଲିକନ୍ଦିରେ ।

ସହରର ଛାତି ଚଉଡ଼ା ହୋଇଚି ଗାଁ ମଣିଷଙ୍କ ଗହଲିରେ ନାଁ ? ସେଇଥିପାଇଁ ସମସ୍ତଙ୍କ ମନ ତଲେ ଥାଏ ଗାଁର ମମତା ଗାଁର ମହକ । ସେଇଥିପାଇଁ ବୋଧେ ଭାରି ଆଦର ପାଇଲା ମାଲତୀ ହାତର ଚୁଡ଼ା ଆଉ ମୁଢ଼ି । ଟୋକେଇ ମୁଣ୍ଡେଇ ବୁଲୁଥିବା ମଧୁଆ ସାଇକେଲ ଖଣ୍ଡେ କଲା । ଧୀରେ ଧୀରେ କଲା ବି ଖଣ୍ଡେ ଲୁନା । ମାଲତୀ ସାଙ୍ଗରେ ଆଉ କେତେ କିଏ ମିଶିଲେ । ମୁଢ଼ି ଆଉ ଚୁଡ଼ା ପ୍ୟାକେଟ ହେଲା । "ମଧୁମାଲତୀ" ବ୍ରାଣ୍ଡ ଭଜା ଚୁଡ଼ା ଆଉ ମୁଢ଼ି । ଆଉ ଦୁଆର ଦୁଆର ନୁହେଁ ଅଟୋ ଖଣ୍ଡେ ଧରି ଦୋକାନ ଦୋକାନ ଲଗାଇଲା ମଧୁଆ ।

ବସ୍ତିରେ ଏବେ ବେଶ୍ ଆଦର ଖାତିରି, ମଧୁଆ ଆଉ ମାଲତୀର । ମନଟାଣ କରି ଦୁହେଁ ବି ଯାଇ ବୁଲି ଆସିଲେଣି ଗାଁରୁ । ଅନେକ ବଦଲିଛି ସମୟ । ନିଜ ନିଜର ପରିବାରକୁ କିଛି ସାହାଯ୍ୟ କରୁଛନ୍ତି ଏବେ । ଆଗରୁ ଏତିକି ବୁଦ୍ଧି ହୋଇ ନଥାନ୍ତା ? ତା ହେଲେ କ'ଣ ହଜି ଯାଇଥାନ୍ତେ ହେନା, ମିନା, ଆଉ ସୁନା ? ମରିଯାଇଥାନ୍ତା ନୟନା ?

ମାଲତୀର ଛାତିତଲେ କିନ୍ତୁ ଦୁଃଖର ନିଆଁଟେ ଜଳୁଥିଲା ଅହରହ । ତା କଣ୍ଠେଇ ଦୋକାନ ଉଜୁଡ଼ିଲା ବେଲେ ଚାରୋଟି କଣ୍ଠେଇ ସେ ଆଣି ରଖୁଥିଲା ତା

ଘରେ । ଏବେ ବି ଅଛନ୍ତି ସେଇ କଣ୍ଢେଇ ସବୁ । ନୟନା ସିନା ମରିଗଲା, ହେଲେ ତା ହେନା, ମିନା, ଆଉ ସୁନା ଖୋଜି ପାଆନ୍ତା ନାହିଁ ସେମାନଙ୍କୁ, ତା ପ୍ରାଣର ପ୍ରତିମାମାନଙ୍କୁ....ତାହେଲେ ଲିଭିଯାଆନ୍ତା ତା ଛାତି ତଳର ସେ ଦୁଃଖର ନିଆଁଟା ।

କେମିତି ଖୋଜିବ ? କେଉଠୁ ପାଇବ ? ମଧୁଆ ଛାତିରେ ବି ଦୁଃଖଟେ ଲୁଚିଛି । ମାଳତୀ ଜାଣେ । ସେଇଥିପାଇଁ କେବେ ତାକୁ କିଛି କହେ ନାହିଁ । ହଜିଲା ଦିନର ଦୁଃଖକୁ ସାଉଁଟି ଲାଭ କ'ଣ ? ମଧୁଆ ଆଉ ମାଳତୀ ଦୁଃଖର କାହାଣୀତେ ଲୁଚାଇ ବାଟ ଚାଲୁଥିବା ଦୁଇଟା ମଣିଷ ।

କେତେ କିଏ ଆସନ୍ତି ତାଙ୍କଠୁ ନେବାପାଇଁ ଚୂଡ଼ା ଆଉ ମୁଢ଼ି । ଆଜି ଇଏ କିଏ ? ଏତେ ଚୂଡ଼ା ମୁଢ଼ି ବରାଦ କରୁଚି । ସବୁଦିନ ଆଶ୍ରମର ଜଳଖିଆ ପାଇଁ ଚୂଡ଼ାମୁଢ଼ି ଯୋଗାଇବାର ଚୁକ୍ତି କରିବାକୁ ଚାହୁଁଛି । କିଏ ଏଇ ସୌମ୍ୟା ଶ୍ୟାମଳି ସୁନ୍ଦରୀ ଯୁବତୀଟି ଯିଏ ଅନାଥ ଆଶ୍ରମର ପରିଚାଳିକା ବୋଲି ପରିଚୟ ଦେଉଚି ।

ମାଳତୀ ନିଜକୁ ଆଉ ସମ୍ବରଣ କରିପାରିଲା ନାହିଁ । ବୟସ ବଢ଼ିଗଲେ କ'ଣ ଫାଙ୍କି ଦେଇ ହେବ ମା'ର ଆଖିକୁ ? ? କିଛି ସମୟ ନିର୍ବାକ ଚାହାଁଣି ପରେ ମାଳତୀ ପଚାରିଲା....ଝିଅ ତୁମ ନାଁ ? ସ୍ମିତ ହାସ୍ୟରେ ଝିଅଟିର ଉତ୍ତର....ହେନା....ମାଳତୀ ପାଟିରୁ ବାହାରି ପଡ଼ିଲା ଆଉ ସୁନା...ମିନା..... ସେମାନେ ବି ଅଛନ୍ତି ଆଶ୍ରମରେ...... । ମାଳତୀ ଆଖିରେ ଇନ୍ଦ୍ରଧନୁର ସାତରଙ୍ଗ ନେସି ହୋଇଗଲା । ତା ଧୂସର ପୃଥିବୀଟା ପୂରା ରଙ୍ଗରେ ଭିଜିଗଲା । ତା ଘରେ ସଜା ହୋଇଥିବା କଣ୍ଢେଇଗୁଡ଼ା ଏକାବେଳକେ ହସି ଉଠିଲେ ।

❏

ନୀଳଜହ୍ନର ରାତି

ତୋଫା। ଜହ୍ନ। ଗହଳ ଚହଳ ଦାଣ୍ଡ। ଚଉରା ପୂଜା, ପୁଚି ଖେଳ, ବଉଳ ବେଣୀର ଗୀତ। ଓଦା ମାଟିର ଦି ପହର। ଆଷାଢ ମେଘର ଛାଇ। ପାନ ପଚା ଦାନ୍ତ। ନାଲି ଅଲତାର ପାଦ। ଦୋଲି ଖେଳ, ରଜ ଗୀତ। ଓଦା ସର ସର ଭୋଦୁଅ ପାହାନ୍ତା। ଡକାହକା, ସାଙ୍ଗମେଳା, ଫୁଲତୋଳା। ଝରା ବରଷା ପୋଖରୀ କୂଳରେ ବାଲୁଙ୍କା ପୂଜା। କଇଁଫୁଲ ବେଣୀ ଖୁଦୁରୁକୁଣୀ। ଦଶହରା ପିଠା, ଖିରି। ମେଢ଼ବୁଲା ଢୋଲ ମହୁରି ଛତା ଛତ୍ରୀର ସାଜ। ଫଗୁଣ ରାତିର ଭୋଗ ଖୁଆ ଖଜା, ଚଣା, ଉଖୁଡ଼ାର ଡ଼ାଲା। ଚଇତି ଖରାର ତାତି। କୂଅ ମୂଳ ପୋଖରୀ କୂଳ ମିଠା ଗପର ମାଦକତା। ମାଆ ମଙ୍ଗଳାର ଟୁଙ୍ଗି। ନାଲି ମନ୍ଦାର, ସୁନାଝିଶା କନିଅର, ଧୋବ ଫରଫର ଟଗର ଫୁଲର ମିଳାମିଶା ଗଜରା। ଝାମୁ ଚଲାର ଧାପ। କାଲସାର କୁହାଟ। ମଶାଣି ପଦାର ଓହଳ ମାଲାର ବୁଢ଼ା ବରଗଛ। ତୁଠ ଫେରନ୍ତା ଦଶକର୍ମ, ଅଶ୍ୱସ୍ତ ଗଛ। ମୁଖିଆ ମୁହାଁର ନ୍ୟାୟ ନିଶାପ। ଦୁଆର ବାହାର ଜୋଡ଼ି ନାଗରା। ଶଙ୍ଖ ମହୁରି। ତୋଲା କନିଆଁର ବାହୁନା କାନ୍ଦ। ମାଇପି ମେଳର ହୁଳିହୁଳି। ବୋହୂ ଘର ଭାର ଫେଣି, ଲବଙ୍ଗି। ନାତି ଏକୋଇଶା ସିରିଣି ଲଡୁ। ଯେଉଁଠି ଥାଏ ସେଇଟା ପରା ଗାଆଁ।

ହାଁ ଗାଆଁଟିଏ। କେତେ ସାଇ। କେତେ ଘର। କେତେ ମଣିଷ। କେତେ ଦୁଃଖ କେତେ ସୁଖ। କେତେ ଘଟଣା। କେତେ ଅଘଟଣା, ଏଇ ଗାଆଁରେ। ସାଇରେ ପଚାଶରୁ ବଢ଼ି ବଢ଼ି ଶହେ ସରିକି ପରିବାର ନେଇ ଗୋଟିଏ ସାହି। ପାଞ୍ଚ ସାତ ସାହି ନେଇ ଗୋଟିଏ ଗାଆଁ। ଏଠି ଜନମ ହୁଏ ମରଣ ବି ହୁଏ। ବାଳୁତ ବୁଢ଼ା ହୁଏ। ବୁଢ଼ାକୁ ଯମ ନିଏ। କନିଆ ସାଜେ। ବର ଯାଏ। ଗାଆଁ ମଶାଣିରେ ଚିତା ଜଳେ। ପୋଖରୀ କୂଳରେ ଚୂଡ଼ି ଟୁଟେ। ସିନ୍ଦୂର ଲିଭେ। ଦିନ ଯାଏ, ରାତି ଯାଏ, ସୁଖ ଦୁଃଖର ଛାଇ ଆଲୁଅରେ ସମୟ ସରେ। ଏଠି ଚାଷ ହୁଏ ପାଣି

ପଙ୍କରେ। ମଉଜ ହୁଏ ମୀନ ମାଛରେ, ଆମ୍ଭ ପଣସରେ, କାକୁଡ଼ି ଜହ୍ନିରେ, କଲରା ଛଚିନ୍ଦ୍ରାରେ, ଲାଉ କଖାରୁରେ। ଖଡ଼ାରାଇ, ମଞ୍ଜା ପୋଡ଼ା, ଘାଣ୍ଟ ତିଅଣ, କଇଁଆଖଟା, କଖାରୁ ବଡ଼ି ସଜନା ସାଗ ଦେଶନେଶରେ। ଏଇ ଗାଆଁର ମଧୁସୂଦନ ଭାରି ଖୁସିବାସିଆ ମଣିଷ। ପାଖ ଗାଆଁ ଜମିଦାର ଘରେ ଟହଲିଆ ହୋଇ ଯୋଗ ଦେଇଥିଲେ। ଧୀରେ ଧୀରେ ବୋଲହାକ କମ୍ କଥା କଉତୁକ ବେଶୀ ହୋଇଗଲା। ସାଆନ୍ତେ ଜୁଆଡ଼େ ଗଲେ ସାଙ୍ଗରେ ଘେନିଲେ। ମଧୁସୂଦନ ସାଙ୍ଗରେ ଥିଲେ ସମୟ ଜଣାପଡ଼େ ନାହିଁ। ଦୁଃଖର ସମସ୍ୟାର ଭାରାକ୍ରାନ୍ତ ମନକୁ କେମିତି ହାଲୁକା କରିବାକୁ ହୁଏ ସେଇ ଜନ୍ମଗତ କଳାଟି ଥିଲା ମଧୁସୂଦନର। ଜମିଦାର ସାଆନ୍ତେ ଏଇ ଗୁଣଟିକୁ ଚିହ୍ନି ଗଲା ପରେ ଆଉ ମଧୁସୂଦନର ନିସ୍ତାର ନଥିଲା। ସବୁବେଳେ ଖୋଜା ସବୁବେଳେ ପାଖେ ପାଖେ। କଥା କଉତୁକରେ ନବଜ କରି ସାଆନ୍ତଙ୍କୁ ମଉଜ କରେଇବା ମଧୁସୂଦନର ପେସା ବେଉସା। ଆଉ କୁଆଡ଼େ କିଛି କରିବାକୁ ଦେଲେ ନାହିଁ ଜମିଦାର ସାଆନ୍ତ। ସେଇଥିରେ ଜୀବନ ଜୀବିକା ଚଳିଲା ଆନନ୍ଦରେ।

ସମୟ ଗଡ଼ିଲା। ବୟସ ବଢ଼ିଲା, ଏ ଭିତରେ ମଧୁସୂଦନର ବାହାଘର। ପୁଅ ଜନମ, ଏକୋଇଶା ପାଲା ପୂଜା, ସ୍ୱନ କ୍ଷେତ୍ର ସବୁ ଚାଲିଥିଲା ସୁରୁଖୁରୁରେ। କାହିଁକି ନ ହେବ? ସ୍ୱୟଂ ଜମିଦାର ପରା ପ୍ରସନ୍ନ। ମଧୁସୂଦନ ଜମିଦାରଙ୍କର ଖାସ୍‌ଲୋକ। ସ୍ନେହରେ ବନ୍ଧା। ମଧୁସୂଦନର ସବୁ କାମରେ ଜମିଦାରଙ୍କ ହାତ, ଆଗ୍ରହରେ ନିଜେ ଜମିଦାରେ ପୁଅର ନାମ କରଣ କଲେ "ମନମୋହନ" ବାପ, ମାଆ, ଗାଆଁ ସାହିଭାଇ ଆଦରରେ ଡାକିଲେ ମନୁଆ।

ମନୁଆ ବଢ଼ିଲା ଚନ୍ଦ୍ରକଳା ପରି। କଥାରେ ତ ଅଛି—'ବାପସେ ବେଟା ଜ୍ୟାଦା।" ନାନା କଥାରେ ନବଜ କରି ହସେଇବା ଗୁଣରେବି ପୁଅ ବାପଠୁ ବଳକା। ପାଞ୍ଚ ସାତ ବର୍ଷ ବୟସ ବେଳକୁ ମନୁଆ କୌଣସି କଥାକୁ ହାସ୍ୟ ରସରେ ବୁଡ଼ାଇ ହସାଇ ହସାଇ ବେଦମ୍ କରି ପାରେ ଏ କଥା ସାଇଟା ସାରା ଜାଣି ସାରିଥିଲେ। ମନୁଆ ସମସ୍ତଙ୍କୁ ହସାଇ ପାରୁଥିଲା ଆଉ ନିଜେ ସବୁବେଳେ ଖୁସ ରହୁଥିଲା। ଜମିଦାରଙ୍କ ବାହୁଛାୟାତଳେ ବାପାଙ୍କ ସ୍ଥାନ ଥିବାରୁ ମନୁଆ ସାହିର ଅନ୍ୟ ସବୁପିଲାଙ୍କ ଠାରୁ ବେଶ୍ ସ୍ୱଚ୍ଛଲରେ ଓ ସୌଖୀନ ଭାବେ ବଢୁଥିଲା କହିଲେ

ଅତ୍ୟୁକ୍ତି ହେବ ନାହିଁ । ଟିକିଏ ଡେରିରେ ମାନେ ମନୁଆକୁ ସାତ ପୂରିବା ବେଳକୁ ତାର ପୁଣି ଭଉଣୀ କି ଭାଇଟିଏ ଆସିବାର ସୂଚନା ମିଳିଲା । ଏଇ କଥାଟାବି ତା'ର ହାସ୍ୟରସର ଗୋଟାଏ ଖୋରାକ ହୋଇଗଲା । ଭାଇ କି ଭଉଣୀ ଆସିବାର ସମ୍ଭାବନାକୁ ନେଇ ସେ ହାସ୍ୟରସ ପ୍ରସ୍ତୁତ କରୁଥିଲା ।

ହଠାତ୍ କିନ୍ତୁ ସବୁ ଠିକ୍ ହୋଇଗଲା । ସାନ ଭଉଣୀ କି ଭାଇ ତ ଆସିଲା ନାହିଁ ବରଂ ମାଆଟିକୁ ସେ ହରାଇ ବସିଲା । ହାସ୍ୟରସରେ ଅନ୍ୟକୁ ବୁଡ଼ାଇ ପାରୁଥିବା ମଣିଷଟା ବି ହଠାତ୍ ଏମିତି ବଦଳି ଗଲା ! ହସିବା ତ ଦୂରର କଥା ବେଶୀ କଥାବାର୍ତ୍ତା ବି କଲା ନାହିଁ । ଯେଉଁ ଗୁଣ ପାଇଁ ଜୀବିକା ମିଳିଥିଲା ସେ ଗୁଣ ହଜି ଯିବାରୁ ଜମିଦାର ଘରକୁ ଯିବା ଆସିବା ବି ବନ୍ଦ ହୋଇଗଲା । ଜମିଦାର ଯେ ତା ପାଇଁ କିଛି ଚେଷ୍ଟା କରି ନଥିଲେ ତା ନୁହେଁ ସେ ଆଉ କାହିଁରେ ମନ ଦେଲା ନାହିଁ । ଯେମିତି ଅହରହ ହସୁଥିଲା ସେମିତି ଏକଦମ୍ ଗୁଙ୍ଗା ହୋଇଗଲା । ପୁଅକୁ ବାର ନ ପୂରୁଣୁ ଚାଲିଗଲା ଭାରିଜା ପାଖକୁ, ମାନେ ଆରପୁରକୁ ।

ମାଆ ଗଲା । ବାପା ବି ଗଲା । ମନୁଆ ପାଖରୁ କିନ୍ତୁ ତା ହସ ଗଲା ନାହିଁ । ଗଲା ନାହିଁ ତା ହସେଇବା ଫିସାଦ । ଖାଇଲା ନ ଖାଇଲା, ଦୁଃଖ ସୁଖ ସବୁ ଏକାକାର । କେଉଁ ଦିନ ରାନ୍ଧିଲା, କେଉଁ ଦିନ ହାଣ୍ଡି ବାଡ଼େଇଲା । ଦାଣ୍ଡରେ ବସି ବଖାଣିଲା, ଭୋକରେ ଶୋଇଲେ ପେଟ କଥା କହେ, ଗପେ ମୋଡ଼ିମାଡ଼ି ହୁଏ । ଶୁଆଇ ଦିଏନି । ହାଣ୍ଡି ବାଡ଼େଇ ଦେଲେ ଓଦା ଚୁଲି କାନ୍ଦେ । ପେଣ୍ଟ ଫାଟିଗଲେ ସିଝୁ କାନ୍ଥରେ କେମିତି ଚାଙ୍କ ମରା ହୁଏ, ଚାଙ୍କ କେମିତି ଫୋଡ଼ି ହୋଇଯାଏ ପିଚାରେ, ଜଙ୍ଘରେ, ଜାଗା ଅଜାଗାରେ । ଏମିତି ଗପେ । ନିଜେ ହସେ ପଞ୍ଚାଙ୍କୁ ହସାଏ । ପୁରୁଖା ଲୋକ ତାଗିଦ କରନ୍ତି— ଆରେ କାହିଁକି ତାକୁ ବେଢ଼ିଛ ? ସେଟାକୁ ବନ୍ଧ ପାଗଳ କରି ଦେବନା କଣ ? ଧୀରେ ଧୀରେ ମନୁଆର ଅବସ୍ଥା ବାରଣ୍ଡା ଦି କଡ଼ା ହେଲା । କେଡ଼େ ହତଭାଗାଟା ଯେ ଲେଖାଜୋଖାରେବି କେହି ତା ଦାୟିତ୍ ନେବାକୁ ଆପଣାର ବାହାରିଲେ ନାହିଁ । ଗାଁ ମୁରବି ମନ ତରିଲିଲା । ଗାଆଁ ଲୋକେବି ଦୟାକଲେ । ମନୁଆ ବାପାର ବିଲ ଦୁଇମାଣ ଚାଷ ହୋଇ ଗାଆଁ କୋଠରେ ରହିଲା । ସାରା ଗାଆଁ ପାଲିକରି ମନୁଆ ଦାୟିତ୍ ବାଣ୍ଟି ନେଲେ । ଗୋଟାଏ ଫେଟ । ଗୋଟିଏ ପିଠି ମନ ଦେଲେ କଣ ନ ହୁଏ ? ମନୁଆ ପୁଣି ଖାଇପିଇ ସୁସ୍ଥ ହେଲା ।

ମନୁଆର ବୟସ ବଢୁଥିଲା। ସମସ୍ତେ ଭାବିଥିଲେ ତା ବିଲ ସେ ହାତକୁ ନେବ। ଚାଷ କରିବ। କାମ ଧନ୍ଦା କରି ଦୁଇ ପଇସା ରୋଜଗାର କରିବ। ଦୁଃଖୀ ଅରକ୍ଷିତ କନିଆଟିଏ ଠିକ୍ କରି ଦେଲେ ବାହା ତୋଲା ହୋଇ ସଂସାର କରିବ। ନାଁ ସବୁ ମିଛ। ବୟସ ଅଠର ଡେଇଁ କୋଡ଼ିଏ ପରେ ହେଲାଣି। ସେଇ ବାଳୁତ ବୁଦ୍ଧି। ନାଁ ଖାଇବାରେ ବାଛ ବିଚାର ନାଁ ପିନ୍ଧିବାରେ ସଉକ। ଜିଆଁଲା ପରି ଦାନା ମୁଠାଏ ମିଳିଗଲେ ହେଲା। ଯିଏ ଯାହା ଦେଲା ଖାଇଲା। କାହା ଝିଅ ଶାଶୂ ଘରକୁ ଯିବ ଭାଇ ଆସି ପାରୁନି ସେଇଠି ଭାଇ ସାଜିଲା, କାହାର ଅଷ୍ଟମୀ ଠାକୁମାମୁ ବାଧ୍ୟକା ପଡ଼ିଚି, ସେ ଭାର ପହଞ୍ଚାଇଲା।, କୋଉ ବୁଢ଼ା ବଇଦ ପାଖକୁ ଯିବ ତାର ପୁଅ ବନିଲା। ବୋହୂ ଅସୁକେଇ କୋଉ ବାଧ୍ୟକା ବୁଢ଼ୀ ନାରଖାର ହେଉଚି ତା'ର ସେବା କଲା।, ଗୁହ ପୋଛିଲା କୋଉଠି କୋକେଇ ବନ୍ଦା ହେବ, ବାଉଁଶ ହାଣିଲା। କୋଉ ନିଆଶ୍ରୀ ରାନ୍ଧ ପାଇଁ ସଉଦା ଆଣିଦେଲା। ଭୁଆସୁଣୀ ପାଇଁ ପାତରା ଡ଼ାକିଲା। କାଣ୍ଡେଇ ଶାଶୂତଲେ ଛୁଆ କାଖେଇ ପାଇଟି କରୁଥିବା, ବୋହୂ କୋଲରୁ କାନ୍ଦୁରା ଛୁଆକୁ କାନ୍ଦୁଅ କରି, ଗାଆଁ ବୁଲାଇଲା। ହସେଇଲା ନଚେଇଲା। ଗାଆଁରେ ସବୁ ଅଭାବର ଆପଣାର ଛାଇଟିଏ ହୋଇ ହସି ହସାଇ ଘୂରି ବୁଲିଲା। କିଏ ବାହାବା କଲା, କିଏ କଲା ତାଚ୍ଛଲ୍ୟ। କିଏ ଡ଼ାକିକି ଖାଇବାକୁ ଦେଲା କିଏ ଅପାରଗ କୋଡ଼ିଆ କହି ଧକାରିଲା। ମନୁଆ ତ ମନୁଆ। କାହାକଥା ତା ମନରେ ବସା ବାନ୍ଧିଲା ନାହିଁ। ଭରା ପୋଖରୀରୁ ପଦୁଆଁ ତୋଲି ଦୁର୍ଗା ମାଆକୁ ଦେଲା। କଇଁ ଫୁଲ ଗଦେଇ ଦେଲା ଖୁଦୁରୁକୁଣୀ କୋଠିରେ। ଏମିତି ଦଲକାଏ ପବନ ହୋଇ ରହିଲା ମନୁଆ ଏଠି ସେଠି ସବୁଠି। କାହା ଆଖିରେ ମଣିଷ ପୁଣି କାହା ଆଖିରେ ଅମଣିଷ।

ଗାଁରେ କେତେବେଳେ ସୁଖର ଚକାଭଉଁରୀ। ପୁଣି କେତେବେଳେ ଦୁଃଖର କଳା ବାଦଲ। ନିଉଛଣା ହୀନକପାଲିଟେ ଭାଗ୍ୟରେ ଦୁଃଖ ଘୋଟି ଆସିଲା। ଏକା ବରଷକେ ଚାଲିଗଲେ ଶାଶୂ ଶ୍ୱଶୁର ପୁଣି ସ୍ୱାମୀ। କୋଲରେ ପୁଅ ପୁତି ନାହିଁ। ବାପଘର ବଳବପୁ ନାହିଁ। କିଏ ଠିଆ ହେବ ପୋଡ଼ା କପାଳି ରାନ୍ଧ ଆସ୍କୁଡ଼ିର ସହାୟ ହୋଇ ? କାହାର ଗୁହାଲ ପୋଛିଲା, ଘଷି ପାରିଦେଲା, ମୁଢ଼ି ଭାଜି ଦେଲା, କଇଆ ଛେଡ଼େଇଲା, ଧାନ କୁଟିଲା, ଖଳା ଲିପିଲା, ଆଉ କଅଣ କାମ କରିବ ? ଏଡ଼େ ଅଦୋଶିଆଣୀ ଛୁଆ ପିଲା ପୁରିଲା ସଂସାରରେ ଛାଇ ପଡ଼ିଲେ

ଅମଙ୍ଗଳ ହେବ । କିଏ ତାକୁ ଘର ଭିତରେ ପୂରାଇବ । କଅଣ ଅପରାଧ ଥିବ ବୋଲି ତାକୁ ଦଇବ ଏ ଦଣ୍ଡ ଦେଇଚି ନାଁ ! ! ତେଣୁ ଘର ଭିତର କାମ, ଅପଣାପଣ ତାକୁ ମନା । ମାନ ମହତ ନାହିଁ । ପେଟର ଦାୟରେ ଯାହା କାମ ମିଳିଲା କଲା । କିଏ ଚ୍ଛ ଛାକର କଲେ । କେବେ କଦବା କାହାର ଆଶ୍ୱାସନା ବାଣୀ କୋରି ବିଦାରି ଦିଏ ଦେହ ମନ । କେତେବେଲେ ସଞ୍ଜ ହୁଏ । ହୁଏ ପୁଣି ସକାଲ । କଟିଯାଇଥାଏ ଗୋଟେ ନିଉଚ୍ଛଣା ଜୀବନର ଦିନ । ରାତି ଓଲି ରୋଷେଇରେ ପରଦିନ ତମାମ୍ ଚଲି ଯାଏ । ଖରାବେଲେ ଶୁଆ ନାହିଁ । କିରୋସିନୀ ଘିନି ଢ଼ିବିରି ଜାଲିବାର ବଲ ନାହିଁ । ଆଲୁଅରେ କାହା ମୁହଁ ଦେଖିବାର ଶରଧା ନାହିଁ । ସୂର୍ଯ୍ୟ ଆଲୁଅ ଲିଭିଗଲେ ହିଁ ଅନ୍ଧାର ଓ ଅନ୍ଧାର । କେତେବେଲେ ନିଦ ଆସେ, ସ୍ୱପ୍ନ ବି ଆସେ । ନିଦ ଭାଙ୍ଗିଯାଏ । ସକାଲର ଆଲୁଅରେ ସ୍ୱପ୍ନର ବିଭୋରପଣ ହଜିଯାଏ । ବାସ୍ତବତାରେ ସମସ୍ତେ ଏ କଥା ଜାଣିଲେବି ସ୍ୱପ୍ନ ଦେଖିବାରୁ କଅଣ ମୁକ୍ତି ମିଲେ ? ଏତେ ସରି ହୋଇବି ରତନି ସ୍ୱପ୍ନ ଦେଖେ । ସ୍ୱାମୀର ସଂସାରର । କୁନିକୁନି ପୁଅଝିଅର । ତା ଶ୍ରୀହୀନ ଶରୀରରେ ବି ଶିହରଣ ଆସେ । ହେଲେ ସବୁ ଅଦୃଶ୍ୟ ହୁଏ । ସବୁ ଅସମ୍ଭବ । ସବୁ ଅଲିକ । ସକାଲୁ ମହାନ୍ତି ଘର ଢିଙ୍କିଶାଲରେ ଧାନକୁଟାର ପ୍ରତିଶ୍ରୁତି ତାକୁ ତୟର କରାଏ ।

କେବେ ଥଣ୍ଡା କାଶ ହୁଏ । ହୁଏ କେବେ ଜର ବାଧିକା । କେବେ ଧାନକୁଟି ଅଣ୍ଟା ଧରି ପକାଏ । କେବେ ଜୀବନକୁ ଧିକାର ଆସେ । ଦାଣ୍ଡରେ ବାଟରେ ନ ଦେଖିଲେ ମନୁଆ ହାବୁଡ଼ି ଆସେ । ବଇଦଙ୍କ ଠାରୁ ଓଷଧ ଆଣି ଦିଏ । ଧଲା କସ୍ତାଟିଏ ନମିଲି ହିନସ୍ତା ହେବା ବେଲେ ସେଇ ମନୁଆ ହାତରେ ତ ପଇସା ଗୁଞ୍ଜି ନେହୁରା ହୁଏ । ସେଇ ମନୁଆ, ରତନି ହେଉ କି ରତ୍ନାକର ବୁଢ଼ା ହେଉ କି ବୁଢ଼ୀ ପିଲା ପିଚିକା, ଜାତି ଅଜାତି, ଧନୀ ଗରିବ କାହା ପାଇଁ ସେ ଠିଆ ନ ହୁଏ ଯେ ? ରୋଜଗାର ସିନା ନାହିଁ ହେଲେ ବୋଲବାଣିରେ ସେ କାହାର ସହାୟ ନୁହେଁ ? ବୟସ ବଢୁଛି ଏବୋ ମୁହଁରେ ପୁଲାଏ ଦାଢ଼ୀ । ମୁଣ୍ଡରେ ରୁଟି । କେବେ ପୁଣି ନିଶ ଦାଢ଼ି ସାଫ୍ ମୁଣ୍ଡ ନଣ୍ଡା ଫର୍ଙ୍ଗ ମୁହଁଟିଏ । ହସଟିଏ ତ ଲାଗିଥାଏ ସବୁବେଲେ । ସେ ହସତଲେ କ'ଣ ଥାଏ କିଏ ବୁଝେ କିଏ ବୁଝେନି । କାହାକୁ ପରବା ନାହିଁ । ନିଜ ମନରେ ମଗ୍ନ ମନୁଆ ।

ପିଣ୍ଡାରେ ଦାଣ୍ଡରେ, ଖଳାରେ ବାରିରେ, କେଉଁଠି କଟିଯାଏ ରାତି ଦିନ। ତମାମ୍ ଗାଆଁର ଚକାଭଉଁରୀ। ହୋ ହୋ ଠୋ ଠୋ। କେହି କେବେ ଦେଖିନି ମନୁଆକୁ କାହାସହ ଚୁପ୍ ଚୁପ୍ ଫୁସ୍ ଫୁସ୍। ଚୁଗୁଲି ଚପଟ୍, ନନ୍ଦର ଫନ୍ଦର ମୁହାଁ ସଞ୍ଜରେ କି ମାଛି ଅନ୍ଧାରରେ କାହା ଓଳି ତଳେ କାହା ବାଡ଼ି ପଟେ ତା ଛାଇ ଟିକେ କେହି ଦେଖିନି କେବେ। ବର୍ଷା ଚାରିମାସ ବଡ଼ ଖୁସାମତରେ କାହା ମେଲା ବାରଣ୍ଡାରେ, ଢିଙ୍କିଶାଳେ କି ଦାଣ୍ଡ ବହତିରେ ଶୋଇଥିବ ସିନା। ନହେଲେ ବର୍ଷ ତମାମ ଜଉଠି ଗାମୁଛା ପାରିଲା ସେଇ ତା'ର ତୁଲିତଳ୍ପ ଶେଯ। ନିର୍ବିକାରରେ ଘୁଙ୍ଗୁଡ଼ି ମାରୁଥିବ। ମଶା, ଡାଉଁଶ ସବୁ ଯେମିତି ତା'ର ଆପଣାର। କିଛି କରୁ ନାହାଁନ୍ତି।

କେମିତି ଜୀବନଟା ମନୁଆର କେଜାଣି! ତା ରାତିରେ ନିଦ ଅଛି ହେଲେ ସ୍ୱପ୍ନ ନାହିଁ। ତା ଦିହରେ ଜୀବନ ଅଛି ହେଲେ ଛନ୍ଦ ନାହିଁ। ଅଥଚ ସେ ହସୁଛି ଅନବରତ! ବାଣ୍ଟି ଦେଉଚି ତା ସମୟକୁ ଯାହା ପାଇଁ ଯେମିତି ପାରିଲା। ଦୁଃଖ ନାହିଁ। ଅଭିମାନ ନାହିଁ। ଅଭିଯୋଗ ନାହିଁ। ଆଦ୍ରାକ୍ଷା ବି ନାହିଁ। ଅତୀତ ନାହିଁ କି ଭବିଷ୍ୟତ ବି ନାହିଁ। ଏ କଅଣ ମିଣିଷ? ହଁ ମଣିଷଟିଏ ତ କାହାରିକୁ ଅପମାନ ଦେଇ ନାହିଁ, କାହାଠାରୁ ବି ଅପମାନିତ ହୋଇନାହିଁ। ସତରେ କଅଣ ତା'ର କିଛି ନାହିଁ? ତା ଛାତିତଳେ ସ୍ୱପ୍ନ କଅଁଳୁ ନାହିଁ? ଭାଙ୍ଗୁ ନାହିଁ, ହଜୁ ନାହିଁ, ବ୍ୟଥା ନାହିଁ, ବେଦନା ନାହିଁ, କିଏ ଦେଖୁଛି? ସମସ୍ତେ ମନୁଆ ଓଠର ହସ ଧାରରେ ବିମୋହିତ। କେତେ ଲୁହ ସେ ପୋଛି ଆଣେ ଏଇ ହସଟିକକରେ। ହେଲେ ତା' ନିଜର କେତେ ଲୁହ ଢାଲି ସେ ଏ ହସକୁ ବଞ୍ଚାଇଛି ସେ କଥା କିଏ ଜାଣେ? ତା ବୋଉ ପାଇଁ, ବାପା ପାଇଁ, ତା ନିଜ ପାଇଁ ତା'ର କ'ଣ ନାହିଁ ଟୋପାଏ ବି ଲୁହ? ଗୋଟାଏ ବି ଦୀର୍ଘଶ୍ୱାସ? ସବୁବେଲେ ଅପରିବର୍ତନୀୟ ଧାରେ ହସର ସମ୍ରାଟ ମନୁଆ, କେବଳ ମନୁଆ।

ରୁତୁ ବଦଲେ। ବୟସ ବଦଲେ। ମନ ବି ବଦଲେ। ରତନି ତ ଭୁଆସୁଣୀଟା ବୟସ ବେଲେ ଖୁବ୍ କାନ୍ଦିଲା। ଖୁବ୍ ଉପାସ ରହିଲା, ଖୁବ୍ ଧ୍କ୍କାରିଲା ଜୀବନକୁ। ହେଲେ କଅଣ ହେଲା? ଜୀବନ କୋଉ ଛାଡ଼ିଗଲା? ଏବେ ସେ କାମ ପାଇଁ ମୂଲଚାଲ କରୁଛି। ପଇସା ଦାବି କରୁଚି। ଖଣ୍ଡରୁ ଦିଖଣ୍ଡ କଣ୍ତା କିଣିଚି। ଢିବିରି

ଆଳୁଅ ଜାଲି ଘଡ଼ିଏ ଅନ୍ଧାର ଯାଏ ମନ ଲଗାଇ ଭାତ, ତରଣି, ରାନ୍ଧୁଛି। କେତେ ଦିନ ଆଉ ଖାଇ ଥାଆନ୍ତା ପୋଡ଼ା ସିଝା ? କାଠ କରିଥାନ୍ତା ଜୀବନ। ଏବେ ମୁଣ୍ଡରେ ତେଲ ମାଖୁଚି ପାଟରାଉ ସାବିନି ଘିନିଛି। ହାତରେ ରସବଲା ପିନ୍ଧିଛି। ବେକରେ କଳାମାଳି ନାଇଛି। ମଝି ଆଙ୍ଗୁଳିରେ ପିତଳ ମୁଦିଟେ ବେଶ୍‍ ଚିକ୍‍ ଚିକ୍‍ କରୁଛି।

ଏବେ ଏବେ ଖାଲି ରତନି ନୁହେଁ ମ ଗାଆଁ ରୂପ ଟିକେ ବଦଲି ଯାଉଚି। ଏବେ କେତେ ନୂଆ କଥା, କେତେ ନୂଆ ଫନ୍ଦିରେ ରୋଜଗାର। ରାଉତଘର ପୁଅ ଏବେ ନୂଆ ନୂଆ କାଇଦାରେ ବେଶ୍‍ ଟଙ୍କା କମାଉଚି। ତା ଟ୍ରାକ୍ଟର ଖଣ୍ଡକ, ଗାଁଆଟା ଯାକର ହଳ ବଲଦକୁ ଉଭାନ କରିଛି। ଘଡ଼ି ହିସାବ ଧରି ବିଲ ଯାକ ହଳ କରୁଛି। ମହି ଦେଉଚି। ଖାତ କଢ଼ଉଚି। କଲେଇ ବୋହି ଆଣୁଚି। ଭଲ କମାଉଚି। ଯାହା ପକେଟରେ ପଇସା ପଶିଲା ତା ପାଟିରୁ କଥା ବାହାରିଲା। ଅସଲ ମାମଲ୍ତି ତ ମଲେଣି। ପୁରୁଖା ଲୋକଙ୍କ ପାଟିରେ କୋଲପ। କାହାକଥା କିଏ ଶୁଣୁଚି। ଏବେ ଜାଣ ରାଉତ ଟୋକା ଗାଆଁ ମାମଲତ୍‍। ମାନେ ଚିତ୍ରସେନ ରାଉତ ଗାଁ ମୁଖ୍ୟା।

ଗାଆଁରେ କେତେ ନୂଆ ଯୋଜନା। ଧାନ ଚାଷ ବଦଲରେ ଜାଟ୍ରୋଫା ଚାଷ ହେବ। କୂଅ ପୋତା ହୋଇ ବୋର୍‍ଓ୍ବେଲ୍‍ ଖୋଲା ହେବ। ମଙ୍ଗଳାରୁଙ୍କ ଭଙ୍ଗା ହୋଇ ମନ୍ଦିର ତୋଲା ହେବ। ଖେଲପଡ଼ିଆ ସମତୁଲ ହେବ। ଗାଆଁ ଇସ୍କୁଲରେ ପାଚେରି ଉଠିବ। ଅଙ୍ଗନବାଡ଼ି କେନ୍ଦ୍ର ଛାତ ପଡ଼ିବ। ସେ ସବୁ ଥରେ ଆଗଭର, ଧୁରନ୍ଧର। ବେପାରବି ଦେଖବାକୁ ପଡ଼ିବ। ତେଣୁ ଗାଆଁ ମୁଣ୍ଡେ ସରକାରୀ ମଦ ଦୋକାନଟିଏ ପାଇଁ ମଧ ସେ ଦରଖାସ୍ତ କରିଛି। ସମସ୍ତେ କୁହାକୁହି ହେଉଚନ୍ତି ଏତକ ହୋଇଗଲେ ଚିତ୍ରସେନ ଆଉ ଗାଆଁ, ବେଶ୍‍ ଆଗେଇ ଯିବ। ଚିତ୍ରସେନର ଭାରି ଦଖଲ ଅଛି ନୂଆ ନୂଆ ଯୋଜନାରେ। ତେଣୁ ଗାଆଁ ଟୋକାଜାକ ତା ପଛରେ ଧାଇଁଛନ୍ତି। ତାକୁ ବେଶ୍‍ ସହଯୋଗ କରୁଛନ୍ତି, ମାନୁଛନ୍ତି।

ସତକୁ ସତ ମଦ ଦୋକାନ ପାଇଁ ବି ଅନୁମତି ମିଳିଗଲା। ଗାଆଁରେ ଭୋଜି ମାଉଁସ ଭାତ। ଟୋକା ପଞ୍ଚାକ ଖୁସ୍‍। ଚିତ୍ରସେନ ନିଜର ପୁରୁଣାଘର ଭାଙ୍ଗି ନୂଆ

କୋଠା ତୋଳା ଆରମ୍ଭ କରିଛି । ରତନି ଏବେ ସବୁ କାମରେ ଆଗଭର । ଲାଜ କରୁନି କଉଠିକୁ । ଜୀବନ ଶିଖାଇ ଦିଏ ବଞ୍ଚିବା । ଏବେ ବଞ୍ଚିବା ଶିଖି ଯାଇଛି ରତନି । ସେ ଘରଟୋଲା କାମରେ ବେଶ୍ ଉତ୍ସାହିତ ଅଛି । ତାକୁ ବେଶୀ ଦେହ ମେହେନତ କରିବାକୁ ପଡ଼ୁନାହିଁ । ଲୋକଙ୍କୁ ଜଗିବା, କାମରେ ପାଣି ପକାଇବା, ବାଲି ସିମେଣ୍ଟର ଅପବ୍ୟବହାର ରୋକିବା ଆଦି ଆପଣାପଣର କାମରେ ସେ ବ୍ୟସ୍ତ । ଏବେ ସେ ଆଖିରେ ଆଖି ମିଶାଇ କଥା ହେଉଚି । କାମ ସଂକ୍ରାନ୍ତରେ ଆଲୋଚନା କରୁଚି । ଦୁଃଖ ସୁଖ ଗପୁଛି । ହସୁଛି ।

ଶୃଙ୍ଖଳା ଭୂଇଁରେ ଟୋପାଏ ପାଣି କୁଆଡ଼େ ଭେଦି ଯାଏ କିଏ ଦେଖେ ? ନା ସେ ମାଟି ଶୀତଳ ହୁଏ ନାଁ ସେ ପାଣିର ଅସ୍ତିତ୍ୱ ରହେ ? ହେଲେ ଓଦାମାଟିରବାସ୍ନାକୁତ ଆୟତ୍ତ କରି ହୁଏ ନାହିଁ । ଅନେକ ବର୍ଷର ଏ ଅପତ୍ରା ଦେହରେ ବାଜିନି କାହାରି ଛୁଆଁ । ମନରେ ପସିନି କାହାରି ଭାବନା । ଏବେ ଏତେ ଦରଦ ଯେ ୫ରିପଡ଼ୁଚି ଚିତ୍ରସେନର । ରତନି ବି ଭିଜି ଯାଉଚି ଧୀରେ ଧୀରେ ତା ଅଜାଣତରେ । ରାଉତ ଟୋକାର ଗାଆଁ ମାମଲତି, କଞ୍ଚା ପଇସା, ମାଉଁସ ଭାତ ଭୋଜିର ତୁଣ୍ଡିରେ ବାନ୍ଧି ହୋଇଯାଉଚି ତା ପ୍ରତି ଅଭିଯୋଗ । ସମସ୍ତେ ଦେଖ ଅଦେଖା ଜାଣି ଅଜଣା । ଅଥଚ ରତନି ତା ନିରୀହ ପ୍ରବଣତାରେ ଅନ୍ଧ । ବାମନ ହୋଇ ଚନ୍ଦ୍ର ଧରିବାର ଭ୍ରମ । ଭୁଲ୍ ସବୁ ଯେମିତି ହୁଏ ସଚରାଚରେ । ନିଶାଗ୍ରସ୍ତ ହୁଏ ମଣିଷ । ପ୍ରେମ ପାଇଁ, ହୃଦୟ ପାଇଁ, ଦେହ ପାଇଁ ବି । ଏବେ ତାହାହିଁ ହେଉଚି ରତନିର ପ୍ରତିବାଦ ନାହିଁ । ସେ ତନ୍ଦ୍ରାଚ୍ଛନ୍ନ । ସେ ସ୍ୱପ୍ନମୟ, ସେ କେବଳ ମଗ୍ନ ହୋଇଛି ସ୍ୱପ୍ନର ବିଭୋର ପଣରେ ।

ରାତି ପାହି ଯାଏ । ସ୍ୱପ୍ନ ଭାଙ୍ଗି ଯାଏ । ସେତେବେଳକୁ ହୁଏତ ଅନେକ ଡ଼େରି ହୋଇଯାଇ ଥାଏ । ଏମିତି ଏକ ସମୟ ଆସିବ । ରତନି କ'ଅଣ ଭାବି ପାରିଥିଲା ? ଅନେକ ରାତିଯାଏ ଆଲୋକିତ ରହୁଥିଲା ତା' ଘର । ଚିତ୍ରସେନର ଯାତାୟତ ସମସ୍ତେ ଦେଖୁଥିଲେ ଜାଣୁଥିଲେ । ଫୁସୁ ଫୁସୁ ହେଉଥିଲେ । ଅବଶ୍ୟ କୌତୂହଲଟେ ଥିଲା ଏ ଗାଆଁର ଆଧୁନିକତାର ପ୍ରତୀକ ତ ଚିତ୍ରସେନ । ହୁଏତ ସେ ଗୋଟାଏ ଆଦର୍ଶ ବି ସ୍ଥାପନ କରିପାରେ । ଅସବର୍ଣ୍ଣ ବିବାହ ବା ବିଧବା ବିବାହ କରି ସରକାର କିମ୍ଭା ସ୍ୱେଚ୍ଛାସେବୀ ଅନୁଷ୍ଠାନ ଦ୍ୱାରା କିଛି ପ୍ରୋତ୍ସାହନ ବି ପାଇପାରେ । ରତନି ଅଭାବି, ବିଧବା ନ ହେଲେ ରୂପରେ ଗୁଣରେ କୋଉଥିରେ ତ ସେ ନିଉନ

ନୁହେଁ । କଅଣ ହୋଇପାରେ ଶେଷ ଦୃଶ୍ୟ ? ଏ ବାବଦରେ ପ୍ରତ୍ୟେକଙ୍କ ମନରେ ଗୋଟାଏ ଉଦ୍‌ବିଗ୍ନତା ବସାବାନ୍ଧୁ ଥିଲା । ଚିତ୍ରସେନ ପୂରା ନିର୍ବିକାର ଥିଲା । କୋଉଠି ବୃକ୍ଷ ରୋପଣ ହେବ । କୋଉଠି ରାସ୍ତା ସଜଡ଼ା ହେବ । ସ୍କୁଲର ଉନ୍ନତୀ ପାଇଁ ଗ୍ରାମ ସଭା ଆଦିର ଆୟୋଜନ ଚାଲିଥିଲା । କେତେବେଳେ ସରପଞ୍ଚ ଏମ୍. ଏଲ୍. ଏ ଫାଣ୍ଡି ଅଧିକାରୀ, ନହେଲେ ବିଡ଼ିଓ ଆସି ଏ ସଭାକୁ ମଣ୍ଡନ କରୁଥିଲେ । ଖବର କାଗଜରେ ଫଟୋ ବାହାରୁଥିଲା । ଅନେକ ଟିଭି ଚାନେଲ୍‌ରେ ପ୍ରସାରିତ ମଧ୍ୟ ହେଉଥିଲା । ଚିତ୍ରସେନର ଚିତ୍ରଶାଳା ସାଜି ଥିବା ମାଟିକାନ୍ଥୁ ଆଉ ନଡ଼ାଚାଲର ସ୍ତିମିତ ଆଲୋକରେ ରତନି ନିଜ ସ୍ୱପ୍ନରେ ରଙ୍ଗ ଭରୁଥିଲା ।

ଏବେ ପରିଣତି ଆଉ ପ୍ରତିକାର । ରତନି ଏତେ ମଗ୍ନ ଆଉ କଥାଟା ଏତେ ଉନ୍ମୁକ୍ତ ଥିଲା ଯେ ସେ ସନ୍ଦେହ କରିବାର ଆବକାଶ ପାଇ ନଥିଲା । ରତନି ଖୁବ୍‌ ସହଜ ଭାବରେ ନିଜ କଥା କହିଲା ଅଥଚ ଏ କଅଣ ହଠାତ୍ ସବୁ ସ୍ୱପ୍ନ ଛିନିଛତ୍ର ହୋଇଗଲା ଯେ ! ! ଚିତ୍ରସେନ ଏକଦମ୍ ନିର୍ବିକାର । କିଛି ଯାଣେନି ସେ । କୋଉଠି ନାହିଁ ତା'ର କିଛି ବି ସ୍ୱାକ୍ଷର । ଆଶ୍ଚର୍ଯ୍ୟ ! ରତନି ଏକଦମ୍ ଥକି ଯାଉଚି । ହାରି ଯାଉଚି ଚିତ୍ରସେନ ଓଲଟି ଧିକ୍‌କାର କରୁଛି । ଅଟ୍ଟହାସ୍ୟ କରୁଛି । କହୁଛି ମୋତେ ଏତେ ବଡ଼ ଅପବାଦ ଦେଉଛୁ ? କାଲି ଗାଁରେ ସଭା କରିବି । ଥାନାକୁ ଯିବି, ନ୍ୟାୟ ମାଗିବି ।

ଏସବୁ ସତ ନା ମିଛ ? ଠଟ୍ଟା ମଜା ନାଁ ଆଉ କିଛି ? ଏମିତି ଭାବନାରେ ରାତି ପାହି ସକାଳ ହେଲା । ସେଦିନ ଆଉ କୁଆଡ଼େ ଗଲାନି ରତନି । ବିଶ୍ୱାସଟେ ବାନ୍ଧି ବସିଥିଲା ସେ । ଚିତ୍ରସେନ ଆସିବ । ସନ୍ଧ୍ୟା ବୁଡ଼ି ମୁହଁ ଅନ୍ଧାର ହେଲା । କାହା ପାଦଶଦରେ ରତନି ଚମକି ଚାହିଁଲା । ସତରେ ତ ପିଆଦା ପଠାଇଚି ଚିତ୍ରସେନ । ତାକୁ ଯିବାକୁ ହେବ । ଏଡ଼େ ଡାହାମିଛ କଥାରେ ଗାଁଟାରେ କଅଣ ନ୍ୟାୟ ମିଳିବନି ?

ସଭା ବସିଚି । ନୂଆ ହୋଇ ଆଜ୍‌ବେଷ୍ଟ ପଡ଼ିଥିବା ନିଶାପ ଚାଦିନିରେ । ଆଜି ଲୋକ ଖୁଦାଖୁଦି । ସବୁ ଘର ଖିଡ଼ିକି ୫ରକା ଦର ଆଉଜା । ଦାଣ୍ଡକୁ ଉହୁଙ୍କି ଥିବା ଛାଇସବୁ ବୋରି ହୋଇ ପଶୁଚି । ବୁଢ଼ା ହଡ଼ା ଠେଙ୍ଗା ଆଉଜେଇ ବସିଚନ୍ତି

ସୋରିଷଫୁଲିଆ ଖରା ▢ ୯୩

ଚାନ୍ଦିନି ଦାଢ଼କୁ । ଏ ରାତି ଏ ସଭା କଅଣ ଦେବ ରତନିକୁ ? ଭୟଟେ କବଳିତ କରୁଛି ରତନିକୁ । ବାସ୍ କଥା ପଡ଼ିଲା । ଏବେ ନିଜେ ଚିତ୍ରସେନ ତାଗିଦା ଆରମ୍ଭ କରିଦେଲା । ଭୟ ନ କରି କହ । କିଏ ତୋ ପିଲାର ବାପ ? ମୁଁ ତା କଥା ବୁଝିବି । ଆରେ ଯେ କଅଣ ? କ'ଣ ଏମିତି ପ୍ରଶ୍ନ ପଚରାଯାଇ ପାରେ ? କିଛିତ ଭାବିପାରୁନି ରତନି, କଅଣ ଉତ୍ତର ଦେବ ? ଚିତ୍ରସେନ ବାରଂବାର ତାଗିଦା କରୁଛି, ସମସ୍ତେ ତଟସ୍ଥ ହୋଇ ଚାହିଁଛନ୍ତି କେବଳ । ରତନି ଯେତେଥର ଆଖିଟେକି ଚିତ୍ରସେନକୁ ଚାହୁଁଛି ତା ଜ୍ୱଳନ୍ତ ଆଖିର ନିଆଁରେ ପାଟିଖୋଲିବାର ସମସ୍ତ ସାହସ ପାଉଁଶ ହୋଇ ଯାଉଛି । ଆହା ଏ ଆଖିରେ ଏତେ ଛଳନାର ରଙ୍ଗ ! ! ତା ଆଖିରେ ତ ଲୁହ ଛଡ଼ା ଆଉ କିଛି ନାହିଁ । କେମିତି କଅଣ କହିବ ସେ ? ଏବେ ଚିତ୍ରସେନ ପୁରା ତା ପାଖକୁ ଲାଗି ଆସୁଛି ତା ଡେଣାକୁ ଝୁଣି ଦେଇ କହୁଛି କହ...କହ....କହ..... ।

ଇସ୍ ରତନି ଥରୁଛି । ସତେ ଅବା ରତନିର ମୌନତାକୁବି ସହି ପାରୁନି ଚିତ୍ରସେନ୍ । ସେ ଚାହୁଁଛି । ସଭା ନିରବ । ଆଉ ଏକ ଦ୍ରୌପଦୀ ଲାଞ୍ଛିତ ହେଉଛି । ବିବସନା ହେବାକୁ ଯାଉଛି । ରତନିର ବାହୁକୁ ଛାଟି ଦେଇ ହସୁଛି ଚିତ୍ରସେନ । କହୁଛି ବିଭସ ବାକ୍ୟସବୁ— କାହା ନାଁ କହିବ ଯେ ? ଏତ ରାସ କରୁଥିଲା । ଏ ଗାଆଁଟାକୁ ନଷ୍ଟ କରିଦେବ । ଯାକୁ ବିଦା ନ କଲେ ଏ ଗାଆଁ ଆଉ ରହିବ ? ତଥାପି ସମସ୍ତେ ନିରବ । ରତନିର ବେକ ମୋଡ଼ି ହୋଇଯାଉଛି ମଲା କୁକୁଡ଼ା ପରି । ଚିତ୍ରସେନ ଥକାହୋଇ ଚକାପକାଇ ବସିପଡ଼ି ବାମହାତ ଆଣ୍ଠୁରେ ଥୋଇ ଡ଼ାହାଣ ହାତ ହଲାଇ ଓଗାଳୁଛି ଅଶ୍ରାବ୍ୟ ଭାଷା..... ନାଁ କହିବ ଛୁଆ ....ବୋପାର....ହୁଃ ।

କୋଉଠି ଥିଲା ମନୁଆ ? ଏକଦମ୍ ରତନି ପାଖରେ ଏବେ । ରତନିର ଭଙ୍ଗା ବେକଟାକୁ ଯତ୍ନରେ ସଲଖେଇଦେଇ କହିଲା, କହିଦେ । ସତ କହିବାକୁ କାହିଁକି ଲାଜ କରୁଛୁ ? କହିଦେ ମୁଁ ପରା ତୋ ପିଲାର ବାପା । ଏତକ କହି ମନୁଆ ବେକ ଭାଙ୍ଗି ଛିଡ଼ା ହେଲା । ରତନି ବି ଉଠି ଛିଡ଼ାହୋଇ ପଡ଼ିଲା । କଅଣ କହିଥାନ୍ତା ? ମନୁଆ ଖୁବ୍ ଲାଗି ଆସିଲା । ଚିରକାଳ ତା ବେକରେ ଝୁଲୁଥିବା ଗାମୁଛା ସହ ରତନି ମୁହଁରେ ହାତଦେଇ ଆର ହାତଟି ତା ବେକ ଚାରି କଡ଼େ ଗୁଡ଼ାଇ ଦେଲା । ଆକାଶରେ ଜହ୍ନ ହସୁଥିଲା । ଚାନ୍ଦିନୀର ପାହାଚ ଓହ୍ଲାଇ ଆସୁଥିଲା ଯୁଗଳ ମୂର୍ତ୍ତିଟିଏ ।

□

ଫିକା ଇନ୍ଦ୍ରଧନୁ

ମୋଟା କାଚର ଚଷମା ଫ୍ରେମ୍‌ରେ ମୁହଁଟି ଦିଶେ ବେଶ୍ ଗମ୍ଭୀର। କାମ ହେଲା ଗଳ୍ପ ରଚନା, ସଂପାଦନା। ଲିଖନ ପଠନକୁ ନେଇ ଏକାଏକା ମଣିଷଟେ। ତାଙ୍କ ଗପ ପଢ଼ିଲେ କିନ୍ତୁ ଭାବି ହେବନି ମଣିଷଟା ଏମିତି ବୋଲି। ଗଳ୍ପର ଶୈଳୀ ବେଶ୍ ଭିନ୍ନ। ସ୍ୱାଦିଷ୍ଟ, ପଢ଼ିବା ଆରମ୍ଭ କଲେ ଶେଷ ନ କରି ଛାଡ଼ି ହୁଏ ନାହିଁ।

ପୁରୁଷର ପ୍ରକୃତି ଗମ୍ଭୀର, ଆଉ ନାରୀ ଲଜ୍ଜାଶୀଳା କ'ଣ ସବୁବେଳେ? ହୁଏତ ନୁହେଁ। ପୁରୁଷର ଗାମ୍ଭୀର୍ଯ୍ୟ ତଳେ ଲୁଚିଥାଏ ଗୋଟେ ଚଗଲା ପ୍ରଜାପତି। ଆଉ ନାରୀର ଲଜ୍ଜା ତଳେ ଥାଏ ଲଜ୍ଜାକୁ ହଜାଇ ଦେବାର ଏକ ଆଦିମ ଅଭିଲାଷ। ଛାଡ଼! ପ୍ରକୃତି ଚିରଦିନ ରହସ୍ୟମୟୀ। ପ୍ରତ୍ୟେକ ବ୍ୟକ୍ତିର।

ବେଳେବେଳେ ଅନ୍ୟ କାହାକୁ ଅଧ୍ୟୟନ, ଉନ୍ମୋଚନ କରିବାର ଅଭିଲାଷ ମନରେ ସୃଷ୍ଟି ହୁଏ। ଯେମିତି ଏଇ ଗାଳ୍ପିକ। ପଚାଶ ବର୍ଷର ଜୀବନ ଅତିକ୍ରାନ୍ତ ହେବା ପରେ ବିବାହ ସମ୍ଭାବନା ଏକଦମ୍ କମ୍ ବା ନାହିଁ କହିଲେ ଚଳେ। ଅଭିଆଡ଼ା ଦୋଷ କିନ୍ତୁ ତାଙ୍କଠାରେ ମୋତେ ଦୃଶ୍ୟ ହୁଏ ନାହିଁ। ମୋତେ ଅନୁଭବ ହୁଏ ନାହିଁ ବ୍ୟକ୍ତିଙ୍କର ନାରୀ ପ୍ରବଣତା ଥିବା ପରି। ଅଥଚ ଗପ ସବୁ ପଢ଼ିଲେ ଆଚମ୍ବିତ ଲାଗେ। ଆଶ୍ଚର୍ଯ୍ୟ। ନାରୀ ସମ୍ପର୍କରେ ଏତେ ସବୁ ନିବିଡ଼ ତା'ର କାହାଣୀ। ଏତେ ନିଖୁଣ ଅନୁଧ୍ୟାନ ଜଣେ ଅବିବାହିତ ପୁରୁଷର! ତା' ହେଲେ ପୁଣି ବିବାହ ନ କରିବାର କାରଣ କଅଣ? ଏତେବଡ଼ ଦୁନିଆରେ କଅଣ ମିଳିଲା ନାହିଁ ମନଲାଖି ପ୍ରିୟତମାଟିଏ? ଦେଖ ଚାହିଁ ବୁଝି ବିଚାରି ଗୋଟିଏ ଭଲ ଝିଅକୁ ବାହା ହୋଇ ଯାଇଥିଲେ କ'ଣ ହୋଇ ନଥାନ୍ତା? ନିଜ ପସନ୍ଦ ମୁତାବକ ହେଲେ ଏମିତି ହେଲାନି କାହିଁକି??

ହଁ ହୁଏତ ମନ ଚାହିଁଥିବ ଗୋଟେ ଝିଅ। ପିନ୍ଧିଥିବ ଗୋଟେ ହାଲ୍‌କା ରଙ୍ଗର ଶାଢ଼ି, ଗୋଲାପି, ସବୁଜ ନୀଳ କି ହଳଦି ଫିକା ଫିକା। ପାଦରେ ସିମ୍ପଲ ଚପଲ। ଶାଢ଼ିତଳୁ ପାଦ ଦୁଇଟିର ଆଙ୍ଗୁଳି ହିଁ ଦିଶୁଥିବ। ଚାଲିଲେ ବେଳେ

ବେଳେ ଅକସ୍ମାତ୍ ଝଲସୁଥିବ ବଳାଗଣ୍ଡିର ସରୁ ପାଉଁଜି। ଓଠରେ ଗାଢ ଲିପ୍ଷ୍ଟିକ୍ ନ ବୋଲି ଆଖିରେ ନାଇଥିବ ଟିକେ କଜ୍ଜ୍ଵଳ। ଛୋଟ କଳା ବିନ୍ଦିଟେ ଲାଗିଥିବ ନାକର ଟିକେ ଉପରକୁ, ଦୁଇ ଭ୍ରୁଲତା ମଝିରେ। ଡାଙ୍କିଜୁଙ୍କି ହୋଇ ରହିଥିବ ଶାଢ଼ିର ଆଞ୍ଚଳ। ପିନ୍ ମରା ହୋଇବି ବୁଲି ଆସିଥିବ ବେକ ଚାରିପଟେ ଶାଢ଼ି କାନି ଏକ ମାର୍ଜିତ ଶୈଳୀରେ। ଏ ତ ପୂରା ଭଲ ଝିଅଟେ। ଏମିତି ସୁଶୀଲା ଝିଅଟେ ବାହା ହୋଇଯାଇ ଥିଲେ କ'ଣ ହୋଇ ନଥାନ୍ତା ?

ନାଁ.....ବାବା........ନାଁ। ବେଶଭୂଷା ପରିଧାନ କ'ଣ ସବୁବେଳେ ହୋଇ ପାରେ ସଠିକ୍ ପରିଚୟ ? ହୁଏତ ସେ ସଜେଇ ହୋଇଥିଲା ସିନେମା କି କୌଉ ଧାରାବାହିକରେ ଭୂମିକାଟେ ପାଇଁ। ନିଜର ପ୍ରଦର୍ଶନ ଅଧିକ ନିଖୁଣ କରିବାକୁ ସେ ଏମିତି ସଜେଇ ହୋଇ ଚଲିବାକୁ ଚାହିଁ ଥାଇପାରେ। ଏଇଟା ମଧବିତ୍ତ ପରିବାରର ଭଲ ଝିଅର ପରିଧାନ। ଅଭିନେତ୍ରୀର ପରିପାଟି ସବୁବେଳେ ପରିବର୍ତ୍ତନଶୀଳ। ପରବର୍ତ୍ତୀ ଭୂମିକାରେ ଯଦି ହେବାକୁ ଥିବ ଗୋଟେ ଉଗ୍ର ଆଧୁନିକା ଫାଜିଲ ଝିଅଟେ। ସେ ପିନ୍ଧିବ ଚିପା ଜିନ୍ସ, ସ୍ପୋର୍ଟିଙ୍ଗ ଗଞ୍ଜି। ପୋଷାକ ତଳୁ ସ୍ପଷ୍ଟ ଦିଶୁଥିବ ଅନ୍ତବସ୍ତ୍ର ଛାପ। ଚିରାଚିରା ଜିନ୍ ପ୍ୟାଣ୍ଟ। ଫେସନେବୁଲ ଗଞ୍ଜିର ଆଗ ପଛରେ କିଛି ଇଂରାଜୀ ଖଣ୍ଡ ବାକ୍ୟ ଯାହାର ଓଡ଼ିଆ ଅନୁବାଦ ଲାଗୁଥିବ କିଛିଟା ଅଶ୍ଳୀଳ। ଆରେ କେମିତି ଚିହ୍ନିବ ଆଜି ଯିଏ ରାଣୀ ଭୂମିକାରେ କାଲି ହୁଏତ ଚାକରାଣୀ। ଏତେ ସହଜରେ ଜାଣି ହୁଏ କଅଣ କାହାର ଅସଲିୟତ୍ ! !

ବୟସ ବେଳ। ମନ ଚାହିଁ ବସିଥିବ କୌଉ ଦିନ ମିଳି ଯିବ ମନର ମଇନା। ଆଖି ଖୋଜୁଥିବ ପସନ୍ଦ ମୁତାବକ ଝିଅଟେ। ଝିଅଙ୍କ ସହ ମିଶୁଥିବ ପରଶୁଥିବ ନିଜର ନିଆରା ବ୍ୟକ୍ତିତ୍ଵଟେ। ସନ୍ଧାନ ଥିବ କିନ୍ତୁ ମନର ମାନସୀ, ହୃଦୟେଶ୍ଵରୀ। କିନ୍ତୁ ନାଁ ହୁଏତ ବାରବାର ଦେଖା ହେଉଥିବ ଗୋଟ୍ ଝିଅ ସହ କ୍ଲାସରୁମରେ, କଲେଜର ପ୍ରଶସ୍ତ ବାରଣ୍ଡାରେ, ଲାଇବ୍ରେରିରେ। ବସ୍ ଷ୍ଟପରେ କି ରିକ୍ସା ଷ୍ଟାଣ୍ଡରେ। ଏକାଠି ପାଦ ମିଳାଇ ରାସ୍ତା ପାର ହେଉଥିବେ। ଅକସ୍ମାତ ଖସି ପଡ଼ିଥିବ କଲମ କି ରୁମାଲ ଗୋଟାଇ ବଢ଼ାଇ ଦେଇଥିବ, ବହି ବି ହୋଇଥିବ ଆଦାନ ପ୍ରଦାନ। ନିଜ ନିଜର ରିକ୍ସା ଧରିଲା ବେଳେ ମିଶି ଯାଇଥିବ ଆଖି। ସ୍ମିତହାସ୍ୟଟେ ଫୁଟି ଥିବ ମୁହଁରେ। କିମ୍ବା ଏମିତି ବି ହୋଇପାରେ ଗୋଟିଏ ବସରେ ଏକା ସିଟ୍‌ରେ ବସିବାକୁ ହୋଇଥିବ ଖୁବ୍ ସଂଭ୍ରମରେ। ତଥାପି ଆଗେଇ

ନଥିବ ପରିଚୟର ପରିପାଟି। ଗପର ଗଜଲ। ଖୋଲି ନଥିବ ମନ ଗହନର ଗ୍ରମର।

          ମନ ଭାସୁଥିବ ଶରତ ଆକାଶ ବାଦଲ ପରି ଉଦାସ ଉଦାସ। ମନର କଥା ଖୋଲି ଦେବାକୁ ଭାରି ସଂକୋଚ ଲାଗୁଥିବ। କାଲେ ମନ ନଥିବା ଝିଅଟା ଆଗରେ ମନ କଥା କହି ଅପଦସ୍ତ ହେବାକୁ ପଡ଼ିବ। ଝିଅଟା କଥାଟାକୁ ତାମ୍ସା କରିବ। ନିଜେ ଭାଉ ଖାଇ ସବୁ ଆଡ଼େ କହି ବୁଲିବ। ଇସ୍......। ଇଜ୍ଜତ ପଲେଇବରେ ବାବା!!

          ବୟସ ବଢ଼ିଚାଲିଛି ଯେ! ବାପା ନ ଥିବା ଘର। ବଡ଼ଭାଇ ଭାଉଜଙ୍କୁ ତ କହିଥିଲା। ଏବେ ନୁହେଁ ସମୟ ହେଲେ କୁହାଯିବ। ନିଜେ ଠିକ୍‌କରି ହେଉନି। କେହି ବି ଆଉ ସେ ପ୍ରସଙ୍ଗ ଉଠାଉ ନାହାଁନ୍ତି। ନାଁ ଟିକେ ଉଦ୍ୟମୀ ହେବାକୁ ପଡ଼ିବ। ହଉ। ଆଜି କାଇଁ ମନ ବେଶୀ ଅଥୟ ହେଉଛି ? ଭାସି ଯାଉଚି ଝିଅଟିଏର ମୁହଁ। ତା ହସ ସତେ ଯେମିତି ଚିରି ଦେଉଚି ଛାତିକୁ। ସେ ଥିରିଥିରି ପଶି ଆସୁଛି ହୃଦୟ ଭିତରକୁ, ଆଉ ନୁହଁ। ସବୁକୁ ବେଖାତିର କରି କାଲି ସେ ନିଶ୍ଚୟ କହିଦେବ ମନର କଥା। ନିଦ କୁଆଡ଼େ ହଜିଗଲା ତମାମ୍ ରାତି।

          ରାତି ପାହିଲା ଦେଖା ହେବା ଦରକାର। କେମିତି ଆରମ୍ଭ ହେବ, ମନ ଭିତରେ ପ୍ରସ୍ତୁତି ଅବିରତ। ସେ ଆସିଲା ଦେଖାକଲା। ଆସୁ ଆସୁ ସାମନାକୁ ଚାଲି ଆସି ତା ଭ୍ୟାନିତ୍ ଦରାଣ୍ଡିଲା। ବାହାର କଲା ଗୋଟେ ବଡ଼ ରଙ୍ଗିନ୍ ଲଫାପା। ଆରେ ଏତ ବାହାଘର କାର୍ଡ଼। ସ୍ମିତହସ୍ତେ ଲଗାଇ ବଢ଼ାଇ ଦେଲା ଲଫାପା। ଛାତି ଭିତରେ ରାତି ସାରା ସଜଡ଼ା ବାକ୍ୟ ସବୁ ନିଃଶବ୍ଦରେ ଭାଙ୍ଗି ଚୁର୍‌ମାର ହୋଇଗଲା। ଛାତି କଅଣ ହୋଇଗଲା। ଅଣ ନିଃଶ୍ୱାସୀ ଲାଗିଲା। ନିଜକୁ ସମ୍ଭାଲି ନେବାକୁ ପଡ଼ିଲା। ଏ ଦରଜ କିନ୍ତୁ ଜମା ଉପସମ ହେଲା ନାହିଁ।

          ତଥାପି....ବାଟନ ଚାଲିଚାଲୁ ହେନ ଜୀବନ ସଡ଼କରେ। ଆଉ ଦେଶୀ ପରୀକ୍ଷା ନିରୀକ୍ଷା କରିବା ଠିକ୍ ହେବନି ଜମା। ଗୋଟେ ଝିଅ ଭଲ ଲାଗିଲା ଭାବ ବି ବଢ଼ିଲା। ଆଲାପ ଆଲୋଚନା ଚିଠି ସବୁକିଛି ଏତେ ସବୁ ପରେ ବି ଗୋଟେ ଶୂନ୍ୟ ଉଦାସ ଭାବ ଅପେକ୍ଷା ଏକାକାର ହୋଇଯିବାର ମୁହୂର୍ତକୁ। ବିବାହକୁ। ଅଥଚ ଆଗକୁ ଚାପ। ପରିବାର ପ୍ରତିପୋଷଣ ଯୋଗ୍ୟ ଆତ୍ମନିର୍ଭରଶୀଲତା କାଇଁ ?

....
ସୋରିଷଫୁଲିଆ ଖରା □ ୯୭

ମହାନ ପ୍ରେମିକ ହେବାର ସମୟ । ପ୍ରେମିକାକୁ ବୁଝାଇବାକୁ ପଡ଼ିଥ‌ିବ । ଗୁରୁଜନଙ୍କ ଆଜ୍ଞାଧୀନା ହୋଇ ଆଦରି ନେବାକୁ ନିଜର ସଜଡ଼ା ଭବିଷ୍ୟତ । ହଁ ଝିଅଟି ଭାରି ଭଲ ସେ ରାଜି ହୋଇଯାଏ । କେତେ ବିଶାଳ ହୃଦୟତାର ଏତେ ସବୁ ସ୍ମୃତି ସନ୍ତକକୁ ହୃଦୟର କୋଉ ଅଦେଖା କୋଣରେ ଝାଙ୍କି ମାଡ଼ି ଲୁଚାଇ ଦେଇ ପାରେ । ନ ହେଲେ ତ ସେ କହିଥାନ୍ତା, ଲୋଡ଼ା ନାହିଁ ମୋର ସଜଡ଼ା ଭବିଷ୍ୟତ । ତୁମେ ଥ‌ିଲେ ମୋର ଜୀବନ ସବୁଜ ସବୁଜ, ନାଁ ଏମିତି କିଛି ନୁହେଁ । ସେ ବାହାହୋଇ ଯାଏ ।

ଅନେକ ସଂଭାବନା ପରେ ବାସ୍ତବତା ଅଟକି ଯାଏ ଖଣ୍ଡେ ଛୋଟିଆ ଚାକିରି ପାଖରେ । ବୟସ, ଅନୁଭବ, ଅନୁରାଗ, ଆଡ଼୍ଆଂଷା ଏ ସବୁ ଫେଣ୍ଟାଫେଣ୍ଟି ରଙ୍ଗ ଖାଲି ଧୂସର ଧୂସର । ଏ ଧୂସର ଗାଲିଚାକୁ ସାବ୍‌ଜା କରି ଦେବାପରି ସାଥ‌ିଟିଏ କାହିଁ ? ମନକୁ ହୃଦୟକୁ ସାଲିସର ଶିକୁଳିରେ ନ ବାନ୍ଧ କ'ଣ ଜୀବନ ଜୀଇଁ ହୁଏ ? ସୁଖର ଲମ୍ବା ତାଲିକା ପାଇଁ ତ ଏଇ ସାଲିସର ଢାଲ‌ଟେ ଲୋଡ଼ା । ବରଂ ଢାଲର ବୋଝ ନ ବୋହିଲେ ? ?

ସବୁ ସମ୍ପର୍କର ସଂଜ୍ଞା ପରି ସ୍ୱାମୀ ଆଉ ସ୍ତ୍ରୀ ଗୋଟେ ସଂଜ୍ଞା । କିଛି ନଥାଇ ଗଢ଼ି ଉଠୁଥ‌ିବା ଏଇ ସବୁକିଛିର ସମ୍ପର୍କ । ଯଦି କିଛି ଘଟିଗଲା ? ସାଲିସର ଢାଲ ବି କାମ ନକଲା ? ତାହେଲେ ଏମିତି ଅଧା ଆନନ୍ଦ ଆଉ ଅଧା ନିରାନନ୍ଦର ଏଇ ବିଚିତ୍ର ସମ୍ପର୍କଟିରେ ବନ୍ଧାପଡ଼ି ଲାଭ କଅଣ ? ଅନନ୍ତ ଆକାଶରେ ଏକୁଟିଆ ଚଢ଼େଇଟେ । ସବୁ ରଙ୍ଗ ଥାଇ ବି ଦିଗ୍‌ବଳୟର ଫିକା ଇନ୍ଦ୍ରଧନୁଟେ । ନିଆରା ନିଆରା । ଏକାଏକା ଫିକାଫିକା ।

▢

ନାଗଫେଣୀ ଫୁଲ

ଭଲ ଘର ଖଣ୍ଡେ ସମସ୍ତଙ୍କର ଲୋଡ଼ା । ଜୀବନ ଜୀବିକା ଭିତରେ ଘରଖଣ୍ଡେ କରିବାର ସ୍ୱପ୍ନ ଥାଏ ସମସ୍ତଙ୍କର । ଜାଗା ଖଣ୍ଡେ କିଣ । ବେଶ୍ ଭଲରେ ପାଚେରି ବୁଲାଅ । ତା' ଭିତରେ ଆଉଟ୍ ହାଉସ୍ । ଇଞ୍ଜିନିୟର ଓ ବାସ୍ତୁଶାସ୍ତ୍ରଙ୍କ ମିଶ୍ରିତ ପ୍ଲାନ୍ । ବିଡିଏ ଆପ୍ରୁଭାଲ୍ ଓ ପଣ୍ଡିତଙ୍କ ପରାମର୍ଶରେ ଶୁଭଲଗ୍ନ ସ୍ଥିର । ଭଲ ଜଣେ କଣ୍ଟ୍ରାକ୍ଟର ଠାବ କରି ଘର ତିଆରିର ଦାୟିତ୍ୱ ଅର୍ପଣ । ଏ ହେଲା ଘର ତିଆରି କରିବାର ସ୍ୱଚ୍ଛଳ ତରିକା । ହେଲେ ସମସ୍ତେ କ'ଣ ଏମିତି ଭାବେ କରିପାରନ୍ତି ନୂଆ ଘର ? ଏମିତି ବି ହୋଇ ପାରେ ପୁରୁଣା ଘରଟେ ଥିବ । ଧୀରେ ଧୀରେ ପରିବାର ବଢ଼ୁଥିବ । ବୋହୂ ଆସିବାର ସମୟ ହୋଇ ଯାଉଥିବ । ଘରର ମଡେଲ୍ ବଦଲେଇବାକୁ ଇଚ୍ଛା ହେଉଥିବ । ଆବଶ୍ୟକତା ଥିବ ଘର କାମ କରିବାକୁ କିନ୍ତୁ କେହି ରାଜି ହେଉ ନଥିବେ । ପୁରୁଣା ଗୋଟେ ଘର ତାକୁ ଭାଙ୍ଗିବା ଆଉ ସେଥିରେ ଲାଗିଥିବା ଶଗଡ଼ ଶଗଡ଼ ମାଟି, ଅଗଣାରେ ପରା ହେଇଥିବା ଛ' ହାତିଆ ପଟାପଥର କିଏ ରାଜି ହେବ ? ଆଜିକା ମୂଲିଆମାନେ ତ ଏ ପଥର ଦେଖ୍ ଛାନିଆ ହୋଇଯାଉଛନ୍ତି । ହେ ପ୍ରଭୁ ଶତ୍ରୁ କପାଳରେ ବି ଏମିତି ଘର ନ ଜୁଟୁ । ଏ ଘରର କାମ ଆଜିକାଲିର କ୍ୟୁବିକ୍ ଫୁଟ୍ ହିସାବରେ କରାଇବା ସମ୍ଭବ ନୁହେଁ । କିନ୍ତୁ ଘରକୁ ସଜାଡ଼ିବାକୁ ତ ପଡ଼ିବ । ଉପାୟ ନାହିଁ । ଆଶୁତୋଷ ବାବୁ ଅଁଟା ଭିଡ଼ିଥିଲେ, ନିଜେ ମୂଲିଆ ମିସ୍ତ୍ରି ଲଗେଇ ନିଶ୍ଚୟ ସଜାଡ଼ିବେ ଘର ।

ଆଜିକାଲି ସମସ୍ତେ ଚତୁର । ଆଉ ଚତୁରତାର ମାପକାଠି ହେଲା ଠକାମି । ଆଉ ଏ ମିସ୍ତ୍ରି ଲେବର ବି କିଛି କମ୍ ନୁହନ୍ତି । କଁଟ୍ରାକ୍ଟର ପାଖେ ସେମାନେ ରହି ଯେପରି କାମ ସ୍ପିଡିରେ କରନ୍ତି ହାଜିରାରେ କଲେ ତାହା ଶହେ ସ୍ପିଡିରୁ ଖସିଆସେ ପୂରା ପଚାଶ ପ୍ରତିଶତକୁ । ଆଉ ରାଜମିସ୍ତ୍ରି ଅର୍ଜୁନ! ସେ ଖାଲି ଚତୁର ନୁହେଁ ଧୂତ କହିଲେ ଠିକ୍ ହେବ । ମଜୁରି ହିସାବରେ କେତେ କାମ କଲେ ମାଲିକ ତା ମୂଲ ଦେବା ବଦଲରେ କାମ ପାଇଯାଏ ତାହା ସେ ମନେ ମନେ ହିସାବ କରି ଦିଏ ।

. . . . ସୋରିଷଫୁଲିଆ ଖରା ▯ ୯୯

ତେଣୁ ସେ ଅଧିକ ଖଟିବ କାହିଁକି, ବରଂ ହେଲେଟେଲେ ହୋଇ କାମ କରେ । ଆଶୁତୋଷ ବାବୁଙ୍କ ମନ ସମ୍ଭାଳେ ନାହିଁ । ଉପର ଘର କାମ ହେଉଛି । ଖାସ୍ କାମ ପାଖକୁ ଯିବା ଆସିବା କରିନ୍ତି । ତଳୁ ଉପରକୁ ଯିବାର ପାଦ ଶବ୍ଦ ଶୁଭିଲେ ଅର୍ଜୁନର ପାଟି ଶୁଭେ । ଆଶ ଆଶ ଘୋଲା ଆଶ । ଶାଳୀ ଆଉ କେତେ ଦିନ କାମ କଲେ ଯୋଗାଡ଼ ଦେବା ଜାଣିବ ? ପାଟିରେ ଲାଗିଥିବା ବିଡ଼ିରୁ ଦମକାଏ ଧୂଆଁ ଛାଡ଼ିହାତରେ ଧରେ । ଆଶୁତୋଷ ବାବୁ ତା' ପାଖରେ ପହଞ୍ଚ ଯାଇଥା'ନ୍ତି । ମିସ୍ତ୍ରି କହେ– "ଜାଙ୍ଲ ବାବୁ ! ମୋ କପାଳଟା ଫଟା । ତିନିଟା ମାଇକିନିଆ ଆଣିଲି ଛୁଆଖଣ୍ଡେ ନାହିଁ । ଏଗୁଡ଼ାକ କୋଉ କାମକୁ ନୁହନ୍ତି । ଯାଙ୍କୁ ପୋଷି ପୋଷି ମୁଁ ନ୍ୟାତ ।"

ରେଜାକାମ କରୁଥିବା ସ୍ତ୍ରୀ ଲୋକଟି ତେବେ ଅର୍ଜୁନର ସ୍ତ୍ରୀ । ତିନିଟା ସ୍ତ୍ରୀ କଥାଟା ଟିକେ ଖାପଛଡ଼ା ଲାଗେ । ଏ ସବୁ ଶୁଣିବାରେ ଆଦୌ ଆଗ୍ରହ ନ ଥାଏ ଆଶୁତୋଷଙ୍କର । ମିସ୍ତ୍ରି ମୂଲିଆଙ୍କ ପାଖେ ଠିଆ ହୋଇ କାମ କରାଇବା ଭାରି କଷ୍ଟ । ଏମାନଙ୍କର ସବୁ ଅଜବ ଅଜବ ସମସ୍ୟା । କ'ଣ ନାଇଁ କ'ଣ କହି ବନ୍ଦ କରନ୍ତି କାମ । ଥରେ କାମ ବନ୍ଦ ହେଲେ ପୁଣି ତାଙ୍କୁ ଆଣି କାମରେ ଲଗାଇବା କାଠିକର ପାଠ । ସିମେଣ୍ଟ ରହିରହି ପଥର ହେବ । କୁକୁର ଗୁହରେ ବାଲିଗଦା ଛାଉଣି ହୋଇଯିବ । ପାଣିତ୍ରମ ଭଡ଼ା ହିସାବ କଲେ ମୁଣ୍ଡକୁ ପିଉ ଚହଟିବ । ତା'ପରେ ଦିନେ ଆସିଯିବେ ମିସ୍ତ୍ରି ଆଉ ଲେବର । ଦାନ୍ତ ନିକୁଟି କହିବେ ଅଜବ କଥା ।

ବଡ଼ ଜଟିଳ ପରିସ୍ଥିତିରେ ପଡ଼ିଯାଇଥିଲେ ଆଶୁତୋଷ ବାବୁ । ସାତପୁରୁଷର ପୁରୁଣା ଭିତାମାଟି ଚାଲରୁ ଆଜବେସ୍ତ । ଆଜବେସ୍ତରୁ ଛାତ । ଏମିତି ପରିବର୍ତ୍ତନ ଚାଲିଛି । ନା ଏ ଘରକୁ ଛାଡ଼ି ହେଉଛି ନା ଠିକ୍ ଭାବେ ସଜାଡ଼ି ହେଉଛି । ତଥାପି ସଜଡ଼ା ତ ଚାଲିଛି । ଏଇ ପୁରୁଣା ଘରକୁ ସଜାଡ଼ୁ ସଜାଡ଼ୁ ସାକ୍ଷାତ ହୋଇଯାଇଛି ଅନେକ ଅସଜଡ଼ା ଚରିତ୍ରମାନଙ୍କ ସହିତ ।

ଏ ଯେଉଁ ରାଜମିସ୍ତ୍ରି ଅର୍ଜୁନ ! ତା'ର ତିନିଟା ସ୍ତ୍ରୀ । ସେ ପ୍ରଥମେ ଯାହାକୁ ବିବାହ କରିଥିଲା ତା'ର ଦୁଇବର୍ଷ ଯାଏଁ ପିଲାପିଲି ହେଲାନି । ପିଲାଟିଏ ଆଶାରେ ସେ ଆଉଥରେ ଦ୍ୱିତୀୟ ବିବାହ କଲା । ସେ ଯାହାକୁ ଦ୍ୱିତୀୟ ହେଲା ତା' ପାଖରେ ସେ ରେଜା କାମ କରୁଥିଲା । କାମ କଲାବେଲେ ଦୁହେଁ ଦୁହିଙ୍କୁ ଜାଣିଲେ ।

ଅନାମୀ ଜାଣିଥିଲା ଅର୍ଜୁନ ମିସ୍ତ୍ରିର ସ୍ତ୍ରୀ ଅଛି । ଅନାମୀ ବି ବାହା ହୋଇଥିଲା । କି ବାହାଘର ମ ଏମାନଙ୍କର! ଅନାମୀ ଭଲପାଇ ଭାଗିଥିଲା ଗାଁରୁ । ସେ ଟୋକାଟା ଲେବର କାମ କରୁଥିଲା । ଦିହେଁ ଆସି କ୍ୟାପିଟାଲ୍ ପାଖ ସରକାରୀ ଜାଗାରେ ଥିବା ମଙ୍ଗରାଜ ବାବୁଙ୍କ ଲେବର କଲୋନୀରେ ରହିଲେ । କେତେ ମାସ ଗଲା । ଦିନେ ସେ ଗାଁକୁ ଗଲା ଯେ ଗଲା । ଆଉ ଫେରିଲା ନାହିଁ । ସମସ୍ତେ କୁହାକୁହି ହେଲେ— ମନ ରାଜିରେ ନେଇ ଆସିଥିଲା, ବାପା ମା' ଔଷଧ ମହନି କରି ତାକୁ ଫେରେଇ ନେଲେ । ସେ ଏବେ ତାଙ୍କ ଘରେ । ଗାଁରେ କାମଧନ୍ଦା କରୁଛି । ଦିନକ ପାଇଁ ମନେ ପକେଇଲା ନାହିଁ ଅନାମୀକୁ । ଅନାମୀ କୁଆଡ଼େ ଯିବ ? ସେଇ ଘରେ ରହିଲା । କାମ ଖୋଜିଲା । ଅନାମୀ ହାବୁଡ଼ିଲା ଏଇ ମିସ୍ତ୍ରିକୁ । ମଜଭୁତିଆ ଦକ୍ଷିଣୀ ମାଇକିନିଆ । ଭରାଯୌବନ । ବଳିଲା ଦିହ । ହାତରେ ମୁଠ୍ଠିଏ ଲେଖା ନାଲିପାଣି ଚୁଡ଼ି । ଦି ହାତ ଆଙ୍ଗୁଠିରେ ଦୁଇ ଭରିର ପିତଳ ମୁଦି । ବେକରେ କାନରେ ନାକରେ ମନଲାଖ୍ ରୋଲଗୋଲ ଗହଣା । ଗୋଡ଼ରେ କିନ୍ତୁ ରୂପାର ପାଉଁଜି । ବାଜୁଥାଏ ଝୁମ୍ ଝୁମ୍ । ମୁଣ୍ଡରେ ଓଢ଼ଣା ଦେଇ ବୋହୁଥିବ ଏଗାରଟା ଲେଖାଏଁ ଇଟା । ସିମେଣ୍ଟ ଅଖାରେ ଅଖାଏ ବାଲି । ତଳୁ ଉପରକୁ ଉପରୁ ତଳକୁ ଚାଲିଥିବ ଅହରହ ।

ଏଇ ମିସ୍ତ୍ରି ସଙ୍ଗେ ତା'ର ବୁଝାମଣା ହୋଇଛି । ମିସ୍ତ୍ରିର ତ ପିଲାଟିଏ ଲୋଡ଼ା ନା । କିଏ ଜାଣେ କାଲେ ଏ ମାଟିରେ ବି ଦୋଷ ଥିବ । ଆଗରୁ ତ ଥିଲା ସେ ଟୋକା ସଙ୍ଗେ କାଇଁ ପିଲାପିଲି କଥା କହୁ ନ ଥିଲା କିଛି ଅନାମୀ । ତେଣୁ ଏବେ ଯେମିତି ଅଛି, ଯୋଉଠି ଅଛି ସେମିତି ରହିବ । ମିସ୍ତ୍ରି ଆସିବ ତା' ପାଖକୁ ଯଦି ରହିଗଲା ପିଲାଟେ ସେ ତାକୁ ନେଇଯିବ । ରାଜି ହୋଇଛି ଅନାମୀ । ଆଗରେ ତମାମ ଜୀବନ । କୋଉଠି ଅଛି ଦି'ପାଦ ମାଟି ଅନାମୀ ଠିଆ ହୋଇଯିବ ନିରାପଦରେ! ଗାଁକୁ ତ ଯିବାର ନାହିଁ । ଏ ମିସ୍ତ୍ରିଟାକୁ ହେଲେ ଆଉଜି ଯାଉ । କଂଟ୍ରାକ୍ଟର ପାଖକୁ ଗଲେ ସେ ବି ଚାହୁଁଛି ଭୋକିଲା ଆଖିରେ । ଦି ଦିନ ଭଡ଼ା ଦବା ତାରିଖ ଗଡ଼ିଗଲେ ଧାଁ ଆସୁଛି ମଙ୍ଗରାଜ । ଛିଗୁଲେଇ କହୁଛି । ଆଲୋ! ଦବୁନିକି ଏ ମାସର ଭଡ଼ା? କ'ଣ କାମ ପାଉନୁ? ମୋତେ କହନୁ । କାମ ଦେବି । ଅୟସରେ ବସି ଖାଇବୁ । ହଁ... କାମ କ'ଣ ପାଉନୁ ବା ? କଥାଗୁଡ଼ା

ବିନ୍ଧି ହୋଇଯାଏ ଅନାମ୍ନୀ ଛାତିରେ । ସବୁ ଭାଷା ବାଦ୍ ଆଉ ଗୋଟେ ଭାଷା ଅଛି ଯାହା ବୁଝି ହୋଇଯାଏ ନିଃଶବ୍ଦରେ । ସବୁ ବୁଝି ଚୁପ୍ ରହେ ଅନାମ୍ନୀ । କ'ଣ କରିବ । ସେଇଥିପାଇଁ ତ ରାଜି ହୋଇଛି ମିସ୍ତ୍ରି କଥାରେ । ତଥାପି ତ ସର୍ଭିଟିଏ ଅଛି । ଯଦି ପିଲାଟିଏ ରହିଗଲା ତ ଭାଗ୍ୟ । ନ ହେଲେ.... ପୁଣି କ'ଣ ହେବ ? ବାଂଝ ମାଇକିନିଆର କୋଉ ସତୀପଣିଆ ଯେ ?

ଅନାମ୍ନୀ ପାଖକୁ ମିସ୍ତ୍ରି ଆସେ । କେବେ କେବେ ବି ରହେ । ଘରେ ଥିବା ତା' ସ୍ତ୍ରୀ ରଜନୀ ପାଖରେ । ଯାକୁ ସେ ଗାଁ'ରେ ବାହା ହୋଇ ସାଥିରେ ଧରି ଆସିଥିଲା । ନିରୀହାଟିଏ । ଦୁଇବର୍ଷରେ ବାଂଝ ପ୍ରମାଣିତ ହୋଇଥିବାର ଉଦାସପଣ ବାରି ହୋଇଯାଏ ମୁହଁରେ । ଅସୁନ୍ଦରୀ ନୁହେଁ ଭରାବୟସରେ କ'ଣ ଖୋଜାପଡ଼େ ସୌନ୍ଦର୍ଯ୍ୟ ! ଅର୍ଜୁନ ମିସ୍ତ୍ରି ଭାବେ, ତାକୁ ସବୁଦିନ ଏକାଛାଡ଼ି ଆସିବା ବି ଠିକ୍ ନୁହେଁ ।

ଏଣେ ଅନାମ୍ନୀ ଆଖିରେ ସ୍ୱପ୍ନ । ଭଗବାନ ତାକୁ ମା' କରିଦିଅନ୍ତୁ । ହଁ ସେ ମା' ହେବ । ମା' ହେଲେ ବଦଳିଯିବ ଭାଗ୍ୟ । ମିସ୍ତ୍ରି ନେଇଯିବ ତା' ପାଖକୁ । ତା' ନିଅଁଶ କୁଳରେ ଦୀପ ଜାଳିବାକୁ । ମିସ୍ତ୍ରି ବି ଭାରି ଖୁସି, ଖବରଟା ଜାଣି । କହିଛି ଅନାମ୍ନୀକୁ ତିନିମାସ ହୋଇଗଲେ ନେଇ ଦେଖାଇବ ଡାକ୍ତରକୁ । ବୁଝାଇ ଦେଇଛି ସେ । ସାଇଭାଇଙ୍କ ସହ ସବୁକଥା ଫଇସଲା କରି ସେ ନେଇଯିବ । ଦୁଇ ସଉତୁଣୀ ହୋଇ ରହିବେ ରଜନୀ ଆଉ ଅନାମ୍ନୀ । ଅନାମ୍ନୀ ଦିନ ଗଣୁଛି । ପୂର୍ଣ୍ଣିମାକୁ ଦୁଇମାସ ହୋଇଗଲାଣି । ଆଜି ଅମେଇସିଆ । ଆଜି ସେ ଯିବ ଡାକ୍ତର ପାଖକୁ ଦେହ ଦେଖାଇବାକୁ । ଠିକ୍ ବେଳରେ ଆସିଲା ମିସ୍ତ୍ରି ଅନାମ୍ନୀକୁ ନେଇଗଲା ଡାକ୍ତର ପାଖକୁ । ଛୋଟ ଗୋଟେ ଘରେ ଅନାମ୍ନୀ ଶୋଇଲା । ଟିଭିପରି ଯନ୍ତ ଗୋଟେ ଲଗେଇ ଡାକ୍ତର ଦେଖିଲା । କେମିତି ଅଛି ଛୁଆ । ହଁ ଦେଖା ସରିଲା । ଅନାମ୍ନୀ ବାହାର ଚୌକିରେ ବସିଲା । କ'ଣ ସବୁ କଥା ହେଲା ଅର୍ଜୁନ ଡାକ୍ତର ବାବୁଙ୍କ ସାଥିରେ । ପୁଣି ଅନାମ୍ନୀ ଗଲା ଭିତରକୁ । ଶୋଇଲା, ଡାକ୍ତର ବାବୁ ଯନ୍ତ ଲଗେଇ କ'ଣ କଲେ ସେ ଜାଣିପାରିଲାନି । ତା' ହାତଧରି ଜଣେ ଦିଦି ଉଠାଇଦେଲେ । ସେ ତାକୁ ପିନ୍ଧାଇ ଦେଇଥିଲେ କିଛି । ଯେମିତି ପିନ୍ଧିବାକୁ ହୁଏ ମାସୁଆରିରେ । ଅନାମ୍ନୀର ଛାତି ଥରିଲା । ଅର୍ଜୁନ ପଶିଆସିଲା ଭିତରକୁ । କହିଲା ଛୁଆଟା ରହିଥିଲେ ଛୋଟାକେଣା ହୋଇଥାନ୍ତା । ସେଇଥିପାଇଁ ଅନାମ୍ନୀର ସ୍ୱପ୍ନଟା ରାତି ନ'ପାହୁଣୁ

ହଜିଗଲା। ଅର୍ଜୁନ ହସୁଥିଲା ଶଳା ଝିଅ ଜନମ କରିଥାନ୍ତା... କାମ ତୁଟିଗଲା...।

ଅନାମୀ ଅବିଶ୍ୱାସ କରିନି। ମିସ୍ତ୍ରି ତା' ଦିହମୁଣ୍ଡ ବୁଝିଲା। ତାକୁ ଟାଣ କରିଦେଲା। ପାଞ୍ଚ ସାତ ଦିନରେ ପୁଣି କାମରେ ଲାଗିଲା ଅନାମୀ। ଏ ଭିତରେ ମିସ୍ତ୍ରି ସବୁ ଫଇସଲା କରି ଅନାମୀକୁ ନେଇଗଲା ପାଖକୁ। ଅନାମୀର ଦୁଃଖିଲା ମନକୁ ଆଶ୍ୱାସନା ଦେଲା। ଦୁଃଖ କରନା। ମନ ଥିଲେ କେତେ ଫଳ ଫଳିବ। ମିସ୍ତ୍ରି ଅନାମୀକୁ ନେବା ଆଗରୁ, ସେ ରହିଥିବା ହରିଚନ୍ଦନ କଲୋନୀରେ ତା' ଘରକୁ ଲାଗି ପାଖ ଘରଟାକୁ ବି ଭଡ଼ା ରଖ୍ ନେଇଛି। ଦୁଇ ସ୍ତ୍ରୀଙ୍କୁ ଧରି ଚଲେ। ଗାଁ'ରୁ କୁଣିଆ ମଇତ୍ର, ବନ୍ଧୁବାନ୍ଧବ ଆସିଲେ ବି ସୁବିଧାରେ ଚଳିଯାନ୍ତି ଦିନେ ଅଧେ। ସମସ୍ତେ ଜାଣନ୍ତି ଅର୍ଜୁନର ଦୁଇଟା ସ୍ତ୍ରୀ। ଦୁହେଁଯାକ ଯାଆାନ୍ତି କାମକୁ। ଦୁହିଁଙ୍କର ପିଲା ହେବାର ସୂଚନା ନାହିଁ। ଅର୍ଜୁନ ପ୍ରତିମାସରେ କ'ଣ ଖାଇବାକୁ ଦେଉଛି! କହୁଛି ଖାଇଲେ ପିଲା ହେବ।

ଭାରି ରାଗ ହେଉଛି ଅର୍ଜୁନର ଏବେ ଦିହଁଙ୍କ ଉପରେ। ହାତକୁ ଦେଉନି ମଜୁରି ଟଙ୍କା। ହଁ ନ ଦେଉ। ଜୀବନ ସାରାର ଭାର ବୋହିବାକୁ କଥା ଦେଇଛି ଯେତେବେଲେ ମଜୁରି ଟଙ୍କାରେ ଆଉ କ'ଣ ଥାଏ? ହେଲେ ହାତକୁ ଦିଅନ୍ତା ନାହିଁ କେତେବେଲେ କେମିତି ଦଶ କି ପଚାଶ। ପାଟ୍ରାଟୁ ରୁଡ଼ି, ଅଲତା କି ସିନ୍ଦୁର ଭରିଏ କିଣିବା ପାଇଁ। ଦିହେଁ ଭାରି ମନଦୁଃଖ କରନ୍ତି। ସଉତୁଣୀର ପ୍ରତିହିଂସା କ'ଣ ମନରେ ବସା ବାନ୍ଧେ ସବୁବେଲେ? ଦୁହେଁ ସୁଖ-ଦୁଃଖକୁ ବି ଭାଗବଣ୍ଟା କରନ୍ତି ନିଜ ଭିତରେ। ଭାଗ୍ୟକୁ ନିନ୍ଦନ୍ତି, କାନ୍ଦନ୍ତି, ଅନ୍ଧାର ରାତିର ସ୍ୱପ୍ନ ସବୁ ସକାଲ ଆଲୁଅରେ କୁଆଡ଼େ ମିଲେଇଯାଏ। ଆହା! ହତଭାଗିନୀ ରଜନୀ ଆଉ ଅନାମୀ।

ଅର୍ଜୁନର ସୋଦା-ବକା, ଅଭାଷାଭାଷା ଭର୍ତ୍ସନା ବଢ଼ି ବଢ଼ି ଯାଉଛି। ଦୁହିଁଙ୍କ ଆଡ଼ୁ ଯଦି ଟିକିଏ ପ୍ରତିବାଦ ହୁଅନ୍ତା, ବାଡ଼ିଆ ମାଡ଼ ବି ଖାଇବାକୁ ପଡ଼ନ୍ତା। ଯାହା ବାରି ହୁଏ ଅର୍ଜୁନର ଆଚରଣରୁ ନିଜ ବାଂଝପଣିଆର ଲଜ୍ଜାରେ ସାଙ୍କୁଡ଼ି ଯାଉଥିବା ଦୁଇଟା ନିରୀହ ମଣିଷ ପାଟିରୁ କଥା ବାହାରେନି କେତେବେଲେ। ଖଟୁଥାନ୍ତି ପ୍ରତିଦିନ। ପଡ଼ି ରହିଥାନ୍ତି ତା'ରି ପାଖରେ। ଏବେ ଏ ଦୁହିଁଙ୍କୁ ଆଉ ସାଙ୍ଗରେ କାମକୁ ନେଉନି ମିସ୍ତ୍ରି। ମାସିକିଆ ବୁଝି ଦେଇଛି ଠିକାଦାର ପାଖରେ। ମାସିକିଆ

....
ସୋରିଷଫୁଲିଆ ଖରା ▢ ୧୦୩

ମଜୁରି ଟଙ୍କା ଧରିବାର ମଉକା ନାହିଁ ଆଉ । ଅର୍ଜୁନ ହିଁ ବୁଝେ ହିସାବ । ଆଣେ ଟଙ୍କା । ତା' ମୁଣ୍ଡରେ ଏବେ ନୂଆ ଯୋଜନା ।

ଏବେ ଅର୍ଜୁନ ମିସ୍ତ୍ରୀ ତା' ସହ କାମ କରିବାକୁ ଆଉ ଗୋଟେ ରେଜା ଠିକ୍ କରିଛି । ସେ ଏବେ ତ ଆସିଛି ଫୁଲବାଣୀରୁ । ଭଲରେ ବି କହିପାରୁନି ଓଡ଼ିଆ । ତା' ବଙ୍କା ବଙ୍କା ଓଡ଼ିଆ ଶୁଣିଲେ ହସ ଲାଗେ । ଖଟଣି କିନ୍ତୁ ଠିକ୍ ଜଣା । ସେ ବି ରହୁଛି ଏଇ କଲୋନୀରେ । ତା'ର ବଡ଼ଭଉଣୀ ଆଉ ଭିଣୋଇ ପାଖରେ । ବାପା ଆଗରୁ ମରିଥିଲା, ଏବେ ତା' ମା' ମରିଗଲା । ଏକଲା ଘରେ, ଆଉ କେହି ନାହିଁ । ମା' ପେଟର ଭଉଣୀଟା ଦୁଃଖ ସହି ନ ପାରି ନେଇ ଆସିଛି ତାକୁ ମୁନ୍‌ଗିକୁ । ଭଉଣୀ ସିନା ନେଇ ଆସିଛି ହେଲେ ତା' ବରଟା ଦାହଲ କୁରୁଟା । କେତେ ଥର ହାତ ମାରିଲାଣି ଜାଗା ଅଜାଗାରେ । ମୁନ୍‌ଗି ଦେହରେ ନିଆଁ ଲାଗିଯାଏ । ହେଲେ ଭଉଣୀ ମୁହଁକୁ ଚାହିଁ ଚୁପ୍ ଅଛି । ନିଜକୁ ନିଜେ ତା'ଠୁ ଦୂରେଇ ରହିବାକୁ ଚେଷ୍ଟା କରୁଛି । ବଖୁରିଏ ତ ଘର । ବାରଣ୍ଡାର ଦରବୁଜା ରୋଷେଇ ଘରେ ଶୋଇ ପଡ଼ନ୍ତା । କଲୋନୀ ଶେଷମୁଣ୍ଡ ଘରେ ଯେଉଁ ଚାରି ପାଞ୍ଚଟା ଲେବର ଟୋକା ରହୁଛନ୍ତି, ସେଗୁଡ଼ା କ'ଣ ମଣିଷ ? କାମ ସାରି ଫେରିବା ବେଳକୁ ପାଖ ପାନ ଦୋକାନରୁ କିଣି ଆଣୁଛନ୍ତି ପଚିଶ ଟଙ୍କିଆ ଆସ୍ଫାଫଟି ମଦ ପାଉଡ଼୍ । ସେକୁ ପେଟେ ପେଟେ ପି' ଦେଇ ନାଲିଆ ନାଲିଆ ରାକ୍ଷସ ଆଖିରେ ଚାହୁଁଛନ୍ତି ଟୁଲୁ ଟୁଲୁ ହୋଇ । କେମିତି ଶୋଇବ ବାରଣ୍ଡାରେ ମୁନ୍‌ଗି ।

କବାଟ କିଳି ଘରେ ଶୋଇଲେ ଡର । ବାହାରେ ଶୋଇଲେ ଡର । ଏଡ଼େବଡ଼ ଦୁନିଆରେ ମୁନଗି ପାଇଁ ଜାଗା ଟିକେ ନାହିଁ । ଦିନ‌ଯାକର ହାଡ଼ଭଙ୍ଗା ପରିଶ୍ରମ ପରେ, ସେ ଶୋଇପଡ଼ିବ ନିଶ୍ଚିତରେ ! ! ମା' ମଲାପରେ ଗାଁରୁ ଆସିଲା ଦିନୁ, ମନଟା ତା'ର ମରି ମରି ଯାଉଛି । ହେଲେ କ'ଣ କରିପାରିବ ସେ ନିଜର ନିଧଡ଼୍‌କ ଜୀବନଟେପାଇଁ ?

ଅର୍ଜୁନ ମିସ୍ତ୍ରୀ ଏବେ ଗୋଟେ ନୂଆ ଦି ଚକିଆ ଆଣିଚି । ଠିକାଦାର ବାବୁ ବୁଝିଦେଲା ତା' ପାଇଁ । ରଜନୀ ଆଉ ଅନାମାର ମାସିକିଆ ଟଙ୍କାକୁ କିସ୍ତି କରି ସେ ଏବେ ଚଢ଼ୁଛି ଗୋଟେ ନୂଆ ମଟର ସାଇକେଲ । ବଢ଼ିଆ । ଏବେ ଅର୍ଜୁନ ମିସ୍ତ୍ରୀର ଠାଣିମାଣି ବଦଲିବାରେ ଲାଗିଛି । ଚହଟ ଚିକ୍‌ଣ ହୋଇ ନୂଆଗାଡ଼ି ଧରି

ଯାଉଛି । ଏବେ ତା'ରି ଗାଡ଼ି ପଛରେ ବସି ଯାଉଛି ମୁନ୍‌ଗି । ଫୁଲବାଣୀର ପାହାଡ଼ିଆ ଝିଅ ପଥର ପରି ରଙ୍ଗ କଳା । ମଜଭୁତ୍ । ଝରଣା ପରି ଛଳ ଛଳ ଚଞ୍ଚଳ । ତା' କାମକୁ ଭାରି ତାରିଫ୍ କରୁଛି ଅର୍ଜୁନ । ସବୁଦିନ ପଛରେ ବସେଇ ନେଉଛି ତାକୁ ହେଲପର କାମ କରିବାକୁ । କେତେ ଦିନ ଏମିତି ଚାଲିଲା ? ହଁ ହେବ ଚାରି ଛ' ମାସ ।

ଦିନେ ଅନାମୀ ଆଉ ରଜନୀକୁ ଡାକି ଅର୍ଜୁନ ସାଫ୍ ସାଫ୍ କହିଦେଲା; ସେ ମୁନ୍‌ଗିକୁ ଆଣି ପାଖରେ ରଖିବ । କ'ଣ କହିବେ ଦୁହେଁ ? ଭାଗ୍ୟରେ କ'ଣ ଲେଖା ଥିବ କିଏ ଜାଣେ ? ମାଇକିନା ବାଞ୍ଝ ହେଲେ ମରଦ ଆଉ ଗୋଟେ ମାଇକିନା ଆଣିଲେ କ'ଣ ମୁହଁ ଖୋଲି ହୁଏ ? ଏବେ ଦୁହିଁଙ୍କ ମନ ସବୁବେଳେ ନିରସ । ଖାଲି କାମ ଆଉ କାମ । ବୟସ ସରିଗଲେ, ବଳ ହଟିଗଲେ, କେମିତି କଟିବ ଜୀବନ !! ଏବେ ଦୁହିଁଙ୍କ ଭିତରେ ସମ୍ପର୍କରେ ଆଉ ତିକ୍ତତା ନାହିଁ । ଦୁଇଟି ମଉନ ମୂର୍ତ୍ତି ହୋଇ ଚଲନ୍ତି ଦୁହେଁ । କ'ଣ କଥା ହେବେ, କ'ଣ ବା କାହାକୁ କହିବେ ?

ସତକୁ ସତ ଦିନେ ମୁନ୍‌ଗି ଆସିଲା ଅର୍ଜୁନ ମିସ୍ତ୍ରି ଘରକୁ । ବିଧି ବିଧାନ ନା ଆଇନ୍ କାନୁନ୍ ? ଗୋଟିଏ ଘରେ ରଜନୀ ଆଉ ଅନାମୀ । ଗୋଟିଏ ଘରେ ମୁନ୍‌ଗି ଆଉ ଅର୍ଜୁନ । ଏଇମିତି ବିତିଲା ବରଷେ । ମୁନ୍‌ଗି ମା' ହେବାର ଖବର ଶୁଣିବାକୁ କାନ ଡେରିଥିଲେ ରଜନୀ ଆଉ ଅନାମୀ । କାଇଁ କିଛି ତ ନାଇଁ ? ଏଥର ମୁନ୍‌ଗିର ବି କପାଳ ଫାଟିବ । ମୁନ୍‌ଗି ଭଲ ଝିଅଟା । ଓଲି କାବେଡ଼ିଟା ଭଲି ଲାଗେ । ମଜୁରିକୁ ବି ଯାଏ । ଘର କାମ ବି କରେ । ବାଦ କରେନି ଏ ଦୁହିଁଙ୍କ ସାଙ୍ଗରେ । ଅର୍ଜୁନ ସାଙ୍ଗରେ ଲୁଚେଇ ଛପେଇ ଭଲ-ମନ୍ଦ ବି ଖାଏନି । ରଜନୀ ଆଉ ଅନାମୀ ସାଙ୍ଗରେ କଳିକଜିଆ ବି କରେନି । ସାବତ ମା', ସଉତୁଣୀ, ଶାଶୂ ଏମାନେ ଯେତେ ଭଲ ହେଲେ ବି ତାଙ୍କ ଭଲପଣିଆ ବିଶ୍ୱାସନୀୟ ହେବାକୁ ସମୟ ଲାଗେ ।

ଅନେକ ଦିନ ଅର୍ଜୁନ ମିସ୍ତିର ପାଟରାଣୀ ହୋଇଥିଲା ସେ । ହେଲେ ତାଙ୍କ ଦିହିଁଙ୍କ ଭିତରେ କ'ଣ ହେଲା କେଜାଣି ମୁନ୍‌ଗି ମନରେ ଆଉ ଜମା ସରାଗ ନ ଥିଲା । ପ୍ରଥମରୁ ଯେ ଭାରି ସରାଗ ବୋହି ପଡୁଥିଲା ତା' ନୁହେଁ । ହେଲେ

ଗୋଟାଏ ନିହାତି ବିପଦ ସଂକୁଳ ଜାଗାରୁ ଟିକେ ନିରାପଦକୁ ଆସିଲେ ମନରେ ଯେଉଁ ଆଶ୍ୱସ୍ତି ଆସେ ସେତକ୍ ପୁଲକ ମୁନ୍‌ଗିର ନଥିଲା ବୋଲି କିଏ କହିବ ?

ଏଇ ମାସରୁ ମୁନ୍‌ଗି ବି ଆଉ ଅର୍ଜୁନ ସାଙ୍ଗରେ ମଟରସାଇକେଲ୍ ପଛରେ ବସି ଯାଉନି କାମକୁ । ସେ ବି ଯିବ ଠିକାଦାର ପାଖକୁ କାମ କରିବାକୁ ମାସିକିଆ ହିସାବରେ । ରଜନୀ ଆଉ ଅନାମୀ ସାଙ୍ଗରେ । ତିନିଜଣଙ୍କର ସମଦଶା । ଦିନତମାମ ମଜୁରି ଖଟିବେ ଓ ରାତି ଚାରିରୁ ଉଠି ରୋଷେଇବାସ କରି ଟିପିନ୍‌ରେ ଭାତ ତିଅଣ ଧରି ମୁଣ୍ଡରେ କଡ଼େଇ ବେଲଚା କି କୋଡ଼ି ଧରି ଚାଲିବେ କୋଉ ଆପାର୍ଟମେଣ୍ଟ କି କୋଉ ପ୍ରାସାଦକୁ । ନହେଲେ ପ୍ରଧାନମନ୍ତ୍ରୀ ସଡ଼କ ଯୋଜନାର ଢ଼େଲେଇ କରିବାକୁ ଠିକାଦାରର କାମ ବରାଦ ଅନୁଯାୟୀ ।

ଏ ତ ଗଲା ଅର୍ଜୁନ ମିସ୍ତ୍ରୀ କଥା । ହରିଚନ୍ଦନ କଲୋନୀରେ ଆଜି ଫୁସ୍‌ଫାସ୍ ଲାଗିଚି । ମା'ଲୋ ଗୋଟାଏ ବଖରା ଘରେ ଗୋଟାଏ ଝିଅ । ଘରଭଡ଼ା ବୁଝିଲା । ଅଟୋରେ ଜିନିଷପତ୍ର ଧରି ଆସି ପହଞ୍ଚିଗଲା । ସମସ୍ତଙ୍କ ଆଖ୍ ଦରାଣ୍ଡୁ ଥିଲା କିଏ ଆଉ ଆସିଚି । ଟୋକୀ ସାଙ୍ଗରେ ? ଘଇତା କି ଦିଅର ? ମା' କି ଶାଶୂ ? ଭାଇ କି ଭଉଣୀ ? ବୋପା କି ଶ୍ୱଶୂର ? କେହି ନାହିଁ । ଏକା ଝୁମୁରି ଚିକ୍‌ଚିକ୍ ଡ୍ରେସରେ, ଓଢ଼ଣି ବନ୍ଧା ହୋଇଛି ଅଁଟାରେ । ଦୁନିଆ ଜିନିଷପତ୍ର ଚଲେଇଚି ସଜଡ଼ା ସଜଡ଼ି । ଜଣାପଡୁନି ବାହା କି ବାଉଅ । ବିଧବା କି ସଧବା । ଯାହା ହଉ ଝିଅଟା କିନ୍ତୁ ଚାଲିଁ ଖର ଖର ପୂରା ଅଣ୍ଟିରୀଘୋଡ଼ି ପରି ଲାଗୁଛି । ଭାରି ଫୁର୍ତ୍ତି ଆଖ୍ ଦୁଇଟା । ରଡ଼ ନିଆଁ । ଓଠରେ ଚେନାଏ ମଉଲା ହସ ।

କାଲି ସଞ୍ଜ ବୁଢ଼େ ତ ପହଞ୍ଚିଛି । ଆଜି କୁଆଡ଼େ ଯିବ କାମକୁ । ଆଠଟା ବେଲକୁ କଲୋନୀ ଫାଙ୍କା । ଝୁମୁରୀର ଚାଲିଛି ଅନୁସନ୍ଧାନ । କୋଉ ଘରେ କିଏ ରହିଯାଇଚି କାମକୁ ନ ଯାଇ । ସେମାନଙ୍କୁ ଧରି ଚଲେଇଛି ପୁଛତାଛ କାହା ଛୁଆକୁ ଖେଲାଇଲାଣି ତ କୋଉ ବୁଢ଼ୀ ପାଇଁ ପାଣି ଆଣି ଦେଲାଣି । କୋଉ ବୁଢ଼ାର ଅଁଟାରୁ ଗଲିପଡ଼ି ଥିବା ପାନକୁ ଉଠେଇ ତା' ହାତକୁ ଦେଲାଣି । କାହାର ଶୁଖୁଥିବା ଲୁଗାକୁ କୁକୁର କବଲରୁ ରକ୍ଷା କଲାଣି । ସଞ୍ଜ ସରିକି କଲୋନୀ ଯାକ ନେସି ହୋଇଗଲାଣି ଝୁମୁରୀ । ପାଟିରେ ବାଟୁଲି ବାଜୁନି । ଅମୁକ ବୋଉ, ଖୁଡ଼ି,

କିଏ ମାଉସୀ, କାହାକୁ ନାଁ ଧରି କାହାକୁ ମାନ୍ୟରେ ତ କାହାକୁ କିପରି ସାଙ୍ଗଦୋସ୍ତି ଚଲାଉଚି ଝିଅଟା। ପୁଅ, ଝିଅ, ବୁଢ଼ୀ ଓ ଟୋକା ବାଛ ବିଚାର ନାହିଁ ତା'ର। ଆରେ ବାଃ... ଆଜି ଯାଏ କୋଉଠି ଥିଲା ଏ ଝିଅଟି। ଗୋଟାଏ ଦିନରେ କଲୋନୀଟା ସାରା ଛୁଇଁ ଗଲାଣି ଦଲକାଏ ପବନ ଭଲି।

ଦିନେ, ଦୁଇଦିନ, ଚାରିଦିନ କେତେ ଦିନ ଆଉ କାମକୁ ନ ଯାଇ, ଚଲିପାରିବ ଝୁମୁରୀ? କଲୋନୀରେ ଠିକାଦାରର ଏବେ ଖାସ୍ ଲୋକ ହେଉଛି ଅର୍ଜୁନ। ମଟରସାଇକେଲରେ ଯାଏ ବେଳ ଅବେଳରେ ଠିକାଦାର ପାଖକୁ ଝୁମୁରୀ ତା'ରି ପାଖକୁ ଗଲା। ତା' ପାଇଁ କାମ ବୁଝିଦେବାକୁ କହିଲା। ଅର୍ଜୁନ ଓଠ ଚାଟି ପକେଇଲା। ଭାରି ଖୁସି ହେଲା। ଆପେ ଆପେ ଧରା ଦେଉଚି ଝୁମୁରୀ। ମୁନ୍ଗିର ବି ତ ସେରକ ପୂରି ଆସିଲାଣି।

ଅର୍ଜୁନର କହିବା ମୁତାବକ ପରଦିନ ଝୁମୁରୀ କାମ ପାଇଁ ରେଡ଼ି ହୋଇ ପହଞ୍ଚିଗଲା। ଅନାମୀ, ରଜନୀ ଆଉ ମୁନ୍ଗି ଖାଇବସିଥିଲେ ସାଙ୍ଗ ହୋଇ। ଅର୍ଜୁନ ମଟରସାଇକେଲ କାଢ଼ି ଗାଡ଼ି ଉପରେ ବସି ବଡ଼ ଷ୍ଟାଇଲ୍‌ରେ ବିଡ଼ିରେ ନିଆଁ ଧରେଇଲା। ଦୁଇ ହାତରେ ହ୍ୟାଣ୍ଡେଲ ଧରି ଭକ୍ ଭକ୍ ବିଡ଼ିରୁ ଧୂଆଁ ଛାଡ଼ି ଗାଡ଼ି ଷ୍ଟାର୍ଟ କଲା। ଆଉ ଝୁମୁରୀ ଲେଗ୍‌ଗାର୍ଡରେ ଗୋଟାଏ ଗୋଡ଼ ମାଡ଼ି ଆଉ ଗୋଟେ ଗୋଡ଼ ବୁଲାଇ ଦେଲା ବୃଉପରି। ଫାଡ଼ି ହୋଇ ବସିପଡ଼ିଲା ଦୁଇପଟକୁ ଦୁଇ ଗୋଡ଼ ରଖି। ଅର୍ଜୁନ କାନ୍ଧରେ ହାତ ବାଡ଼େଇ କହିଲା– ଚଲା... ଗୋଟେ ହାତରେ ତା'ର ଝୁଲୁଥିଲା ଟିଫିନ୍ କ୍ୟାରିଅର୍। ଆଉ କାନ୍ଧରେ ପଡ଼ିଥିଲା ଗୋଟେ ଗାମୁଛା। ଆଜି ଅର୍ଜୁନ ସାଥିରେ କାମ କରୁଛି ଝୁମୁରୀ। ବଟେଇବାକୁ ପଡ଼ୁନି କାମ।

ମସଲା ଫେଣ୍ଟା, ଘୋଲାବନା, କରଣି ରୁଷା ପାଣିରେ ପକା, ଓଲମ ଛେଣୀ, ମାରତୁଲ, ସବୁ କାମ ପାଖରେ ଥୋଇବା। ସବୁ ଠିକ୍। ଆଗରୁ ନିଶ୍ଚୟ କାମ କରିଛି କୋଉ ମିସ୍ତ୍ରି ସାଥିରେ। ଅର୍ଜୁନ ତା' କାମବେଳ ପ୍ୟାଣ୍ଟ ସାର୍ଟ ବଦଲେଇ ସାରିଲାଣି। ମୁଣ୍ଡରେ ପାଗ ଭିଡ଼ା ହେବ। ବିଡ଼ିରେ ନିଆଁ ଲାଗିବ। ଗୋଟେ ହାତରେ ଘୋଲା ଢାଲୁଥିବ କାନ୍ତୁରେ। ଆଉ ବିଡ଼ିରୁ ଧୂଆଁ ଛାଡ଼ୁଥିବ।

ଆଜି କାଇଁ କଥା ବାହାରୁନି ଅର୍ଜୁନ ପାଟିରୁ। ଓଢଣିଟାକୁ ଛାତିରେ ବାଗେଇ ଦେଇ ଅଣ୍ଟା କଡ଼ରେ ଗଣ୍ଠି ମାରୁ ମାରୁ କଥା ଆରମ୍ଭ କଲା ଝୁମୁରୀ। ଦଉନୁ ଟିକେ ଗୁଟୁକା କି ଖଇନି କ'ଣ ରଖିଛୁ? ଆରାମରେ ବସି ବିଡ଼ି ପି'। ମୁଁ ଘୋଲା କରି ବାଢ଼େଇ ଦେବି ମସଲା। ତୁ ଖାଲି କରଣି ମାରିବୁ। ରୁଷା ଘସିବୁ। ଦେ କ'ଣ ରଖିଛୁ ଦେ ମୋତେ ଟିକେ। ଟିକେ ଜର୍ଦା ପାନ କି ରାଜା ଖଇନି ଦେବୁ ତ ଦେଖିବୁ ମୋ କମାଲ। ଟୋକୀ ଦେଖିଲୁ କି ? ମୁଁ ଅଧା ମିସ୍ତ୍ରି...। ହଁ।

ଅର୍ଜୁନ ଚୁପ୍ ଚାପ୍ ଗୋଟେ ରାଜା ଖଇନୀ ଝୁମୁରୀ ହାତକୁ ବଢ଼ାଇ ଦେଲା। ବଢ଼ିଆ କାମ କଲା। ସତରେ। ଉପରଓଳି କାମ ଆରମ୍ଭ ବେଳକୁ ସେ ଆଉ ମିସ୍ତ୍ରିକୁ ଖଇନୀ ମାଗିଲାନି। ତା' ପକେଟ ଅଣ୍ଠାଲି ନେଲା ନିଜେ ନିଜେ। କାମ ସରିଲା। ଅର୍ଜୁନ ମିସ୍ତ୍ରି ପଛରେ ବସି ଝୁମୁରୀ ଫେରିଲା। କଲୋନୀ ଯାକର ଆଖି ବୁଲୁଛି ଝୁମୁରୀ ସାଥିରେ। ବଡ଼ ଅଜବ ଝିଅଟା। ଗାଧୋଇ ପାଧୋଇ ଲୁଗା ବଦଲେଇ ଆଗ ବଜେଇଦେଲା ମୋବାଇଲରେ ଗୀତ। ଯେତକ ହିନ୍ଦୀ ରୋମାଣ୍ଟିକ୍ ଅପଟୁଡେଟ୍ ଗୀତ ସବୁ ବାଜିଲା ଜୋରରେ। ଚା' କରି ପିଇ'ଲା। ରୋଷେଇ ସାରିଦେଲା। ଯା' ତା ସାଙ୍ଗରେ ଦାନ୍ତ ନିକୁଟି ଉପରେ ପଡ଼ି କଥା ହେଲା। ରାତି ବଢ଼ିଲା ଖିଆପିଆ ସରିଲା। କାହାକୁ ଡକାହକା ନାହିଁ। ଭୟଭ୍ରାନ୍ତି କିଛି ବୋଲି କିଛି ନାହିଁ। ନିଜ ଘରେ ଏକାଏକା ଶୋଇଲା କବାଟ କିଲି।

ପୁଣି ରାତି ପାହିଲା ସକାଳ ହେଲା। ଅର୍ଜୁନ ମିସ୍ତ୍ରି ସାଙ୍ଗରେ କାମକୁ ଗଲା। ଫେରିଲା ରାନ୍ଧିବାଢ଼ି ଖାଇଲା। ସକାଳ ହେଲା... ସଞ୍ଜ ହେଲା। ଗଲା... ଆଇଲା। ଏମିତି ହେଲାଣି ତିନି କି ଚାରି ମାସ। ଅର୍ଜୁନ ମିସ୍ତ୍ରି ସଙ୍ଗେ କେତେ ଗପେ କେଜାଣି କିଏ ଦେଖିଛି ? ଏଠି କିନ୍ତୁ କଲୋନୀଯାକ ତା'ର ଦୋସ୍ତ। କିଏ କହେ ପାଗେଲୀ କିଏ କହେ ଫାଜିଲ। ଆଉ କିଏ ବି କହେ ଛତରୀଟେ। ଆଉ କିଏ କିଏ ବି କହନ୍ତି ଭାରି ଭଲ ଝିଅଟେ। କାହା ଟାକା ଟିପଣିକୁ ଖାତିର୍ ନ ଥାଏ ତା'ର। ସେ ଚାଲିଥାଏ ତା' ଢଙ୍ଗରେ। ତା' ଆଖର ପ୍ରତିହିଂସାର ରଡ଼ନିଆଁ ତଳେ ଜଳୁଥିବା ମମତାର ଦୀପ ଶିଖାଟା ଦିଶିଯାଏ ବେଳେ ବେଳେ। ଏବେ ଝୁମୁରୀ ଜାଣି ସାରିଛି ଅର୍ଜୁନ ମିସ୍ତ୍ରିର ତିନିଟା ସ୍ତ୍ରୀ। ସମସ୍ତେ ବାଞ୍ଝ। ତେଣୁ ସେ ଆଣିବ ଆଉ ଗୋଟେ, ତା କୁଳ ରଖିବାକୁ। ସବୁବେଳେ ତା' ପାଖେ କାମ କରୁଥିବା

ରେଜାକୁ ହିଁ ସେ ରକ୍ଷିତା କରେ । କଲୋନୀ ଯାକଙ୍କ ସହ ରଜନୀ, ଅନାମୀ ମୁନ୍‌ଗି ବି ଚାହିଁ ବସିଥିଲେ କୋଉ ଦିନଠୁ ଝୁମୁରୀ ମାଇପ ହବ ଅର୍ଜୁନ ମିସ୍ତିର । ତା'ର ଛୁଆ ହେବ କି ସେ ବି ବାଞ୍ଝ ହେବ କ'ଣ ହେବ ଆଗକୁ ?

ଦିନେ ଅର୍ଜୁନ ବାହୁନିଲା ଝୁମୁରୀ ଆଗରେ । ସେ କେମିତି ଥରକୁ ଥର ବାହା ହୋଇ କେତେ ଲୋକହସା ହେଲାଣି । ତିନିଟା ମାଇକିନାଙ୍କ ଦାୟିତ୍ୱ ନେଇ ସେ କେମିତି ଦହଗଞ୍ଜ ହେଉଛି ତଥାପି ସେ ଛୁଆ ମୁହଁ ଦେଖୁପାରୁନି । ଧିରେ ଧିରେ ତା'ର ବୟସ ହେଉଛି । ଆଉ କିଏ ବା ରାଜି ହେବ ତା' ପାଖେ ରହିବାକୁ । ଝୁମୁରୀ ଶୁଣୁଥିଲା ଚୁପଚାପ୍ । ଖୁସି ହେଉଥିଲା ଅର୍ଜୁନ । କେମିତି ଗୋଟାଏ ଇଣ୍ଡାଟିଆ ଧାର ଥାଏ ଝୁମୁରୀର ସେଇଥି ପାଇଁ ଆଜିଯାଏଁ କହି ନଥିଲା । ହେଲେ ଲାଗୁଛି ପଡ଼ିଯିବ ଝୁମୁରୀ ତା' ଫାଶରେ ।

ସୁନା ଝିଅଟେ ଭଲି ଅର୍ଜୁନର ସବୁକଥା ଝୁମୁରୀ ଶୁଣିଲା । ସେ ବି କ'ଣ ଅପେକ୍ଷା କରିଥିଲା କି ଏମିତି ଦିନକୁ ସେ ଅର୍ଜୁନ ଫାଶରେ ପଡ଼ିବ ନା ଅର୍ଜୁନକୁ ପକେଇବ ତା' ଫାଶରେ ? ଝୁମୁରୀ ଛେପଢୋକି କହିଲା "ଦେଖ ମିସ୍ତି ! ତୋ କଥାରେ ମୁଁ ରାଜି ହେବି, ଆଉ ମୋ କଥାରେ... । କ'ଣ ଏମିତି ଆଉ କହିବ ଯେ, ଝୁମୁରୀ । ଅର୍ଜୁନ ରାଜି ହୋଇଗଲା ଝୁମୁରୀ ସର୍ତରେ । ଝୁମୁରୀ କହିଲା ଶୁଣୁ ! ତୁ ତିନିଟା ବାହା ହୋଇଛୁ, ମୁଁ ତିନିଟା ଭଙ୍ଗୋଇଛି । ମୁଁ ବାଞ୍ଝ ନୁହେଁ । ବାପାକୁ ଦେଖିନି ଜନମ କାଲୁ । ମା' ସଙ୍ଗେ ଭଲରେ ଥିଲା । ଗୋଟେ ରଙ୍ଗ ମିସ୍ତି ମୋତେ ଶରଧା କଲା ରଖିଲା । ତା' ସାଙ୍ଗେ ଛଅମାସ ରହିଲା ବେଲକୁ ପେଟ ପିଲା ଦୁଇମାସ । ସେ କହିଲା ମୁଁ ଘରେ କହିନି, ଏଇ ଥରଟା ଭଙ୍ଗୋଇ ଦେ । ମୁଁ ତତେ ବାହା ହେବି । ହେଲେ ଏ ସାଲ ନୁହଁ । ଏ ସାଲ ଘରକୁ ଟଙ୍କା ପଇସା ଦେଇ ଭଉଣୀକୁ ବାହା କରି ଦେଲେ ଆର ସାଲକୁ ଆମ ବାହାଘର । ତା' ସହ ଖୁବ୍ ଝଗଡ଼ା କଲି, ଶଲା ତୋ ଘର କଥା ତୁ କ'ଣ ଜାଣି ନ ଥିଲୁ । ମୋତେ ରଖିଲୁ କାହିଁକି ବେ ? ଆଙ୍ଗୁଠି କାମୁଡ଼ି ଦେଲି । ବିଷ ଖାଇଦେବି କହିଲି । ଶଲା ମାନିଲାନି । ମୋ ପହିଲି ଫଲ, ତା' ମୁହଁ ଦେଖି ପାରିଲିନି । ଔଷଧ ଖାଇ ଛୁଆକୁ ମାରିଲି, ସାହସ ହେଲାନି ଏକା ବଞ୍ଚି ଛୁଆଟେ ବଞ୍ଝେଇବାକୁ । ନ ହେଲେ ଏ କାମ କରି ନ ଥାଡି । ସେ ରଖିବାକୁ ରାଜି ଥିଲା । ବେଇମାନ ମଣିଷମରା ପାଖେ ରହିବାକୁ

ଜମା ଇଚ୍ଛା ହେଲାନି, ତାକୁ ଛାଡ଼ିଦେଲି । ବୁଲି ବୁଲି ଷ୍ଟେସନ୍ ପାଖେ ପହଞ୍ଚିଲି ।
କୁଆଡ଼େ ପଳେଇବାକୁ ଭାବୁଥାଏ । ଦିହଟା ବି ଜମା ଭଲଲାଗୁ ନ ଥାଏ । ଗୋଟାଏ
କୁଲି ଆସିଲା । ଚାହା ରୁଟି ଖାଇବାକୁ ଦେଲା । ତା ଆଶ୍ୱାସନାକୁ ସତ ମଣିଲି । ସବୁ
କହିଲି । ସେ ସଙ୍ଗରେ ଆଣିଲା । ରଖିଲା ତା' ଜରିପାଲ ଘେରା ବଞ୍ଚୁରୀକିଆ
ଘରେ । କେତେଦିନ ଗଲା ମୋର ପୁଣି ମାସ ଗଡ଼ିଲା । ବାଡ଼ିପୋଡ଼ାଟା ଏ କଥା
ଶୁଣି ଖୁସି ହେଲା ନାହିଁ । ବସ୍ତିର ଗୋଟେ ବୁଢ଼ୀ ପାଖରୁ ଔଷଧ ଆଣି ମିଛ ସତ
କହି ମୋତେ ଖୁଆଇଦେଲା । ଦି ମାସର ରକ୍ତ ପିଣ୍ଡୁଲାଟା ଗଳିପଡ଼ିଲା । ବହୁତ
କାନ୍ଦିଲି, ସେ ହାରାମଜାଦାକୁ ବାଡ଼େଇଲି । ବସ୍ତିଲୋକ ନ୍ୟାୟ କରି ମୋ ଔଷଧପତ୍ର
ଆଉ ମାସଟିଏ ଚଳିବାକୁ କିଛି ଟଙ୍କା ଦେଲେ, ସେଠୁ ପଳେଇଲି ଆଉ ଗୋଟେ
ବସ୍ତିକୁ । ସାହସ କରି ଏକା ରହିଲି ।

ଗୋଟେ ମିସ୍ତ୍ରି ଟୋକା ମୋ ପଛରେ ବହୁତ ଲାଗିଲା । ସବୁକଥା କହିଲି,
କହିଲା ସେ ଏମିତି କରିବନି । ମୁଁ ତା' କଥାରେ ରାଜି ହେଲି । ସେ ବଙ୍ଗାଳୀ
ମିସ୍ତ୍ରି । ଏକାଠି ରହିଲୁ । କାମ କଲୁ । ଟଙ୍କା କମେଇଲୁ । ମଉଜ୍ କଲୁ । ଭାବିଲି
ଏଇଠି କଟିବ ମୋ ଦିନ । ହଉ ବଙ୍ଗାଳୀ ମଣିଷଟା ତ, କେତେ ଦୁଃଖସୁଖ
କେତେ ହସଖୁସି । ଭବିଷ୍ୟତ ପାଇଁ ଟଙ୍କା ସଞ୍ଚିଲି । ମୁଁ କେତେ ସପନ ଦେଖିଲି ।
ମୋ ପେଟରେ ପୁଣି ଛୁଆ । ମୁଁ ତାକୁ କହିଲି । ଦିନେ ସେ ଭଲ ପେଣ୍ଟସାର୍ଟ
ପିନ୍ଧିଲା, ଟଙ୍କାତକ ଗଣାଗଣି କଲା । କହିଲା କେତେବେଳେ କୋଉ କଥା
ଯାଉଛି ଟଙ୍କା ବାନ୍ଧିଦେବି । ବ୍ୟାଙ୍କରେ । ଗଲା ଯେ ଗଲା, ଆଉ ଫେରିଲାନି ।
କେତେ ଖୋଜିଲି, ଥାନା ଫାଣ୍ଡିକି ଗଲି । କେହି ଶୁଣିଲେନି । ଚାହିଟାପରା କଲେ ।
ଅଭାଷା କହିଲେ । ମନକୁ ଭାରି ବାଧିଲା । ଶଳା ବେଇମାନରେ ସମସ୍ତଙ୍କଠୁ
ବଳିଗଲା । ଏ ବେଇମାନର ଛୁଆକୁ ରଖିବିନି । ଶଳାକୁ ଯଦି ଗାଡ଼ି ମାଡ଼ି ଯାଇଥାଆ
ତେବେ ତା' ଛୁଆକୁ ରଖିଥାନ୍ତି । ହେଲେ ଏ ଧୋକାବାଜର ଛୁଆକୁ ରଖିବିନି ।
ଷ୍ଟେସନକୁ ଗଲି, ସେ ବୁଢ଼ୀକୁ ଖୋଜିଲି । ତାଠୁ ଔଷଧ ଆଣି ଖାଇଲି, ଏ ଛୁଆଟାକୁ
ମୁଁ ନିଜେ ମାରିଦେଲି । ସେ ଜାଗାରେ ରହିପାରିଲିନି । ସବୁକଥା ଭୁଲିବାକୁ ଏଠିକି
ପଳେଇ ଆସିଲି ।

ଅର୍ଜୁନ ମିସ୍ତ୍ରି ପାଟି ଚୁପ୍ । ଝୁମୁରୀ ପୁଣି କହିଲା ଦେଖେ ମୁଁ ଜମା ବାଞ୍ଜ
ନୁହେଁ । ମୋର ଯଦି ପିଲା ନ ହେବ, ଜାଣିବୁ ଦୋଷ ତୋଠି । ମୋ ପରକୁ ଆଉ

ମାଇକିନିଆ ଖୋଜିବୁନି । ମୁଁ ତୋ ଛୁଆର ମା' ହେବି ନ ହେଲେ ତୁ ବାପା ହେବାକୁ ଯୋଗ୍ୟ ନୁହେଁ ବୋଲି ଜଣାପଡ଼ିବ । କହ କ'ଣ ରାଜି ମୋ କଥାରେ ? ଅର୍ଜୁନ କ'ଣ ମୂକ ହୋଇଗଲା କି ? ସେ ନିଜକୁ ବହୁତ ଚାଲାକ୍ ବୋଲି ଭାବୁଥିଲା । ଯେଉଁ ଦୁନିଆରେ ତା' ଭଳି ମିଷ୍ଟି ଅଛନ୍ତି ସେହି ଦୁନିଆରେ ବି ଅଛନ୍ତି ଝୁମୁରୀ ଭଳି ରେଜା । ସବୁ ଫୁଲ ମଲ୍ଲୀ, ଗୋଲାପ କି ଚମ୍ପା ନୁହେଁ । ନାଗଫେଣୀରେ ବି ଫୁଲ ଫୁଟେ । ଅର୍ଜୁନ ପୂରା ଚୁପ୍ । ଭାବୁଛି ଝୁମୁରୀକୁ ଘରକୁ ନେଲେ ସେ ତା' ପାଇଁ କାଳସର୍ପ ପାଲଟି ଯିବ କି ? ଅର୍ଜୁନର ଉତ୍ତରକୁ ଝୁମୁରାର ଅପେକ୍ଷା ନ ଥିଲା । ସେ କହିଲା ଆଜିଠୁ ମୁଁ ତୋର ନୂଆ ମାଇପ । ଅପବାଦର ଢାଙ୍କୁଣୀ ମୋତେ କିନ୍ତୁ ଢାଙ୍କି ପାରିବନି । ମୋର ଛୁଆଟେ ନ ହେଲେ ତୋ ମରଦ ପଣିଆକୁ ମୁଁ ନିଲାମ କରିଦେବି । ଆଉ ତିନିଟା ମାଇକିନିଆଙ୍କ ମୁଣ୍ଡରୁ ପୋଛିଦେବି ମିଛ କଳଙ୍କ, ମିଛ ଅପବାଦ ।

❐

କପିଲା

ରହିମ୍ ମିଆଁ ମାଟିଆ ପୋଷାକ ପିନ୍ଧି ଖଜଣା ଅସୁଲ କରି ଗଲାବେଲେ ତା'ର କଥାବାର୍ତ୍ତା ଚାଲିଚଳନ ସବୁ ନିଆରା । ସେ ସର୍ବରାକାରଙ୍କ ଟହଲିଆ ସେକ୍ ରହିମ୍ ଖାଁ ଟି !! ଭାରି ଭଦ୍ର, ଭାରି ଗମ୍ଭୀର । ନିଜ କାମରେ ଭାରି ତତ୍ପର । କଡ଼ାଗଣ୍ଠା କରି ସର୍ବରାକାରଙ୍କର ଖଜଣା ଆଦାୟ କରିବାରେ ମାହିର୍ । ମାଲିକ ହାତକୁ ଖଜଣା ପଇଠ କରିବାରେ ବି ଭାରି ସଚ୍ଚୋଟ । ତେବେ ସଳିତା ତେଜିଲେ ହାତ ଚିକ୍କଣ ନ୍ୟାୟରେ ନିଜ ପାଇଁ ହାତ ସଫେଇ କରିବାରେ ବି ଧୁରନ୍ଧର । ସର୍ବୋପରି ନେଇଆଣି ଥୋଇ ଜାଣି ସମସ୍ତଙ୍କୁ ଚଳେଇବାବାଲା ଭଲ ମଣିଷଟିଏ ହେଲା ରହିମ୍ ମିଆଁ । କାହାରି ଅପ୍ରିୟ ନୁହେଁ । ସର୍ବରାକାର ଓ ଖଜଣାଦାତା ଉଭୟଙ୍କର ଉତ୍ତମ ଯୋଗ ସୂତ୍ରଟିଏ । ନିଜର ପରିବାର ବାପା ମାଆ ସ୍ତ୍ରୀ ଏକ ଦୁଇ ହୋଇ ସାତ ପୁଅ ତିନି ଝିଅ । ବଡ଼ ପରିବାର । କଳେବଲେ କୁଟୁମ୍ବ ପୋଷେ ।

କୁଳ ବେଉସା କଅଣ କିଏ ଛାଡ଼େ ? ରଙ୍ଗିନ୍ ଚେକ୍ ଲୁଙ୍ଗି ଧଳା ସାଣ୍ଡୋ ଗଞ୍ଜି । ଲୁଙ୍ଗି ଲେଉଟାଇ ଗଣ୍ଠିମାରି ଅନ୍ଧାରେ ଗାମୁଛା ଭିଡ଼ି ପାନପଚା ଦାନ୍ତନିକୁଟି ରହିମ୍ ବାହାରି ପଡ଼େ । ଆଈଷ ବାରି ଦେଖ୍ ଖାସି ଧରି ପହଞ୍ଚି ଯାଏ ଗାଁରେ । ସାଙ୍ଗରେ ତିନି, ପାଞ୍ଚ, ସାତ କୌଣସି ନମ୍ବରର ପୁଅଟିଏ ସାତ ପୁଅରୁ ରହିମ୍ ଖାସି ଭିଡ଼ିଲା ବେଳେ ପୁଅ ପଛରୁ ଅଡ଼ାଏ । ଆଜ୍ଞାଧୀନ ଭୟାର୍ତ୍ତ କନ କନିଆ । ସାତରୁ ପନ୍ଦର ବର୍ଷ ବୟସ ସୀମାର ପୁଅ । ପିନ୍ଧିଥିବା ହାପ୍ ପ୍ୟାଣ୍ଟ ବୋତାମ ଛିଣ୍ଟି ଗଣ୍ଠି ମରା ହୋଇଥାଏ । ଦେହରେ ବି ଗଞ୍ଜି କି ସାର୍ଟ ନଥାଏ ସବୁବେଲେ । କାନ୍ଧରେ କିନ୍ତୁ ପୁଚ୍ଛା ଖଣ୍ଡେ ପଡ଼ିଥାଏ ନିଶ୍ଚୟ । ଗାଁ ମୁଣ୍ଠ ବରଗଛ ମୂଲେ ଖାସି ବନ୍ଧା ହୁଏ । ପୁଅକୁ ସେଇଠି ଜଗାଇ ଦେଇ ରହିମ୍ ଆସି ହାଜର ହୁଏ ସର୍ବରାକାରଙ୍କ ଘରେ । ମାଆ ସାଆନ୍ତାଣୀଙ୍କ ଠାରୁ ଆଈଷ ପାଛିଆ ନେଇ ପହଞ୍ଚି ଯାଏ ଗାଁ ମୁଣ୍ଡେ । ସେତେବେଲକୁ ସେଠି ଆଉ ପାଞ୍ଚ, ସାତ ଲୋକ ଜମି ଯାଇଥାନ୍ତି । କାହା ଝିଅ ପୁଅଟି ହୋଇ ବାପା ଘରକୁ ଆସିଛି । କାହା ଘରକୁ ବନ୍ଧୁ ଆସିବାକୁ ଅଛି । କାହାର

ଅଖଣ୍ଡିଆ ସ୍ତ୍ରୀ କହିଛି, କି ନ ହେଲେ କାହାର ବାଧ୍ୱକା ବାପା କି ମାଆ ମନ କରିଛି ସେଇଥ୍ ପାଇଁ ସାଗୁଆତି ଲୋଡ଼ା । (ସ୍ଥାନ ବିଶେଷରେ ମାଂସ)

ରହିମ୍ ମିଆଁ ସାଙ୍ଗରେ ଆଣିଥିବା ମଳି କୋଚଟ ଖୋଟ ଅଖାବ୍ୟାଗ୍ରୁ ଚାପଡ଼, କାଟି କାଢ଼େ । ଖାସିକୁ ଚବେ କରି ବେକ ତଳପଟୁ କତଲ କରେ । ନହକା କିଶୋରଟି ପୂରା ତାଲିମ ପ୍ରାପ୍ତ ସିପାହୀଟେ ପରି ବଡ଼ ଶୃଙ୍ଖଳିତ ଭାବରେ ବାପାକୁ ସାହାଯ୍ୟ କରି ଚାଲିଥାଏ । ଦୁଇଗୋଡ଼ ଟଙ୍ଗା ହୋଇ ଛାଲ ଉଭରା ସରେ । ଥଲ ଥଲ ପାକସ୍ଥଲୀକୁ ଛାଡ଼ି ଛେଲି ପୃଷ୍ଠିରୁ ମଲ କାଢ଼ିବାରେ ଲାଗିପଡ଼େ ପୁଅ । ବାପ ମାଂସ କାଟେ । ପ୍ରଥମେ ପାଛିଆରେ ବରପତ୍ର ପାରି ସ୍ୱାଦିଷ୍ଟ ଅଙ୍ଗର ମାଂସ କିଛି ଅଜାଡ଼ି ରଖେ । ଏତିକି ବେଳକୁ ଗୋରାତକ ନିଦୁଆ ମୁହଁ ବୁଜା ବୁଜା ହାତୀ ଆଖ ପରି ଦୁଇଟି ନିରୀହ ଆଖ, ମୁଣ୍ଡରେ ମେଞ୍ଝାଏ ବାବୁରି ବାଳ ଲଦି, ମାଢ଼ିକୟାକ ଦାନ୍ତଦେଖାଇ ପାଇଟିଆଲ କାଖରୁ ଫକ୍ କିନା ଡେଇଁ ପଡ଼େ । ଖାଇ ପିଇ ମସ୍ତ ପିଲାଟାର ଥଣ୍ଡଲା ପେଟ ଥଲ୍ ଥଲ୍ କରେ । ସମସ୍ତେ ହସନ୍ତି । ଏ ପରା ସର୍ବରାକାରଙ୍କ ନାତି । କିଏ ପେଟରେ ହାତ ମାରିଦେଲେ ହସ ଆହୁରି ଉଚ୍ଛୁଲି ପଡ଼େ । ଏତିକି ବେଳେ ଦେଖେଇ ଦେଖେଇ ପାଛିଆରେ ଆଉ କିଛି ମାଂସ ପକାଇ ଦିଏ ରହିମ । ପାଇଟିଆଲ ପାଛିଆ ଧରି ଘରମୁହଁ ହେବା ବେଳେ ଆଉ କାଖ ଲୋଡ଼ା ହୁଏନି । ଆଗେ ଆଗେ ଡେଇଁ କୁଦି ଘରକୁ ଫେରେ ଡ଼ଉଲ ଡ଼ାଉଲ ହସକୁରା ନାତି । ଅପୂର୍ବ ଭଙ୍ଗିରେ, ଉଚ୍ଛୁଲା ଖୁସିରେ ।

ଦିନ ସରେ, ସମାନ ସମୟ, ସମଭାବେ ସୂର୍ଯ୍ୟୋଦୟ ଓ ସୂର୍ଯ୍ୟାସ୍ତରେ । ତା'ରି ଭିତରେ କେତେ ମଣିଷର କେତେ କଅଣ ଯେ ବଦଲି ଯାଉଥାଏ କିଏ ଜାଣେ ? ସର୍ବରାକାରଙ୍କର ବୟସ ବଢ଼ୁଥିଲା । ଢେଙ୍କାନାଲ ଦରବାରରେ ଦେୱାନ ଚାକିରି କରିଥିବା ପୁଅକୁ ଚାକିରି ଛଡ଼ାଇବାର ନିଷ୍ପତ୍ତି ନେବାକୁ ପଡ଼ିଥିଲା । ବୟସ୍କ ବାପା ଅସୁସ୍ଥ । ତାଙ୍କ ସୁସ୍ଥତା ପାଇଁ ସବୁପ୍ରକାର ପ୍ରଚେଷ୍ଟା ଚାଲିଲା । ସେତେବେଳେ ଜାତିର ଜନକ ମହାତ୍ମା ଗାନ୍ଧିଙ୍କର ପ୍ରତ୍ୟକ କଥାରେ ସମସ୍ତେ ଖୁବ୍ ପ୍ରଭାବିତ ହେଉଥିଲେ । ବାପୁଜୀ ଅସୁସ୍ଥ ଥିବାବେଳେ ଛେଲି କ୍ଷୀର ପିଉଥିଲେ ଏବଂ ଏହା ସ୍ୱାସ୍ଥ୍ୟ ପାଇଁ ଖୁବ୍ ଉପଯୋଗୀ ବୋଲି ଜାଣି ନିଜ ବାପାଙ୍କ ପାଇଁ ଛେଲି କ୍ଷୀରର ବ୍ୟବସ୍ଥ କରିବାକୁ ମନ ବଳିଲା । ବାପାଙ୍କ ପାଇଁ ଘରକୁ ଛେଲିଟିଏ ଆସିଲା । ଛେଲି ସିନା ଆସିଲା ବାପା କିନ୍ତୁ ଆଉ ସୁସ୍ଥ ହେଲେ ନାହିଁ ।

. . . .

ସୋରିଷଫୁଲିଆ ଖରା ▫ ୧୧୩

ବାପା ଚାଲିଗଲେ । ଦେଶ ସ୍ୱାଧୀନ ହେବାର ସମୟ । ସର୍ବରାକାରୀ ଉଚ୍ଛେଦ ହେବାର ସମୟ । କେହି ଆଉ ଖଜଣା ଦେଲେ ନାହିଁ । ପ୍ରଜା ସିନା ଖଜଣା ଦେଲେ ନାହିଁ ଖୋର୍ଦ୍ଧା ଖାସ ମାହାଲରୁ କିନ୍ତୁ ବାରମ୍ବାର ପିଆଦା ଆସି ପହଞ୍ଜିଲା । ଉଣେଇଶ ଶହ ସତଚାଳିଶରେ ଦେଶ ସ୍ୱାଧୀନ ହେଲା । କିନ୍ତୁ ଖଜଣା ଆଦାୟ ଭାର ସର୍ବରାକାରଙ୍କ ଉପରେ ଥିଲା । ଇଜ୍ଜତ ଦାୟରେ ନିଜ ନାମରେ ଥିବା ଜମିକୁ ବିକ୍ରିକରି ଖଜଣା ଭଣତି ହେଲା । ବଡ଼ ବ୍ୟତିବ୍ୟସ୍ତ ସ୍ଥିତି । ଜୀବନ ଚଳଣିର ଗତି ଏତେ ବେଳେ ବଡ଼ ଅଡୁଆ ତଡୁଆ । ଖାଲି ତ ଘର ନୁହେଁ, ଗାଁ ବି ମୁରବି ଶୂନ୍ୟ । ଶୂନ୍ୟ ବି ରୋଜଗାର । ତା'ରି ଭିତରେ ନିଜର ମାନ ମହତ ରଖି ବାଟ ଚାଲିବାବା ଖଣ୍ଡା ଧାରରେ ଚାଲିବା ଠାରୁ କିଛି କମ୍ ନଥିଲା ।

ଏତେବେଳେ ବାପାଙ୍କ ପାଇଁ ଆସିଥିବା ଛେଲି କଥା କିଏ ପଚାରେ ? ଏ ଘଡ଼ିସନ୍ଧି ସମୟରେ ତା କଥା କାହା ମୁଣ୍ଡରେ ବା ପସିବ ? ସେ ତା'ର ଯେନତେନ ପ୍ରକାରେ ଜୀବନ ଧରି ଥାଏ । ଦିନେ ସକାଲେ ଦେଖିଲାବେଲକୁ କଳା ମଟମଟ ଛେଲି ଛୁଆଟେ କଣ୍ଡ ଥରାଇ ଅହରହ ମେଁ……ମୋଁ…..ଁ …ଁ ହେଉଛି । ପିଲା ପଞ୍ଚାକ ସେଇଠିକି ଧାଇଁଲେ । ସୁଲୁରୁ ବୁଲୁରୁ ବିଲେଇ ଟାକର ଛେଲି ଛୁଆଟେ । ଖାଲି ବୋବାଲି ଛାଡୁଛି । ତାକୁ ଛାଡ଼ି କିଏ କୁଆଡ଼େ ଯିବ ? ପିଲାମାନେ ବେଢ଼ି ବସିଲେ । ପାଇଟିଆଲ ଆସିଲା । ମା'ଛେଲିକୁ ଗଡ଼େଇ ତଡ଼େଇ ଦେଖିଲା । ଘୋଷଣା କଲା ତା ମାଆ ମରିଯାଇଛି । ତା ପେଟରେ ଆହୁରି ପିଲାଥିଲା । ଜନ୍ମ କରି ନପାରି ମାଆ ପିଲା ମଲେ । ଏ ଗୋଟାକ ବୋଦା, ମାନେ ଅଣ୍ଡିରା ଛେଲି ଛୁଆଟିଏ । ତାକୁ ପୋଛିପାଛି କୁଟା କେରାଏ ଜାଲି ସେକି ସାକି ସାନ୍ତ୍ୱନା କଲା ପାଇଟିଆଲ । ଭାଇ ଭଉଣୀ ପାଞ୍ଚଟା ବିମୁଗ୍ଧ ଦର୍ଶକ । କହା କଥା ଶୁଣିବାର ନାହିଁ । କୁଆଡ଼େ ଯିବାର ନାହିଁ । ଭୋକ ଶୋଷ ବି ନାହିଁ ।

ନାଲ ନଟ୍‌ପଟ୍ ଅହରହ ବୋବାଲି ଛାଡୁଥିବା ଛେଲି ଛୁଆଟି ପାଇଟିଆଲର ସାମାନ୍ୟ ଯତ୍ନରେ କେଡ଼େ ଚିକ୍‌କଣ, କେଡ଼େ ସୁନ୍ଦର ହୋଇଗଲା । କୁନି ମୁହଁଟେ । ଲହକା କାନ । ଡିମାଡିମା ଆଖି । ଗୋଜିଆ ମୁହଁ । ଫାଲିଆ ପାଟି ଭିତରେ ମେଁ…ମେଁ ହୋଇ ଧରି ଯାଉଥାଏ ନାଲ୍ ଟୁକୁ ଟୁକ୍ ଜିଭଟେ । ନରମ ସୁଲୁସୁଲୁ ଚିକ୍‌ଣ କଳା ପିଠିରେ ଚାରି ଆଙ୍ଗୁଲି ଓସାରର ଧଲା ପଟିଟିଏ । ଆହା କେଡ଼େ ସୁନ୍ଦର । ପିଲାଏ ଛେଲି ଛୁଆକୁ ଧରି ଥେଇ ଥେଇ । ପାଇଟିଆଲ ମଲା ମଢ଼ଟାକୁ ଧରି ଛୁଆ ସାଇରେ ମାଉଁସ ଭାତର ମଉଚ୍ଛବ ଲଗାଇ ଦେବ ପରା !!

ପିଲାଙ୍କର ତ ପାଲା ଲାଗିଛି । ବୋଉ ରୋଷେଇ ଘରେ ବ୍ୟସ୍ତ । ବାପା ତ ଏବେ ସବୁବେଳେ ଚିନ୍ତା ମଗ୍ନ । ପିଲାଏ ବୁଢ଼ୀମାଆଠୁ ବୁଦ୍ଧିପାଇ ପୋରିହାଁ କନରେ ମୋଟା ସଲିତା ବୋଲି ଦୁଧରେ ବୁଡ଼ାଇ ଛେଲି ଛୁଆକୁ ଚୁଟୁମାଇଁଲେ । ବୁଢ଼ୀମାର ବୁଦ୍ଧି । ସାନ ଭାଇର ଶ୍ରଦ୍ଧା, ଭଉଣୀମାନଙ୍କର ଯତ୍ନ ଅଜାଡ଼ି ହୋଇପଡ଼ିଲା । ଟୋକେଇ ଭିତରେ କୁଟା । କୁଟା ଉପରେ ଛିଣ୍ଡା ଲୁଗା ତାରି ଭିତରେ ଛେଲିଛୁଆ ଉଷ୍ମୁରେ ଶୋଇଲା । ଆହାରେ କପାଳ ! ନିଦ ଭାଙ୍ଗିଲେ ବୋବାଲି ଶୁଣିଲେ ଧାଁ ଧପଡ଼ି ଛୁଆଜାକ ହାଜର । ଏ କୋଲରୁ ସେ କୋଲ ଏ କାଖରୁ ସେ କାଖ । ଛେଲି କପାଳରେ ପୁଣି ଏତେ ସୁଖ ! ଧିରେ ଧିରେ ସଲିତାରେ କ୍ଷୀର ପିଆ ଛାଡ଼ି କ୍ଷୀର ଗିନାରେ ମୁହଁ ବୁଡ଼ା ହେଲା । ଗିନାରୁ ବେଲାକୁ ଉନ୍ନତି ହେବାବେଳେକୁ କ୍ଷୀରରେ ପେଜ ମିଶିଲା । ଲାଙ୍ଗୁଡ଼ ଟେକି ଚାରି ଗୋଡ଼ରେ ଡ଼ିଆଁ ମାରିଲା । ଟୋକେଇରେ ଆଉ ଜାଗା ଧରିଲା ନାହିଁ । ବାହାରେ ଅଖା ଶେଯରେ ଶୋଇଲା । ଭାତଡ଼ାଲି, ଚୁଡ଼ା ଉଖୁଡ଼ା ପରିବା ଚୋପା ଖାଇଲା । କାଖ ହୋଇ ଭଉଣୀମାନଙ୍କ ସାଙ୍ଗେ ଖଡ଼ା ପଡ଼ିଆକୁ ଗଲା । ପୁଅ କାନ୍ଧରେ ବସି ଦୋକାନ ଯାଇ ଲେମନ୍‌ଟୁସ୍‌ ଚେନାଟୁରୁ ବିସ୍କୁଟରେ ବି ଭାଗ ବସାଇଲା ।

ଛେଲିଛୁଆ ଆଉ ମରିବନି । ସମସ୍ତଙ୍କ ମନରୁ ଏ ଶଙ୍କା ହଟି ଗଲା । ବୁଢ଼ୀମା ଇଙ୍ଗିତ କଲା ‘ଆରେ ତମ ଛୁଆର କଅଣ ନାଁ ନାହିଁ ? ସତେତ !! ବିଚାର ପଡ଼ିଲା । କଅଣ ନାଁ ଦିଆହେବ ? ଛେଲିର ମାଆ ଜେଜେଙ୍କ ପାଇଁ ତାତ ଶଗଡ଼ରେ ବାପାଙ୍କ ସାଙ୍ଗେ ଢେଙ୍କାନାଲରୁ ଆସିଥିଲା । ଢେଙ୍କାନାଲ ପ୍ରସିଦ୍ଧ ଶୈବ ପୀଠ କପିଳାଶ । ମହାଦେବ ସେଠି ଚନ୍ଦ୍ରଶେଖର ନାମରେ ପୂଜିତ । ତା ବୋଲି ଦିଅଁଙ୍କ ନାଁଟା କଅଣ ଗୋଟେ ଛେଲିକୁ ଦେଇ ହେବ ? କ’ଣ ନାଁ ହେବ ଛେଲିର । କେତେ ବିଚାର ପରେ ନାଁ ରହିଲା ‘କପିଲା’ ଆଉ ଗେଲ ବସରରେ ତ କପି, କପୁ କପୁଲୁ କେତେ କଅଣ ଡକା ହେଲା । କିଏ ହିସାବ ରଖିଛି ।

କପିଲା ବଡ଼ ଗେଲବସରରେ ବଢ଼ିଲା । ପିଲାଏ ସ୍କୁଲଗଲେ ଖଣ୍ଡେ ବାଟ ଗୋଡ଼େଇ ଗଲା । ଫେରିଲା ବେଳେ ଚଢ଼ିଲା । ଖଟରେ ଚଉକିରେ ବି ଚଢ଼ିଲା । ମୁତିଲା ବି ଏଟ ସେଟ । ସୋରିଷ ତେଲ ପରି ତା ମୂତ, ଯେଉଁଠ ପଡ଼ିଲା ଦାଗ ହେଲା । ଗୁହରେ ଅଠୁଆ ନାହିଁ । ଶୁଖିଲା ଗୋଲ ଗୋଲ ନଂଡ଼ିଟିମାନ ଓଲେଇ ଦେଲେ ଗଲା । ପାଇଟିଆଲ ଝୋଟ କେରାକରେ ସୁନ୍ଦୁରିଆ ଛୋଟ ପଘାତେ ବଲ୍

ଦେଇଚି । କେତେ ବେଳେ ଖଟ ଗୋଡ଼ରେ, କବାଟ ଜଞ୍ଜିରରେ କି ସିନ୍ଦୁକ କଡ଼ାରେ ବନ୍ଧା ହେଉଛି । ଫିଟିଗଲେ ପାଲା ଲଗାଉଚି । କଟା ପରିବା ଠାକୁର ଫୁଲ, ଔଷଧ ଜରି, ଖାତା କାଗଜ ପାନବଟାର ଗୁଆ ପାନ କିଛି ରଖୁନି । କଥାରେ ଅଛି ପରା ଛେଲି ପାଟି ! କେତେବେଳେ କଥାଟା କଉତୁକରେ ଯାଉଚି । କେତେବେଳେ ଘରେ କେଁ କଟର ଲାଗୁଚି ।

ବାପା ବଡ଼ ଚିନ୍ତିତ । ଘର ଥାଟ ସମ୍ଭାଳି ବାଟଚାଲିବା କାଠିକର ପାଠ । ଶାଗମାଛ ପରି ବିଲ ବିକ୍ରି ଚାଲିଛି । ଆଉ କଣ ଅବା ଉପାୟ ଅଛି ? କାହାରି ମନ ସରସ ନାହିଁ । କପିଲା ସାଙ୍ଗେ ପିଲାମାନେ କଣ ବୁଝିବେ ? ସବୁବେଳେ ଦୂର ଦୂର ଭୁଷ ଭୁଷ ବଢୁଚି ସମସ୍ୟା । ବଢୁଛି କପିଲାର ବୟସ । ଛେଲି ପ୍ରକୃତି, କେତେବେଳେ ଚାଉଳ ଘୁମରେ ଚଢ଼ି ଘୁମ ଭାଙ୍ଗିଲାଣି ତ କେତେବେଳେ ରୋଷେଇ ଘରେ ପଶି ଭାତହାଣ୍ଡି ଗଡ଼ାଇଲାଣି । ବାରିରେ ଶାଗ ପାଖୁଡ଼ାଟେ ନାହିଁ । ସବୁ ଟୁଙ୍କି ଦେଉଛି ।

ଯାହା ତ କରୁଥିଲା, ବାପା କଣ ଜରୁରୀ କାଗଜପତ୍ର ଘାଣ୍ଟୁଥିବାବେଳେ ତାଙ୍କ ପିଠି ଉପରେ ଚଢ଼ିଗଲା । ମୃତି ଦେଲା ସେଠି । ପିଲାଏ ସ୍କୁଲରେ । ନାଁ ଆଉ ନୁହେଁ । ରହିମ୍ ପାଖକୁ ବାର୍ତ୍ତା ଗଲା । କେହି କିଛି ଟେର ପାଇଲେ ନାହିଁ । ବଡ଼ି ଭୋରରୁ କାମ ଶେଷ । ପିଲାଙ୍କ ନିଦ ଭାଙ୍ଗିଲା ପରେ ହୁଲୁସ୍ତୁଲୁ । କପିଲା କୁଆଡ଼େ ଗଲା ? ହାତୀ ଆଖିଆ ହସୁକୁରା କୁନୀ ନାତି ଏବେ କିଶୋର । ଆଖିମଲି କାନ୍ଦି କାନ୍ଦି ଧାଇଁଲା ଗାଁ ମୁଣ୍ଡକୁ । ବରଗଛ ମୂଳ କାଠଗଣ୍ଡି ଉପରେ କପିଲାର ମୁଣ୍ଡ ଥୁଆ ହୋଇଥିଲା । ଗୋଜିଆ ମୁହଁରୁ ନାଲି ଜିଭଟା ବାହାରି ପଡ଼ିଥିଲା । ଆଉ ଆଖି ଦୁଇଟା ସେମିତି ଢିମାଢିମା ହୋଇ ଚାହିଁଥିଲା ।

▢

ଅନେକ ଅନ୍ଧାର

ପଦେ ଟାଣ କଥାରେ ମୁହଁଟି ରୂପାନ୍ତରିତ ହୋଇଯାଏ ଆଷାଢ଼ର ମେଘ ଉଠା ଆକାଶରେ। ଥମ୍ ଥମ୍, ଅଭିମାନର ଲୁହ ଝରେ ଝରେ। ବୟସ ଛଅ ପୂରିଲା ଯାଏଁ କେହି ନଥିଲେ ପଛରେ। ଭାରି ଗେହ୍ଲିଟା। ଫୁଲେଇଟା ବି ଅସାରାଏ ପହିଲି ବର୍ଷାରେ ଡଙ୍ଗା ଭସାଇବାର ଜିଦ୍। ସାଙ୍ଗସାଥୀ ମେଲରେ ରଜ ପାଳିବାର ଜିଦ୍। ସେ କି ଜାଣେ ଜୀବନ ମରଣର ଖେଳ ? ସେ କି ବୁଝେ ମହାମାରୀର ଭୟାବହତା। ଲକ୍‌ଡାଉନ, ସଟ୍‌ଡାଉନର ଆଇନ୍ କାନୁନ ? ହାତଧୋଇବା ଆଉ ମାକ୍‌ସ ପିନ୍ଧିବାର ଉପକାରିତା ?

କୁନିପୁଅ ସନତ୍ ଆସିବାପରେ ସୁମୀ ଆହୁରି ଫୁଲେଇ ହେଉଥିଲା। ଏତେ ଦିନରେ ଭାଇଟେ। କୁନି ଭାଇକୁ ଗେହ୍ଲା କରୁଥିଲା। ପୁଣି ବାଦ ବି କରୁଥିଲା, କରୁଥିଲା ବି ଅଭିଯୋଗ। ଫାଟି ପଡ଼ୁଥିଲା, ନିଜ ପ୍ରତି ଆଦର କମି ଯାଉଥିବା ଅଭିଯୋଗରେ। ସେଇ ସୁମୀ, ସାତ ବର୍ଷର କୁନିଝିଅ, ଖୁସିରେ ଅଛି, ଦୁଃଖକୁ ଦେଖିନି। ଚିହ୍ନିନି। ବୋଉ ଗାଲିଦେଲେ ଦୁଃଖ, କାନମୋଡ଼ି ଦେଲେ ଦୁଃଖ। ବୋଉ ସଜ କରି ନ ଦେଲେ ବି ଦୁଃଖ। ଆଉ କଅଣ ସବୁ ହୋଇପାରେ ଦୁଃଖର ପରିଭାଷା !! ବୁଝେ ନାହିଁ। ଜାଣି ନାହିଁ। ମାଆ କୋଳରେ କୁନିପୁଅ ଖିର ଖାଇବା ବେଳେ ବୋଉ ପିଠିରେ ଝୁଲି ପୁଅର ଗାଲ ଚିପିବା। ରାତିରେ ଅନ୍ଧାରରେ ବୋଉ କାନ୍ଦିଲେ ମୁହଁଗୁଞ୍ଜି ଭୂତ ଡ଼ାହାଣୀକୁ ଡ଼ରିବା। ଛୋଟ ଭାଇ ଉପରେ ଗୋଡ଼ ପକାଇ ଦେବାର ଭୟରେ ବାପା କୋଳରେ ଗେହ୍ଲେଇ ହୋଇ ଶୋଇ ଯିବାର ଜୀବନଟେ କଅଣ ଜାଣେ ?

ଆଜି କିନ୍ତୁ କିଛି ନାହିଁ। ବାପା ନାହିଁ, ବୋଉ ନାହିଁ, ନିଦ ନାହିଁ, ଭୋକ ନାହିଁ, ଶୋଷ ନାହିଁ, ଲୁହ ନାହିଁ, ହସ ନାହିଁ, କାନ୍ଦ ବି ତ ନାହିଁ। ହଠାତ୍ ଏମିତି ସବୁ ଉଭାନ୍ ହୋଇ ଯିବାହିଁ ତ ଦୁଃଖ। କେତେ ଖୁସିର ସ୍ମୃତି ସବୁ ତା'ର ଆଖି

ଲୁହରେ ଧୋଇ ଯାଉଚି । ବୋଉର ମୁଣ୍ଡକୁଣ୍ଡା କଜ୍ଜ୍ୱଳ ପିନ୍ଧା, ବୋଉ ପଣତର ମୁହଁ ପୋଛା, ବୋଉ ହାତ ରନ୍ଧା । ବୋଉର ସର ଚଟ୍‌କଣୀ, ଉଷ୍ମମ ଚୁମା । ବାପାଙ୍କ ସହ ଖିଆପିଆ । ସାଇକେଲରେ ବଜାର ବୁଲା । ବେଲୁନ୍‌ ଚକୋଲେଟ୍‌ ସହ ଘର ଫେରନ୍ତା । କେତେ କଅଣ ସବୁ ଆଡୁଆଳ ହୋଇ ଯାଇଛି । ବେଶୀ ମନେ ପଡୁଛି ବୋଉ କେମିତି ଗଲା ଡାକ୍ତରଖାନା । କେଡ଼େ କାକୁସ୍ତ କେଡ଼େ କଅଁଳେଇ ବୁଝାଇ ଦେଲା, ଶିଖାଇ ଦେଲା କୁନପୁଅର ଦେଖାରଖା, ଖିଆପିଆ । ନିଜର ଦୁଇହାତକୁ ଛନ୍ଦି ତାକୁ କୋଳେଇ ଧରିବାର ମୁଦ୍ରା, ଆକଟକରି, ନେହୁରା ହୋଇ କହିଲା, ହାତ ଢିଲା କରିବୁନି ମାଆ ପୁଅ ପଡ଼ିଯିବ । ମନେ ରଖ୍‌ଥିବୁ ଧନ ସବୁ କଥା । ପୁଅକୁ ଜଗିଥିବୁ । ବାଇଆଣୀ, ଅବୁଝା ହେବୁନି । ସୁମୀ ମୁଣ୍ଡ ଟୁଙ୍ଗାରିଲା ସେ କଅଣ ସବୁ ବୁଝି ଯାଇଥିଲା ?

ସୁମୀ ତ ପୁଅକୁ ଜଗିଛି ସେଇଦିନୁ । ସେଇ ମୁହୂର୍ତ୍ତରୁ । ହଠାତ୍‌ ଦିନେ ଗହଳି ଲାଗିଲା । ତାପରେ ପ୍ରତିଦିନ କେତେ ସ୍ୱାନ୍ତନା, କେତେ ଆଶ୍ୱାସନା, କେତେ ପ୍ରତିଶ୍ରୁତି, କେତେ ଉପହାର, ସବୁକୁ ସାମ୍‌ନା କରୁଛି ସୁମୀ । କେତେ ମଣିଷ କେତେ ଜିନିଷ । କେତେ ପ୍ରଶ୍ନ କେତେ ଫଟୋ । ସୁମି ସବୁ କରୁଛି । କାନ୍ଦୁନି ଜମା । ବରଂ ଟିକେ ହସି ଦେଉଚି ବେଲେବେଲେ । ସେ ବୁ ବୁଝୁଛି ନାଁ କିଛି ବୁଝି ପାରୁନି ? ଏତେ ଆପଣାର ଲୋକ ସବୁ କୋଉଠି ଥିଲେ ? ଆସି ନଥାନ୍ତେ ଆଉ ଟିକିଏ ଆଗରୁ । ବୁଝି ଥାଆନ୍ତେ ବାପାବୋଉଙ୍କ ଖବର । ତା ହେଲେ ହୁଏତ ସେ ଆଜି ବି ଶୋଇ ପଡ଼ୁଥାଆନ୍ତା । ନିଘୋଡ଼ ନିଦରେ ବାପାଙ୍କ କୋଳରେ । ନହେଲେ ବୋଉକୁ ବାଧକରି ପୁଅକୁ ପିଠି ଆଡୁଆଳ କରାଇ ଆବୋରି ରଖ୍‌ଥାଆନ୍ତା ନିଜ ହାତ ଗୋଟର ବନ୍ଧନିରେ । କାହିଁ ସେ ରାତି, ସେ ନିଦ ?

ବାପା ଡାକ୍ତରଖାନା ଗଲେ । ଫେରିଲେ ନାହିଁ । ବୋଉବି ଗଲା, ବୋଉ ବି ଫେରିଲା ନାହିଁ । ଗଲାବେଲେ ତ କହିଥିଲା ତା ଫେରିବା ଯାଏ, ପୁଅକୁ ଜଗିବାକୁ । ହେଲେ ନାଁ, ସୁମୀ ଜାଣିଲା ସେ ଦୁହେଁ ମରିଗଲେ । ହେଲେ କାଇଁ ତାଙ୍କ ମଲା ଦେହ ! ! ସୁମୀ ପୁଣି ଶୁଣିଲା ମହାମାରୀରେ ମରଣ ମଲାଦେହ ଆସିବନି । ଆସିଲେ ରୋଗ ବ୍ୟାପିବ । ସୁମୀ ଚୁପ୍‌, ଯାହା ବୁଝିଲା, ଯାହା ନ ବୁଝିଲା କାହାକୁ କିଛି ପଚାରିଲା ନାହିଁ । କେତେ କିଏ ଆସିଲେ ଗଲେ । ସୁମୀ ଶୁଣୁଥିଲା, ସେ ଦୁଃଖୀନି,

ହତଭାଗୀ, ପୋଡ଼ାକପାଳି। ତା'ର କିନ୍ତୁ ମନେ ପଡ଼ୁଥିଲା ବୋଉ କହୁଥିଲା ସେ ସୁନା, ଧନ, ଶଙ୍ଖାଳି, ଗେହ୍ଲା ଆଉ ରାଣୀ ବି। ସବୁ ବଦଳି ଗଲା! ତା ଆଖିର ଢଳଢଳ ଲୁହ ସବୁ ବାଷ୍ପ ହୋଇଗଲା। ସେ ଆହୁରି ଶୁଣିଲା ନିତେଇ ଆଈ ବାହୁନି କାନ୍ଦୁଥିଲା– ଧନ୍ୟ ଲୋ ଭାଇ ଭଉଣୀ, ଧନ୍ୟ ତମ କପାଳ। ଏକାବେଳେକେ ବୋପା, ମାଆ, ଯୋଡ଼ାଙ୍କୁ ଖାଇଲ!! ସୁମୀର ବାଷ୍ପ ଉଠା ଆଖିରେ ନିଆଁ ଲାଗିଗଲା। ସେ ସନତ୍‌କୁ ଅନେଇଲା, ତାକୁ ନିବିଡ଼ ଭାବରେ କୋଳେଇଲା। ସେ କଅଣ ଜାଣେ ? କାନ୍ଦୁଚି, ଖାଉଚି, ଶୋଉଚି ,ହଗୁଚି, ମୂତୁଚି ବେଲେବେଲେ ହାତଗୋଡ଼ ହଲାଇ ଖେଳୁଚି। ବାସ୍‌ ଏତେ ସବୁ ବୁଝିପାରୁ ନଥିବା କଥାରେ ସୁମୀର ମନ ବିଦ୍ରୋହ କରୁଥିଲା।

ଅଛୁଆଁ ରୋଗରେ, ମରିଥିବା ବାପା ମାଆଙ୍କ ଛୁଆକୁ ଅନେକ ଆସି ଆଗ୍ରହରେ ଛୁଉଁଥିଲେ। ଅଜାଡ଼ୁଥିଲେ ସୁମୀ ପାଇଁ ପ୍ରଶଂସା। ଦୁହିଙ୍କ ପାଇଁ ପ୍ରତିଶ୍ରୁତି। ଦିନର ଗହଲି ରାତିର ଅନ୍ଧାରରେ ହଜି ଯାଉଥିଲା। ଆଖ ସାମ୍‌ନାରେ ସନତ୍‌। ଆଉ ମନ ଭିତରେ ବାପା ଆଉ ବୋଉ। ବୋଉ ପୁଅକୁ ଜଗାଇ ଦେଇ ଗାଧୋଇ ଗଲାବେଳେ, ଆଉ କିଛି ଘରକାମ କଲାବେଳେ, ପୁଅ ହଗିଦେଲେ କି ମୂତି ଦେଲେ ସୁମୀ ବଡ଼ ପାଟିରେ ରଡ଼ି କରୁଥିଲା। ବୋଉ ତରବରରେ ଆସି ପୁଅକୁ ନେବାବେଳେ ଗାଲଟିପି ଦେଇ କହୁଥିଲା....ଚଣ୍ଡି କଅଣ ହେଉଚୁ ? ତୁ ପୁଣି ଦିନେ ଛୁଆ ଗୁହମୂତ କରିବୁ ନାଁ ନାଇଁ ?? ସୁମୀ ହସୁଥିଲା। ସେଇ ସୁମୀ ଭବିଷ୍ୟତର ସ୍ୱପ୍ନ ଦେଖିବା ଶିଖିନି। ଅତୀତକୁ ଭୁଲି ପାରୁନି ସେତ ଜାଣେ, ମେଘ, ପବନ, ଆକାଶ, ଜହ୍ନ ତାରା। ସେ ଦେଖେ ଗାଈ ,କୁକୁର, କାଉ, କୋଇଲି, ପାରା, ଆଉ କେତେ ବିସ୍ତାରିତ ସେ ଆଉ ତାର ସ୍ୱପ୍ନ ? ଭଲ ମନ୍ଦ ଖାଇବାକୁ ଅଳି କରୁଥିଲା। ବାପା ବୋଉ ପାଖେ ବେଶୀ ଗେହ୍ଲା ହେବାକୁ ଦାବି କରୁଥିଲା। ହସୁ ଥିଲା, ରୁଷୁ ଥିଲା ବୋଉକୁ କୁଣ୍ଢେଇ ଧରୁଥିଲା। ବାପା କୋଳରେ ଗହନ ନିଦରେ ଶୋଉଥିଲା।

ଏତେ ନିଦ କୁଆଡ଼େ ଗଲା ଆଖିରୁ ? ସେ ଜମା ଆଖି ବୁଜି ପାରୁନି। ଆଲୁଅରେ ନୁହେଁ କି ଅନ୍ଧାରରେ ବି ନୁହେଁ। ସେ ଜଲଜଲ ହୋଇ ଚାହିଁଚି କାଲେ ଚାପି ହୋଇ ଯିବ ସନତ୍‌। ତା'ର କୁନିକୁନି ହାତଗୋଡ଼, ତା'ର କୁନି ଦେହ

· · · · · · · · · · · · ·
ସୋରିଷଫୁଲିଆ ଖରା ▫ ୧୧୯

ଉପରେ କାଲେ ଲଦି ହୋଇ ପଡ଼ିବ ସେ। ନାଁ ସେ ଜମା ପଲକ ପକାଇବନି ଆଖ୍ଖରେ। ଦିନଯାକର କ୍ଲାନ୍ତ ଅବଶ ଦେହ ଅଶାଢ଼ ହୋଇ ପଡୁଚି ସୁମୀ କଅଣ ଆଖ୍ଖ ନ ବୁଜି ବି ଶୋଇଯାଉଚି? ସେ ଜାଣିନି, ଆରେ ସନତ୍ କାନ୍ଦୁଚି। ସୁମୀ ଉଠି ବସୁଚି। ସନତ୍‍କୁ କୋଲକୁ ନେଉଚି। ତାକୁ ବୋଧ କରୁଚି। ଦୁଇ ମାସର କଅଁଳ ମୁହଁରେ ଦୁଇଟି କୁନିକୁନି ଆଖ୍ଖ ମୁଟ୍‌ମୁଟ୍ କରି ଚାହୁଁଛି ହାତ ଗୋଡ଼ ହଲାଉଛି। ସୁମୀ ତା ହାତକୁ ଦମ୍ଭ କରି ସନତ୍‍କୁ ଧରୁଛି। ତାକୁ ଲାଗୁଚି ତା ବୋଉର। ସବୁ ସ୍ନେହ, ସବୁ ମମତା, ସବୁ ଦମ୍ଭ ସବୁ ନିପୁଣତା ତା'ରି ଦେହରେ ନେସି ହୋଇଯାଉଚି। ଅନେକ ଅନ୍ଧାରରେ ବି ସେ ଡରିଯାଉନି। ଅନେକ ଆଶ୍ୱସନାର ସାହାରାରେ ତାକୁ ମଜବୂତ ଲାଗୁଚି। ଅନ୍ଧାରରେ ଛପିରହି ତା ବୋଉ ସତେ ଅବା ଅନେକ ସାହସ ତା ଉପରେ ଅଜାଡ଼ି ଦେଉଚି ତା ନିଜ ପାଇଁ ଆଉ ତା କୁନିଭାଇ ସନତ୍ ପାଇଁ।

◻

ଓଦା ଅଗ୍ନିକଣା

ଶୀତ ସକାଳର ସୁନା ଖରା ଚକ୍‌ଚକ୍‌ କଲାଣି ଅନେକ ବେଳୁ । ଏଯାଏ ଉଠିନି କମଳି । ନିଦ ଭାଙ୍ଗିଚି ନା ଶୋଇଚି ନିଘୋଡ଼ ନିଦରେ କେଜାଣି ? କମଳିର ସବୁଦିନର ଅଭ୍ୟାସ, ଅନେକ ଡେରିରେ ଉଠିବା । ଦରଆଉଜା କବାଟ ଫାଙ୍କରେ ଅନେଇଦେଇ ଆସିଲା ଦୂତୀ । ଉଠିନି କମଳି । ରାମଲୁ ରିକ୍ସା ଧରି ବାହାରିଗଲାଣି ଷ୍ଟେସନ । କଦଳୀ କାନ୍ଦିଗୁଡ଼ାକ ଟ୍ରଲିରେ ଲଦୁଚି ମଞ୍ଜିସ । ଅଧା ସବୁଜ ଅଧା ହଳଦୀ ଦିଶୁଥିବା କାନ୍ଦିସବୁ ସଜାଡ଼ି ରଖୁଚି । କହି ଚାଲିଚି ଗୁଡ଼ାଏ ଅଶ୍ରାବ୍ୟ ଅଭାଷା । ତିନି ଚାରିବର୍ଷର ଲଙ୍ଗଳା ପିଲାସବୁ ଖେଲୁଚ୍ଚନ୍ତି କଅଁଳ ଖରାରେ କାଲିଠାରୁ ସିଝାଇ ରଖିଥିବା କେତେଟା କୁକୁଡ଼ା ଗୋଡ଼ ଆଉ ମୁଣ୍ଡ ରମି ଆଣି ବାଣ୍ଟିଦେଲା ସେ ଛୁଆକୁ । ତା ସ୍ୱାମୀ କୁକୁଡ଼ା କାଟେ ହମିଦ୍‌ର ବ୍ରଏଲର ଦୋକାନରେ । ପିଲାସବୁ ରେକଟୁଚ୍ଚନ୍ତି ମହାଆନନ୍ଦରେ । ପାଣି ଆସିଲାଣି ଟ୍ୟାପରେ । ପାଣି ଧାଡ଼ିରେ ପ୍ଲାଷ୍ଟିକ, ଜାରକିନ, ଡବା, ବାଲ୍‌ଟି, ଭାଲ, ବେଲା ଆଉ ବେକ ନଥିବା ଖଣ୍ଡିଆ ଗରାର ଧାଡ଼ି ନଦେଖିଲେ କହିହେବନି କେମିତି ଦିଶୁଚି । ଦୂତୀ ସେଇଠି ନସରପସର ହେଉଚି ପାଣି ରଖିବ ଘର ପାଇଁ । ପୁଣି ଥରେ କବାଟ ଫାଙ୍କରୁ ଚାହିଁଦେଲା କମଳିକୁ । ଏବେ ବି ଶୋଇଚି କମଳି । ଫୁଲପକା ରଙ୍ଗୀନ ଚଦର ଖଣ୍ଡେ ଢାଙ୍କିହୋଇଚି ସର୍ବାଙ୍ଗ । କିଛି ଦିଶୁନି ମୁଣ୍ଡ ବାଲ, ପାଦ ନଖ, ହାତ କି ପେଟ ପିଠି । ଦିଶୁଚି ଚଟାଣରେ ପଡ଼ିଥିବା ତା'ର ଅନ୍ତର୍ବାସ । ମଉଲା ଫୁଲର ଗଜରା । ବିପର୍ଯ୍ୟସ୍ତ ଦିଶୁଚି ସବୁଆଡ଼ । ଅସଜଡ଼ା ପ୍ଲାଷ୍ଟିକ ଟି' ପୟ ଉପରେ ପ୍ଲେଟରେ ପଡ଼ିଚି କିଛି ଉଚ୍ଛିଷ୍ଟ ଖାଲି ଗ୍ଲାସ ଖାଲି ବୋତଲ । ସବୁ ଫୁଙ୍ଗୁଲା । ସମ୍ପୂର୍ଣ୍ଣ ଆବୃତ ହୋଇପଡ଼ିଚି, କିନ୍ତୁ କମଳି ।

ଦୂତୀ ଫେରିଗଲା ପାଣି ଟ୍ୟାପ ପାଖକୁ । ସେ ଏକ ନମ୍ବର ଆଗ ପାଣି ଆଣିବ । ପାଣି ରଖିଦେଲା ସେ । ତା'ର ଯେତିକି ଦରକାର । ପୁଣି ଚାହିଁଲା କମଳି

. . . .
ସୋରିଷଫୁଲିଆ ଖରା ▢ ୧୭୧

ଶୋଇଚି । ସବୁଦିନ ଏମିତି । ଏମିତି ନିରବ ମୁହୂର୍ତ୍ତରେ ଖୋଲପା ଛାଡ଼େ ଦୃତୀର କ୍ଷତରୁ । ବସ୍ତି ଏବେ ବେଶ୍ କୋଲାହଳ । ..ହେଁ ହେଁ... । ଫେଁ....ଫେଁ । ଥଟ୍ଟା, ମଜ୍ଜା, ଶୋଧା, ବକା ଅନେକ ଭାଷାର ଉଚ୍ଚାରଣରେ ଉଚ୍ଛୁଳିଚି ଟ୍ୟାପ୍ ପାଖ । କିଏ ପାଣି ବୋହୁଚି କିଏ ପାଣି ଢାଲିଦେଉଚି ଦେହରେ । କିଏ ଲୁଗା ଧୋଇ ଚୁପୁଡୁଚି ନିହାତି ଅମାର୍ଜିତ ଭାବେ । କାହା ଉପରକୁ ଛିଟିକି ପଡୁଚି ପାଣି । ପାଟିରୁ ବାହାରୁଚି କାନ ଶୁଣି ନପାରିଲା ପରି ଭାଷା । ତେଲୁଗୁ, ଓଡ଼ିଆ, ହିନ୍ଦୀ, ସାନ୍ତାଲି, ବଙ୍ଗାଳା, ହୋ, ମୁଣ୍ଡାରୀ କି ବିହାରୀ ସବୁ ଅଧା ଅଧା । ହେଲେ ସବୁ ଅବୁଝା ଭାଷା ଭିତରୁ ବୁଝି ହୋଇ ଯାଉଛି କିଛି ଅଭାଷା କିଛି ଅସଭ୍ୟ ଇଙ୍ଗିତ । ଅଶ୍ଳୀଳତାର ଗୋଟେ ଉଭଟ ଚିତ୍ର । ବସ୍ତିର ଗୋଟେ ଅବୋଧ ଭାଷା ।

କମଲିର ଉଠିବା ଯେତେ ଡେରି ହୁଏ ଦୃତୀର ଯନ୍ତ୍ରଣା ସେତେ ଗାଢ଼ ହୁଏ । ଅନେକ କଥା ଏବେ ବି ବୁଝିନି କମଲି । କେମିତି କହିବ ? କେମିତି ବୁଝାଇବ ଦୃତୀ କମଲିକୁ ? କମଲି କିନ୍ତୁ ନିଜ ପାଇଁ ଦୁଃଖ କରେ । ବୁଝିପାରେ ଦୃତୀ । ନିରବତା ଛଡ଼ା ଆଉ କ'ଣ ଅଛି ତା ପାଖରେ ? କିଛି ଲୁହ କିଛି ଦୀର୍ଘଶ୍ୱାସ । ତା ଯନ୍ତ୍ରଣାକୁ କମଲିକୁ କହିପାରେ, ନା କମଲିକୁ ଯନ୍ତ୍ରଣାରୁ ମୁକ୍ତ କରିପାରେ ? ଷୋହଳ ସତରବର୍ଷର ଗୋଟେ ଝିଅ କମଲି । ତା ଗୁମ୍‌ସୁମ୍ ପଣରେ ତା ମା'କୁ ଜଣାଇଦିଏ କେତେ ଦୁଃଖୀ ସେ ଏମିତି ଗୋଟେ ଜୀବନ ପାଇଁ ।

କମଲିର ଉଠିବାକୁ ଅପେକ୍ଷା କରିଚି ଦୃତୀ । ମନେ ପଡୁଚି ତା'ର ଅତୀତ । କଳାହାଣ୍ଡିର କାଳି ଅନ୍ଧାରୁ ରାଜଧାନୀର ସଫେଦ ଆଲୁଅକୁ ପାଦ ବଢ଼ାଇଥିଲା ଦୃତୀ ତା ବାପା ସାଥରେ । ବାରବର୍ଷର ମା' ଛେଉଣ୍ଡ କିଶୋରାଟି ତା ବାପାକୁ ଅନୁସରଣ କରିବା ଛଡ଼ା ଆଉ କ'ଣ କରିପାରିଥା'ନ୍ତା ? ଗାଁ ଛାଡ଼ି ରାଜଧାନୀ ଚାଲିଆସିବାର କାହାଣୀଟି ଏମିତି ଥିଲା । ଦୃତୀ ବାପାର କିଛି ବିଲବାଡ଼ି ଥିଲା । ସେଥିରେ ଚାଷବାସ କରି ସେ ତା'ର ଗୁଜୁରାଣ ମେଣ୍ଟାଉଥିଲା । ବର୍ଷକୁବର୍ଷ ଗାଁରେ ମରୁଡ଼ି ପଡ଼ିଲା । କେତେ କେତେ ବଡ଼ ବଡ଼ ଚାଷୀ ବିଲବାଡ଼ିରୁ ମାୟା ତୁଟାଇ ଦାଦନ ଖଟିବାକୁ ଗଲେ । ଦୃତୀର ବାପା ପୀତାମ୍ବର ବି ଗାଁ ଲୋକଙ୍କ ସାଙ୍ଗରେ ଦାଦନ ବାହାରିଥିଲା । ହେଲେ ଦୃତୀର ମାଆଟା ହଠାତ୍ ବାଧକା ପଡ଼ିଲା । ଗାଁର ସମସ୍ତେ ଦାଦନ ଗଲେ । ଯାଇ ପାରିଲାନି ତା ବାପା । ଘରେ ଯାହା ଥିଲା, କାଁସା,

ଛେଲି, ପୋଢ଼ ସବୁ ବିକି ସାରିଲା । ହେଲେ ଭଲ ନ ହୋଇ ମରିଗଲା ଦୃତୀର ମାଆ । ଗାଁରେ ବଞ୍ଚିଯିବାର ରାହା ନ ଥିଲା । ଗୋଟାଏ ଲୋକକୁ ନେବାକୁ ଦଲାଲ ବି ରାଜି ହେଲା ନାହିଁ । ପୁଣି ଆର ବରଷ ନୂଆଖାଇ ଯାଏ କେମିତି ବଞ୍ଚିବ ପୀତାମ୍ବର ଗାଆଁରେ ? ଯାହା ଥିଲା ରସ ଗରା, ବାଲ୍ଟି ବାସନକୁସନ, ଘରକରଣା, ସବୁ ସଜିଲ କଲା । ମୁଣ୍ଡରେ ଗଣ୍ଠିଲି ଆଉ ହାତରେ କିଶୋରୀ ଝିଅର ହାତ ଧରି ପୀତାମ୍ବର ବସ୍ ଧରିଲା ଭୁବନେଶ୍ୱର । ବଞ୍ଚିଯିବାର ସହର । ରାଜଧାନୀ ଭୁବନେଶ୍ୱର ।

ପୀତାମ୍ବର ବଞ୍ଚିଗଲା । କିଶୋରୀ ଝିଅଟି ଭାତ ଫୁଟାଇବାରେ, ଡୁଣ ରାନ୍ଧିବାରେ ଧୀରେ ଧୀରେ ଧୁରନ୍ଧର ହୋଇଗଲା । ତା ବାପା ନୂଆ କରି ତିଆରି କରିଥିବା ଷ୍ଟେସନ ପାଖ ପାଲ ପଲିଥିନର ବଖୁରିକିଆ ଘରେ ଦୃତୀର କଅଁଳ ହାତ ଘରକରଣା କରିବାକୁ ଲାଗିଲା । କୁନି ଝିଅର ଘରକରଣା ଆଉ ବାପାର ରୋଜଗାରରେ ଜୀବନ ଚାଲିଲା ଆଉ ଗୋଟେ ଖୁସିରେ । ଅଲଗା ଗୋଟେ ଢାଞ୍ଚାରେ । ନା ଥିଲା ଗାଁ ମାଟିର ବାସ୍ନା ? ନା ଥିଲେ ପରିଚିତ ସାଇଭାଇ ? ? ସବୁକୁ ପଛରେ ଛାଡ଼ି ବଞ୍ଚୁଥିଲେ ବାପ, ଝିଅ ଦୃତୀ ଆଉ ପୀତାମ୍ବର ।

କାମିକା ଲୋକର କାମର ଧାରା ବାରି ହୋଇପଡ଼େ । ଗୋଟେ ବଡ଼ବାବୁର କୋଠା ସାମ୍ନା ବଗିଚାରେ କାମ କରିବାକୁ ନିୟମିତ କାମ ପାଇଗଲା ପୀତାମ୍ବର । ସୌଖୀନ ଫୁଲର ସାଜସଜ୍ଜା ସାଙ୍ଗକୁ ପନିପରିବାର ସମାହାର । ସବୁ ବେଶ୍ ଯନ୍ତରେ ସଜାଡ଼ିଚି ପୀତାମ୍ବର । ଗେଟ୍ ଖୋଲି ପଶିଗଲେ ଘରକୁ ନଯାଇ ପ୍ରଥମେ ବଗିଚାରେ ବୁଲୁଚନ୍ତି ଆଗନ୍ତୁକ । ପ୍ରଶଂସା କରୁଚନ୍ତି ପୀତାମ୍ବରର । ପ୍ରଶଂସା କରୁଚନ୍ତି ସାହେବଙ୍କ ଭାଗ୍ୟର । ଭାଗ୍ୟ ଭଲ ପଡ଼ିଲେ ଏଭଳି ଭଲଲୋକ ଜୁଟନ୍ତି । ସତରେ ପୀତାମ୍ବର ପରି ସଚୋଟ, ପରିଶ୍ରମୀ କାମବାଲା ମିଲିବା ଭାଗ୍ୟ ନୁହେଁ ତ କଅଣ ?

ପୀତାମ୍ବରର ବୟସ ଖସୁଚି । ବୟସ ବଢ଼ୁଚି ଦୃତୀର । କଅଁଳ କିଶୋରୀ ମାଡ଼ିଯାଉଛି ଯୌବନର ଭଜାଣି ନଇ ଆଡ଼କୁ । ପିତାମ୍ବର ମନ ଭାରି ହେଉଛି । ଥାଆନ୍ତା କି ତା ମାଆ । ହିନିକପାଲିଟା । ପିତାମ୍ବରର ବାପା ହୃଦୟଟା ଅଉଟୁପାଉଟୁ ହେଉଚି । ଦିନଯାକ ତାକୁ ବସ୍ତିରେ ଏକା ଛାଡ଼ିଯିବାକୁ ସାହସ ହେଉନି । ପୀତାମ୍ବରର ମାଲିକାଣୀ ଭାରି ଦୟାଲୁ । ଏମିତି ଦିନେ ଦୁଃଖସୁଖ ବସି ବଖାଣୁ ବଖାଣୁ ମାଲିକ

ସଦୟ ହେଲେ। ପୀତାମ୍ବର ସାଥରେ ସବୁଦିନ ଆସିଲା ଦୃତୀ। ଆଉ କାମ କଲା ସେଇ ବାବୁଘରେ। ମାଆଙ୍କର ଆଜ୍ଞାକାରିଣୀ, ଆଜ୍ଞାଧୀନା। ଦି'ପହର ଖିଆ ବି ଖାଇଲେ ବାବୁ ଘରେ। ଏବେ ବାପ ଝିଅ ଭାରି ଖୁସି। ବାପା ଚିନ୍ତା ଗଲା। ଝିଅ ହାତକୁ ବି ପଇସା ଆସିଲା। ଆଉ ଟିକେ ଅଧିକା ଭଲ ପିନ୍ଧିବାକୁ ଭଲ ଲଗାଇବାକୁ। ଆଉ ଟିକେ ବେଶୀ ଭଲ ଦିଶିବାକୁ।

କିଛିଦିନ ପରେ ପୁଣି ପୀତାମ୍ବରର ଚିନ୍ତା ହେଲା। କେତେଦିନ ଏମିତି ଆଉ ପାଖରେ ରଖିବ ଝିଅକୁ? ତା ବାହାଘର ତ ପୁଣି କରିବାକୁ ହେବ। କିଛି ସଞ୍ଚୟ ବି କଲାଣି ପୀତାମ୍ବର। ସେ ଗାଆଁକୁ ଫେରିଯିବ। ଆଉ ବାଛିବାଛି ଗୋଟେ ଜୁଆଁଇ କରିବ। ଯାହା ତାର ଅଛି ସବୁ ତ ଦୃତୀର, ସେଇଟି ରହିବ ଝିଅଜୁଆଁଇଙ୍କ ପାଖେ ଆଉ ବାକି ଜୀବନଟା ସାରିଦେବ ନାତି ନାତୁଣୀଙ୍କ ଜଗୁଆଳ ହୋଇ। ହଁ ସେଇଆ କରିବ। ତା ମନ ଭିତରେ ସେ ନକ୍ସାଟା ତିଆରି କରୁଥିଲା। ଖାଲି ସ୍ଥିର କରି ନଥିଲା ଫେରିଯିବାର ଦିନ।

ହଠାତ୍ ଦିନେ ରାତିରେ ପୀତାମ୍ବରର ଦେହ ବିଗିଡ଼ିଗଲା। ଦୃତୀ ତାକୁ ପାଖ ଡାକ୍ତରଖାନାକୁ ନେଇଗଲା। ବାବୁଘର ବି ବହୁତ ସାହାଯ୍ୟ ହେଲେ। ଯେତେ ଟଙ୍କା ସଞ୍ଚଥିଲେ ବାପଝିଅ ସବୁ ନିଅଣ୍ଟ ହେଲା। ସବୁ ସାରିଦେଇ ବାପା ବି ଚାଲିଗଲା ସବୁଦିନ ପାଇଁ। ବାବୁଙ୍କ ସହାୟତାରେ କିଛି ବସ୍ତି ଲୋକଙ୍କ ସହଯୋଗରେ ବାପାର ଦାହ ସଂସ୍କାର କଲା। ବାବୁ ମାଆକୁ ଛାଡ଼ି ଏତେ ବଡ଼ ଦୁନିଆରେ ସେ ଆଉ କାହାକୁ ବା ଜାଣିଚି ? ଗାଁ ଘର ସାହିଭାଇ ବାପାଠୁ ଶୁଣିଚି ସିନା ଦିନେହେଲେ ଯାଇନାହିଁ କେହି ବି ଆସିନାହାଁନ୍ତି କେବେ, ଏହି ଦୁହିଁଙ୍କର ଖବର ନେବାକୁ। ଶୂନ୍ୟହସ୍ତରେ କେଉଁ ସାହସରେ ଦୃତୀ ଫେରିଯିବ ଗାଁକୁ ? ବାପା କାମ ସରିଲା। ବାବୁ ମାଆ ସାଇଭାଇ ଏବେ ଦୃତୀର ସାହାରା। ସକାଳୁ ସଞ୍ଜ୍ୟାଏ ବାବୁ ଘରେ କାମକଲା। ଆଉ ପଡ଼ିରହିଲା ପାଲା ପଲିଥିନିର ବଣ୍ଡରିଆ ସେଇ ପଲା ଭିତରେବାବୁଘର କାମ ଧରେ ଧରେ ଦୃତୀ ଆଦରି ନେଇଚି ସମ୍ପୂର୍ଣ୍ଣ ଭାବେ। କିଏ ଅଛି ଯେ କାହା କଥା ଭାବିବ ? ମନପ୍ରାଣ ଢାଲି ଦେଇଚି ଏଇଠି। ତା କାମରେ ଖୁବ୍ ଆଶ୍ୱସ୍ତ ହୋଇଚି ବାବୁଆଣୀ। ଆଉ ତାକୁ ବସ୍ତିରେ ରଖିବାକୁ ଦେଇନାହିଁ ବାବୁଆଣୀ ମାଆ। ତାଙ୍କରି ଘରେ

ଗୋଟେ ଛୋଟ ବକ୍ସରାରେ ରହୁଛି ଦୃତୀ। ଆକ୍ୱାଗାର୍ଡର ପାଣି.....ଟ୍ୟାପର ଗାଧୁଆ, ମାର୍ବଲ ଚଟାଣର ରହଣି, ସ୍ୱାଦିଷ୍ଟ ଭୋଜନର ଉଚ୍ଛିଷ୍ଟ ଏବେ ଦୃତୀକୁ ବେଶ୍ ପରିଚ୍ଛନ୍ନ ବେଶ୍ ସୁନ୍ଦରୀ କରିଦେଇଛି। ଶିଖାଇଯାଇଛି ସେ ଘରର ଚେଳଣି। ଘରସଜା, ସଫାସୁତୁରା, ରନ୍ଧାବଢ଼ା, ପରିବା କଟା, ଚା', କଫି, ଭାତ, ରୁଟି, ପୁଣି ଚିକେନ, ମଟନ, ବିରିୟାନି, ଚାଉମିନ, ଚପ, ଚଟନି ସବୁ ହୋଇଛି ଦୃତୀ ହାତରେ ଖୁବ୍ ମାର୍ଜିତ ଭାବରେ। ଦୃତୀ ଏବେ ଚାକରାଣୀଟେ ନୁହେଁ ସତେ ଅବା ଘରର ଅପରିହାର୍ଯ୍ୟ ଅଙ୍ଗଟେ। ବାବୁ ଏବେ ଅସୁସ୍ଥ ହେଉଛନ୍ତି ଦିନୁଦିନ ବଢ଼ିଯାଇଛି ମାଆଙ୍କ ବ୍ୟସ୍ତତା, ବ୍ୟାକୁଳତା। ସବୁଠୁ ବେଶୀ ତତ୍ପରତା ପୁଅର ବାହାଘର। ପୁଅ ବି ବହୁତ ଚେଷ୍ଟାକରି ବଦଳି ହୋଇ ଆସିଛନ୍ତି ଏହି ସହରକୁ। ଏବେ ବାବୁ ମାଆଙ୍କ ସହ ପୁଅ ଅମିତ ବି ରହୁଛନ୍ତି ଘରେ, ଅମିତ, ମାନେ ସାନବାବୁ। ଆଉ ଡ୍ରାଇଭର ରୋହିତ। ବାସ୍।

ଦୃତୀ ଏବେ ଏକଦମ୍ ଅପରିହାର୍ଯ୍ୟ ଏ ଘର ପାଇଁ। ବଗିଚାରେ କାମ ପାଇଁ ଖଞ୍ଜା ହୋଇଛି ମାଳୀ। ଘରକୁ ବି ଦୁଇଓଳି ଆସୁଛି ଆଉ ଗୋଟେ କାମବାଲୀ। ଘରପୋଛା, ବାସନମଜା, ଲୁଗାସଫା ଆଦି କରିବାକୁ। ଦୃତୀକୁ ବେଳ କାଇଁ ଏସବୁ କରିବା ପାଇଁ ? ସେ ଏବେ ଘରର ପୂରା ଅନ୍ତରଙ୍ଗ ମଣିଷଟେ, ଝିଅଟେ କି ବୋହୂଟେ ଭଳି। ବଡ଼ବାବୁଙ୍କ ଔଷଧ, ଜୁସ, ହରଲିକସ, ମା'ଙ୍କର ଠାକୁରବାସନ ମଜା, ହଟ୍ ୱାଟର ବ୍ୟାଗ୍, ମହାମାସ୍ ତେଲ, ସାନ ବାବୁଙ୍କର ସକ୍ସ, ସାର୍ଟ, ବ୍ୟାଗ୍ ଲ୍ୟାପଟପ୍, ଟିଫିନ୍। ଡ୍ରାଇଭରର ଚାବି, ଚା' ଫଳ, ପରିବା ବ୍ୟାଗ୍ ସଉଦା ସବୁଠି ତ ଦରକାର ହୁଏ ଦୃତୀର। ସକାଳୁ ସଞ୍ଜଯାଏ ତା ଦାୟିତ୍ୱବୋଧତାରେ, ତା ଯତ୍ନରେ, ତା ଅନ୍ତରିକତାରେ ଗତିଶୀଳ ଏ ପରିବାର। ଏ ଘରକୁ ଆସୁଥିବା ଅତିଥ, ଆମ୍ୟାୟ ସମସ୍ତଙ୍କ ଚାହିଦା ପୂରଣ କରି ବ୍ୟବହାର କୁଶଳରେ ବାନ୍ଧିଦେବାରେ ପୋଖତ ହୋଇଯାଇଛି ଦୃତୀ ଧିରେ ଧିରେ। ସାନବାବୁଙ୍କର ବାହାଘର ଖୋଜା ଟିକେ ଶିଥିଳ ପଡ଼ିଯାଇଛି। ବାବୁଙ୍କର ଦେହ ଟିକେ ସୁସ୍ଥ ହୋଇଛି। ମା' ଟିକେ ଅସୁସ୍ଥ ଅଛନ୍ତି। ସାନବାବୁ ଡେରିରେ ଅଫିସରୁ ଫେରିଲେ ଆଉ ମାଆଙ୍କୁ ଜଗି ରହିବାକୁ ପଡ଼ୁନି। ସବୁ ସମ୍ଭାଳି ନେଉଛି ଦୃତୀ। ଦୃତୀ ଏବେ ଭୁଲି ଯାଇଛି ସେ ସୁଦୂର କଳାହାଣ୍ଡିର ଅଜଣା ଜାତିର ଅଶିକ୍ଷିତ କାଳୀ ଝିଅଟେ। ଏବେ ସେ ରାଜଧାନୀର ରାଜରାସ୍ତାରେ ଚାଲିପାରୁଛି ପୂରା ସ୍ମାର୍ଟ ଝିଅଟେ ପରି।

....
ସୋରିଷଫୁଲିଆ ଖରା ▢ ୧୨୫

ସତରେ ପୂରା ସ୍ମାର୍ଟ ହୋଇଯାଇଛି ଦୃତୀ। ସାନବାବୁଙ୍କ ସହ ଅତି ସହଜ ଭାବରେ ମିଶିବା, ଡେରି ରାତିରେ ମାଇକ୍ରୋଓଭେନ୍‌ରେ ଖାଦ୍ୟ ଗରମ କରି ପରଷିବା, ଟେବୁଲ ସାଇଡରେ ଠିଆହୋଇ ଖାଇବା ସଜାଇବା ସବୁ କରୁଛି ଅନ୍ତରଙ୍ଗତାରେ। ସବୁ ନିଖୁଣତା ଭିତରେ ବି ତାର ଦୂରତା ଏ ପରିବାରଠୁ କାହିଁ କେତେ ଯୋଜନ। ଏକଥା ସେ ପୂରା ଭୁଲି ଯାଇଛି।

ପ୍ରାୟ ଡେରି ରାତିରେ ଫେରୁଥିଲେ ସାନବାବୁ। ଘନିଷ୍ଠ ହେଉଥିଲେ ଦୃତୀ ସହ ମନରେ, ଦେହରେ। ଦୃତୀ ଭୁଲି ଯାଇଥିଲା ତା'ର ସ୍ଥିତି। ଏତେ ଯେ ଭଲପାଇଲେ ତା'କୁ ତା'ର ବାବୁ ମାଆ, ଭାଇ, ବନ୍ଧୁବାନ୍ଧବ। ସମସ୍ତେ ପ୍ରଶଂସା ବି କରୁଥିଲେ ଅନର୍ଗଳ କେମିତି ମନେ ରଖିପାରିଥାନ୍ତା ନିଜକୁ ଏମାନଙ୍କଠାରୁ ଅଲଗା ବୋଲି ? ସବୁ ଭୁଲି ଦୃତୀ ଗୋଟେ ସ୍ୱପ୍ନର ସହରରେ ଉଡ଼ି ବୁଲିବାକୁ ଲାଗିଲା। ସାନବାବୁଙ୍କ ସହ ଘନିଷ୍ଠ ହେବାର ଫଳ ସ୍ୱରୂପ ଦୃତୀ ସୂଚନା ପାଇଲା ଯେ ସେ ମାଆ ହେବାକୁ ଯାଉଛି। ସେଦିନ ଅଫିସରୁ ଫେରି ସାନବାବୁଙ୍କ ଖୁଆପିଆ ସରିଲା ମାଆ ବାବୁତ ଶୋଇ ଯାଇଥିଲେ ଅନେକବେଳୁ। ଗୋଟେ ଅଜଣା ପୁଲକ। ଗୋଟେ ବିମୋହିତ ସ୍ୱପ୍ନ। ବୟସର ବନ୍ୟାରେ ଦୃତୀ ଭାସିଗଲା। ଆଜି ସାନବାବୁ ଆସିଲେ ଦୃତୀର ସେହି ଛୋଟ କୋଠରିକୁ। ଦୃତୀ ଆଜି ଗୋଟେ ଭିନ୍ନ ଆବେଗରେ ଅନେଇଥିଲା ତା ସାନବାବୁକୁ ଆଉ କହିଥିଲା ସେ ମାଆ ହେବାକୁ ଯାଉଛି। ଏ କଥାରେ ସେ ସିନା ସ୍ୱପ୍ନାବିଷ୍ଟ ହୋଇଥିଲା, ହେଲେ ତା' ସାନବାବୁକୁ କିଛି ବି ପ୍ରଭାବିତ କରିପାରି ନଥିଲା। ଅଳ୍ପ ହସି ସାନବାବୁ ତା ଗାଲକୁ ସରୁ ଚଟକଣିଟିଏ ଦେଇ କହିଲେ ସତରେ ନା କ'ଣ। ମୁଁ ଭାବୁଥିଲି ପରା। ପ୍ରଥମରୁ ପ୍ରତିକାର କରିଥିଲେ ଭଲ ହୋଇଥା'ନ୍ତା। ଠିକ୍ ଅଛି। କିଛି ବି ହୋଇନି ଯେମିତି। ପୂରା ନିର୍ବିକାର। କିଛି ବି ଘଟିନି। ନିହାତି ମାମୁଲି ଜୀବନର ନିତ୍ୟକର୍ମ, ଭୋକ, ଶୋଷ ପରି ଏ ବି ଗୋଟେ କର୍ମ। ଏଥିପାଇଁ ମନରେ ଏତେ ଦାଗ କାହିଁକି ? ସାନବାବୁ ଦୃତୀକୁ ବାନ୍ଧିଦେଲେ ବାହୁପାଶରେ ନିଜ ଦେହର ଉଷ୍ଣତାକୁ ଉଜାଡ଼ିଦେଇ ଚାଲିଗଲେ ନିଜ କୋଠରିକୁ ଦୃତୀ କିଛି ବୁଝି ପାରିଲା ନାହିଁ ନା ହସିଲା ନା କାନ୍ଦିଲା କ୍ଲାନ୍ତ ଲାଗୁଥିଲା ଖୁବ। କେତେବେଳେ ଶୋଇଲା ଆଉ କେତେବେଳେ ଉଠିପଡ଼ି ଲାଗି ପଡ଼ିଥିଲା ନିଜ ରୁଟିନ୍‌ବନ୍ଧା ଜୀବନରେ। ବାବୁ, ମାଆ ଆଉ ସାନବାବୁଙ୍କ କାମରେ ସେ ଜାଣିପାରି ନ ଥିଲା।

ପୁଣି ରାତି ହେଲା। ପୁଣି କାମ ସରିଲା। ଡେରି ରାତିରେ ସାନବାବୁ ଆସିଲେ। ଖାଇବା ଗରମ ହେଲା। ଦୃତୀ ଖାଇବାକୁ ଦେଲା। ଆଜି କିନ୍ତୁ ଦୃତୀ ଆଉ ସହଜ ହୋଇ ପାରିଲାନି ସାନବାବୁଙ୍କ ଗୋଡ଼କୁ ଜାବୁଡ଼ି ଧରି କାନ୍ଦିବାକୁ ଲାଗିଲା। ସାନବାବୁ ତାକୁ ତୋଲି ଧରି ହସିଲେ। ଆରେ ମୁଁ ଭୁଲିନି। ଆଣିଚି ତୋ ପାଇଁ ମେଡିସିନ୍। ଦୃତୀକୁ ଆଡ଼େଇ ଦେଇ ନିଜ ରୁମ୍‌କୁ ଗଲେ। ବ୍ୟାଗ୍‌ରୁ ମେଡିସିନ୍ କାଢ଼ି ଦୃତୀକୁ ବଡ଼ାଇ ଦେଉଦେଉ ଖାଇବାର ତରିକା ବତାଇଦେଲେ। ଔଷଧ ହାତରେ ଦୃତୀ ଚାହିଁ ରହିଚି। ସାନବାବୁଙ୍କ କବାଟ ଲକ୍ ହୋଇଗଲା। ସାରାରାତି ଶୋଇପାରିନି ଦୃତୀ। ତା ଗର୍ଭରେ ଯେଉଁ ଭୁଣିଟିଏ ସଞ୍ଚାର ହୋଇଚି ସେ ଗୋଟେ ମଣିଷ ନା ? ତାକୁ ବଞ୍ଚାଇ ରଖିଲେ ସେ ମଣିଷଟିଏ ହିଁ ତ ହେବ। କୁନିଟେ କି କୁନାଟେ। ଗୁଲୁଗୁଲୁ। ସୁଲୁସୁଲୁ। ନରମ ନରମ। ଟିକି ଦେହଟେ। ନୀଳ ନୀଳ ଆଖି। ସିଲ୍‌କି ସିଲକ୍ ବାଳ। ଗୋଲାପି ଓଠ। ଟିକି ଜୀବନଟେ। ଅସହାୟ ଅସମର୍ଥ। ସମ୍ଭାବନାର ସୌଦଟେ। ଏ ପୃଥିବୀର ଶ୍ରେଷ୍ଠ ଜୀବଟେ! ଏଇ ଔଷଧରେ ସେ ଝରିଯିବ କେଇ ବୁନ୍ଦା ରକ୍ତ ହୋଇ। କେହି ଦେଖିବେନି କେହି ଜାଣିବେନି। ହଜିଯିବ ଗୋଟେ ଜୀବନ। ପାପର ଆଙ୍ଗୁଳାଏ ତାଜା ରକ୍ତ। ଯାହାକୁ ଧୋଇ ଦେଇ ପବିତ୍ର ହୋଇଯାଇହେବ। ହେଲେ ଦୃତୀ ପାଇଁ ସେ ଥିଲା ଜହ୍ନକୁ ତୋଲି ଆଣିବାର ଗୋଟେ ଅବୁଝା ସ୍ୱପ୍ନ। ସେ ଭୁଲିଯାଇଥିଲା ସେ ଗୋଟେ ଚାକରାଣୀ। ସେ ଜାଣି ନଥିଲା ଭଲପାଇବା ନ ଥାଇ ବି ଭୋଗହୁଏ ଦେହ। ସେ ଜାଣି ନଥିଲା ଏମିତି ଲିଭାଇ ଦେଇହୁଏ ପାପର ସ୍ୱାକ୍ଷର। ଏତିକି ବୁଝିଥିଲେ ସେ କ'ଣ ଏତେ ବଡ଼ ଭୁଲ କରିଥାନ୍ତା ?

ଉଜାଗରରେ ରାତି ପାହିଗଲା ସିନା, ସେ ଔଷଧ କିନ୍ତୁ ଦୃତୀ ଢୋକି ପାରି ନଥିଲା। ପୁଣି ସକାଳୁ କାମ। ଟିକିଏ ଖିଲାପ କଲେ ସବୁ ଗୋଲମାଲ। ଦୃତୀ ଚାଲିଚି ସବୁଦିନିଆ ଶଗଡ଼ ଗୁଲାରେ। ସାନବାବୁ ଅଫିସ୍ ଗଲେଣି। ବାବୁ ବିଛଣାରେ ଗଡ଼ପଡ଼ ହେଉଛନ୍ତି। କାମବାଲି ବି କାମ ସାରି ଫେରିଗଲାଣି। ଏବେ ମାଆଙ୍କ ଫରମାଇସିରେ ରୋଷେଇ ହେବାର ବେଳ। କାଲିଠୁ ଏଯାଏ ପାଣି ଟୋପେ ଢୋକିପାରିନି ଦୃତୀ। ମାଆଙ୍କର ପାଦ ଦୁଇଟାକୁ ଧରି ବସିପଡ଼ିଲା ଦୃତୀ। ଆଉ ଏକା ନିଃଶ୍ୱାସକେ କହିଦେଲା ସବୁ କଥା। ହେଲେ ଏ କ'ଣ ତା ଗାଲରେ ବାଜିଲା

ସୋରିଷଫୁଲିଆ ଧରା ▢ ୧୨୭

ଗୋଟେ ଶକ୍ତ ଚାପୁଡ଼ା । ମାଆ ତାକୁ ଗୋଡ଼ରେ ଛାଟି ଦେଉ ଦେଉ କହିଲେ, ହଇଲୋ ବିଶ୍ୱାସରେ ବିଷ ଦେଇ ପୁଣି ସକେଇ ହେଉଚୁ? ଯେମିତି ଚୁପ୍‌ଚାପ୍‌ ଏତେ ପାଲା କରୁଥିଲୁ ସେମିତି ଚୁପ୍‌ଚାପ୍‌ ସେ ଔଷଧ ଖା । ତୋର ତ ସାହସ କିଛି କମ୍‌ ନୁହେଁ । ପୁଅକୁ ଫସେଇ କ'ଣ ମାଲିକାଣୀ ହେବାକୁ ସପନ ଦେଖୁଚୁ । ଛୋଟଲୋକ ।

ମାଆ ଉଠି ଚାଲିଗଲେ । ରୋଷେଇର ବରାଦ ସରିଗଲା । ଦୃତୀ ଲୁହପୋଛି କାମରେ ଲାଗିଲା । ବଡ଼ବାବୁଙ୍କ ଖାଇବାରେ ଟିକିଏ ବ୍ୟତିକ୍ରମ ହେଲେ ତାଙ୍କ ଦେହ ଖରାପ ହେବ । ଠିକ ବେଳରେ ଠିକ୍‌ଠାକ୍‌ କାମ ସବୁ ସରିଲା । ମାଆ ଖାଇସାରି ଦୃତୀ ପାଖକୁ ଆସିଲେ । କହିଲେ ତୁ ଖାଇଦେ । ଆହୁରି ପାଖକୁ ଲାଗିଆସି ଖୁବ୍‌ ଦୃଢ଼ ଗଳାରେ କହିଲେ ଖାଇଦେଇଚୁ ତ ଔଷଧ? ଦୃତୀ ପାଟିରୁ କଥା ବାହାରିଲା ନାହିଁ । ମାଆ ବି ଉତ୍ତର ଅପେକ୍ଷା ନକରି ଚାଲିଗଲେ । ଦିନ ପରେ ଦିନ । ସକାଳରେ ଆରମ୍ଭ । ରାତ୍ରୀ ଶେଷ । ସାନବାବୁ ଆଉ ଦୃତୀ କେହି କାହା ମୁହଁକୁ ଚାହୁଁନାହାନ୍ତି । ଆଖିରେ ଆଉ ମିଶୁନି ଆଖି । ସବୁ କାମ କିନ୍ତୁ ଚାଲିଚି ଠିକ୍‌ଠିକ୍‌ । ଦିନ ପରେ ଦିନ । ସପ୍ତାହେ ବିତିଗଲା । ପୁଣି ଗୋଟେ ନିରୋଳା ମୁହୂର୍ତ୍ତ । ମାଆ ତାଗିଦ୍‌ କଲେ ଦୃତୀକୁ । ଦୃତୀ ଆଜି ବହୁତ କାନ୍ଦିଲା । କାନ୍ଦି କାନ୍ଦି ମାଆଙ୍କର ପାଦ ଦୁଇଟାକୁ ଓଦା କରିଦେଲା । ପରିବେଶ, ପରିସ୍ଥିତି, ସମ୍ମାନ, ସଂସ୍କୃତିର ଦ୍ୱାହି ଦେଇ ନିଜର ଅହଂକୁ ବଞ୍ଚାଇ ରଖିବାକୁ ଅନେକ କଥା କରାଯାଏ ହେଲେ ସବୁ କାମ ପାଇଁ କ'ଣ ହୃଦୟରୁ ସ୍ୱୀକୃତି ମିଳେ? ମାଆଙ୍କ ମନ ବୋଧେ ବିଚଳିତ ହୋଇଗଲା । ସେ ବି ତ ମାଆଟିଏ । ନାରୀଟିଏ । କ'ଣ ସେ କରିବେ ?

ଦୃତୀକୁ ସିନା ବୁଝେଇପାରିବେ । ସେ କ'ଣ ବୁଝାଇପାରିବେ ନିଜ ସ୍ୱାମୀଙ୍କୁ, ପୁଅକୁ, ନିଜ ଅହଂକାରକୁ? କହିପାରିବେ ଅହଂକୁ ମାରିଦେଲେ ଆମ୍ବସନ୍ତୋଷ ମିଳେ । ଆଉ ପ୍ରବଣତାକୁ ମାରିଦେଲେ ଆତ୍ମଦହନ । ଆତ୍ମସମ୍ମାନର ଆଚରଣକୁ ଫିଙ୍ଗି ସେ ଏମିତି କରିପାରିବେନି । ବହୁତ ମାଡ଼ଗାଲି ବହୁତ ବୁଝାଇବା ପରେ ବି ଦୃତୀ ତା ଜିଦ୍‌ରେ ଅଟଳ ରହିଲା । ଅନ୍ତତଃ ମାଆ ଏତିକି ଅନୁଭବ କଲେ, ଦୃତୀ ବିଶ୍ୱାସରେ ବିଷଦେବାକୁ ଏସବୁ କରି ନ ଥିଲା । ବୟସର ବନ୍ୟାରେ ନିଜକୁ ବୁଝି ନ ପାରି ସେ ଏତେବଡ଼ ଭୁଲ୍‌ କରିଦେଲା । ଠିକ ହେଲା ଦୃତୀ ଚାଲିଯିବ । ପୁଆଡ଼େ

ବି ଯାଉ ଫେରିବନି ଏ ଦୁଆରକୁ। ବଦନାମ କରିବନି ଏ ପରିବାରକୁ। ଅଲେଖା କାଗଜରେ କେତେଟା ଟିପଚିହ୍ନ ଛାଡ଼ି ହାତରେ ମୁଠାଏ ଟଙ୍କା ଧରି ଦୃତୀ ସେ ଘର ଏରୁଣ୍ଡି ଡେଙ୍ଗ ଚାଲିଆସିଲା।

କୁଆଡ଼େ ଯିବ ? ବସ୍ତିର ସେଇ ଛୋଟ ଚାଲଟି ଯାହା ଥିଲା ବାପ ଅମଲରୁ ସେଇଆକୁ ପୁଣି ଫେରାଇଆଣିଲା ଦେଇଥିବା ଲୋକଠୁ। ପୁଣି ବସ୍ତିର ସେ ଚଳଣିକୁ ଆଦରିନେଇଥିଲା ଦୃତୀ। ମାର୍ବଲ ପ୍ରାସାଦ ଛାଡ଼ି ବସ୍ତିର ଏ ପୂତିଗନ୍ଧ ପରିବେଶ ଆପଣେଇବାକୁ ଅନେକ କଷ୍ଟ ହୋଇଥିଲା ତାକୁ। ତା ଶାରୀରିକ ସ୍ଥିତିରେ ଫୁଟି ଉଠୁଥିବା ଛବି ତାକୁ ଯେ ପ୍ରଶ୍ନବାଚୀର ସାମ୍ନା କରି ନଥିଲା ତାହା ନୁହେଁ। ତେବେ ବସ୍ତିର ଏ ବାରମିଶା ମଣିଷମାନଙ୍କ ମେଳରେ ଗୋଟିଏ ଅବୈଧ ସନ୍ତାନର ମାଆ ହେବା ସେମିତି କିଛି ବଡ଼ କଥା ନଥିଲା। ବାବୁଘର ଯାହା କିଛି ଟଙ୍କା ଦେଇଥିଲେ ସେଥିରେ ସେ ଚଲୁଥିଲା। ନିଜକୁ ସହଜ କରି ନୂଆ କାମ ଧରିବାକୁ ତା ଦେହମନ କେହି ଅନୁମତି ଦେଉ ନଥିଲେ ନିର୍ଦ୍ଦିଷ୍ଟ ସମୟରେ ଝିଅଟିଏ ଜନ୍ମଦେଲା ଦୃତୀ। ଆହା ଚାନ୍ଦ ଉଦିଆ ଧୋବ ଫରଫର ଦିହରେ ନାଲି ଟୁକୁଟୁକୁ ଓଠ ଆଉ ପାଦ ପାପୁଲି ଦେଖ୍ ବସ୍ତିର ବୁଢ଼ୀ ଧାଇମା’ ତାଗିଦ କରିଥିଲା ହାଇଲୋ, ଇଏତ କୋଉ ରିକ୍ସାବାଲା କି କୋଉ ଡ୍ରାଇଭରର ଛୁଆ ନୁହେଁ। ସେଇ ବାବୁଘର ବୀଜ ଧରି ଆସିଥିଲୁ କିଲୋ ? ଏ କଥାରେ ଦୃତୀ ଛାତିରୁ ଅତଡ଼ା ଖସିଗଲା। ମୁହଁ ବୁଲାଇ ଚାହିଁ ଦେଖିଲା ଦୃତୀ। ଇଏ ତ ଅବିକଳ ସାନବାବୁର ମୁହଁ। ତା କଲିଜା କୋରି ହୋଇଗଲା। ଫିକା ହସଟେ ଫୋପାଡ଼ି ଦେଇ ଦୃତୀ କହିଲା, ଏ କାହାରି କିଛି ନୁହେଁ ! ସେ ମୋ ଝିଅ, କେବଳ ମୋ ଗେହ୍ଲା ଝିଅ କମଲି।

ଏଇ କମଲି। କେତେ କଷ୍ଟ କରି ଦୃତୀ ଯାକୁ ପାଲିଲା। ହେଲେ କ’ଣ ଲାଭ ହେଲା ? ପାଞ୍ଚ କ୍ଲାସ ପଢୁ ପଢୁ ସ୍କୁଲ ମାଷ୍ଟରଟା ସ୍କୁଲ ଘର ଓଲାଇ ଦେବାକୁ କହି ତାକୁ ଡାକିନେଇ ରକ୍ତାକ୍ତ କରିଦେଲା। କ’ଣ କରିଥା’ନ୍ତା ଦୃତୀ। କିଏ ଅଛି ଆଗକୁ ନା ପଛକୁ ? ଲଢ଼ିବ ମାଷ୍ଟର ସାଙ୍ଗେ। କମଲି ଯଦି ବସ୍ତି ଝିଅ ନହୋଇଥାନ୍ତା ମାଷ୍ଟ କ’ଣ ଏ ସାହସ କରିଥା’ନ୍ତା ? ଠାକୁର ଦେବତାଙ୍କୁ ହାତଟେକି ଗୁଡ଼ାଏ ଅଭିସମ୍ପାତ ଦେଲା। ମାଆ ଝିଅ କୋଲାକୋଲି ହୋଇ ବହେ କାନ୍ଦିଲେ। ବସ୍ତି ସର୍ଦ୍ଦାର କୋଉଠୁ କ’ଣ ସୁରାକ ପାଇଲା କେଜାଣି ଦୃତୀକୁ କହୁଥିଲା ସେ ବୁଝିଦେବ

ସବୁ। ହେଲେ ଦୃତୀର ଆଉ ଅବୁଝ। ବୟସ ନ ଥିଲା। ସାହାଯ୍ୟର ଆଳରେ ସେ ନିଜ ଦେହକୁ ବନ୍ଧା ଦେବାକୁ ପ୍ରସ୍ତୁତ ନ ଥିଲା। କ'ଣ କରିଥା'ନ୍ତା। ଝିଅର ପାଠପଢ଼ା ବନ୍ଦ କରିଦେଲା। ସତରେ କୋଉ ବିଟିକିଟିଆ ରିକ୍ସାବାଲା କି କୋଉ ଟେଲେଙ୍ଗା ଡ୍ରାଇଭର ଝିଅ ହୋଇଥା'ନ୍ତା କି କମଳି ତା' ପାଇଁ ଏତେ ଚିନ୍ତା ବଢ଼ି ନଥାନ୍ତା। କମଳି ତ ଚାନ୍ଦଉଦିଆ ଜହ୍ନି ଫୁଲିଆ ଚକ୍ଚକ୍ ଚେହେରାଟି ନେଇ ବଢ଼ିଯାଉଚି ଫାଏଁ...ଫାଏଁ। ନା ଆଖ୍ ପାଉଚି ନା ସାହସ ପାଉଚି। କମଳିକୁ ତେର ପୁରିଲାଣି। ହେଲାଣି ବି ଘରଯୋଗ୍ୟ। ସ୍କୁଲ ଘଟଣା ପରଠୁ ଆଉ କୁଆଡ଼େ ତାକୁ ଛାଡ଼ୁ ନଥିଲା ଦୃତୀ। ଷ୍ଟେସନରୁ ପ୍ଲାଷ୍ଟିକ ଗୋଟାଇ କବାଡ଼ିବାଲାକୁ ଦେଇ ଯାହା ରୋଜଗାର କରେ ଦୃତୀ, ସେଇଥିରେ ଚଳନ୍ତି ମା'ଝିଅ। ଦୃତୀ ଯେତିକି ଘରକରଣା କାମ ଜାଣିଥିଲା ଦୁଇ ଚାରିଘର କାମ ଧରିଥିଲେ ଢେର ରୋଜଗାର କରି ପାରିଥା'ନ୍ତା ହେଲେ, ତେରବର୍ଷ ହେଲା ବସ୍ତି ଆଉ ଷ୍ଟେସନର ସୀମା ଡେଇଁ କୁଆଡ଼େ ଯାଇନି ଦୃତୀ। ତା ଛାତି ତଳର ଦୁଃଖ ସେଇ ଛାତିରେ ରହିଚି। କେହି ତା ଦୁଃଖ ଶୁଣିନି କି ତା' ଲୁହ ଦେଖିନି। ସେ ବି କାହାକୁ ଦେଇପାରିନି ତା ଦେହ କି ମନ। ବହୁତ କଷ୍ଟ ପାଇଚି ଦୃତୀ ନିଜ ଭିତରେ। ଏବେ ବସ୍ତିଯାକର ଭୋକ କମଳି ପାଇଁ। ଆଜିଯାଏ ଦୃତୀ ନିଜକୁ ନିଜ ପାଖରେ ସତୀ ସଜେଇ ରଖିଥିଲା। ଏବେ କମଳି? କମଳିକୁ କେମିତି ଥଇଥାନ କରିବ ସେ? କମଳିର ଉଛୁଲା ରୂପର ପସରାକୁ କେଉଁଠି ସାଇତିବ? ମାଲିସାହିରୁ ଆସି ଯେ ଏଠି ଆଖଡ଼ା ଖୋଲିଚି ଗୋଦରୀ ଆମ୍ମା। କେତେଥର ଫୁସୁଲାଫୁସୁଲି କଲାଣି। କେତେଥର କହିଲାଣି ମୋ କଥା ମାନ କେଉଁଠି ଲୁଚାଇବୁ ତୋର ଏ ପାପର ପସରାକୁ? ଜମା ତାକୁ ସତୀ କରି ରଖି ପାରିବୁନି ଏ ବସ୍ତିରେ ଦି' ଚାରିବର୍ଷ ତାକୁ ଲଗାଇ ଦେ ଧନ୍ଦାରେ। ହାତରେ ମୋଟା ଟଙ୍କା ଧରି ଫେରିଯିବୁ ଗାଆଁକୁ। ସେଇଠି ଥଇଥାନ କରିଦେବୁ ଝିଅକୁ କଥା ମାନ। ପଛରେ ପସ୍ତେଇବୁ। କଥା ସାରି ପଚ୍‍କିନା ପକାଇଦିଏ ଥୋଲାଏ ପାନଛେପ। ଦୃତୀ ଛାତିରୁ ରକ୍ତ ୫ରେ। କ'ଣ ଉତ୍ତର ଦେବ?

ମାଆକୁ କ'ଣ ଖାଲି ମତଉ ଥିଲା ଗୋଦରୀ ଆମ୍ମା? ଝିଅକୁ କ'ଣ ବୁଝାଉଥିଲା କେଜାଣି? କମଳି ଏବେ ଗୋଦରୀ ଆମ୍ମାର ଭାରି ଗେହ୍ଲା। କାମରୁ ଫେରି ଗୋଦରୀ ଆମ୍ମା ପାଖରେ କମଳିକୁ ଦେଖିଲେ ଦୃତୀର ହାଡ଼ ଜଳିଯାଏ। ତଥାପି

କିଛି କହିପାରେନା ଦୃତୀ । ଜୀବନର ରାସ୍ତାଟା ଏତେ ତେଢ଼ାମେଢ଼ା କାହିଁକି ? ବାପା ସାଙ୍ଗେ ଗାଆଁ ଛାଡ଼ିଲା । ବାବୁ ଘରେ କାମବାଲୀ ହେଲା । ସେଇଟି ବାଟ ହଜାଇଦେଲା ଯେ ଆଉ ଫେରି ପାରିଲାନି ପଛକୁ । ନା ଯାଇପାରିଲା ଆଗକୁ ? ସାନବାବୁ ଆଉ ମାଆଙ୍କ କଥାରେ ଆଙ୍ଗୁଲାଏ ପାପର ରକ୍ତକୁ ଚିପୁଡ଼ି ଦେଇ ସେ ତାଙ୍କ ଡ୍ରାଇଭରକୁ ବାହା ହୋଇଯାଇଥିଲେ ତାକୁ ଆଉ ବସ୍ତିକୁ ଫେରିବାକୁ ପଡ଼ି ନଥାନ୍ତା । ନିଜକୁ ତ ବୁଝାଇ ପାରିଲାନି ଜମା । ବାବୁ ଦେଇଥିବା ଔଷଧକୁ ହାତରେ ଧରିଲେ ତାକୁ ଲାଗୁଥିଲା ସେ ଗୋଟେ ଛୁରି ଧରିଛି ଆଉ ସେଇଥରେ କାଟିଦେଉଚି ଗୋଟେ କଅଁଳ କଲିଜା । କଟ୍…କଟ୍..କଟ୍ । ଆଉ ସେ କଲିଜାଟା କାନ୍ଦି ଉଠୁଚି କୁ…ଆଁ । କେତେ ଚାପୁଡ଼ା ଗୋଇଠା ପୁଣି କେତେ ସାନ୍ତ୍ୱନା, ଆଶ୍ୱାସନା ତା ନିଷ୍ଠୁରିକୁ ବଦଲାଇ ପାରିଲା ନାହିଁ ବୋଲି ତ ସେ ଫେରିଆସିଲା ବସ୍ତିକୁ । ଏ ପାଞ୍ଚ ଖଣ୍ଡ ବସ୍ତିରେ କମଲି ପରି ସୁଠାମ ସୁନ୍ଦରୀଟେ କାଇଁ ? ଗୋଦରୀ ଆମ୍ମା ପାନ ଛେପରେ ପଚା ନାଲି ଦାନ୍ତରେ ହସ ଖେଳେଇ କେତେ ନ ଆସୁଚି ଦୃତୀ ପାଖକୁ । ପୁଣି ଲେଣ୍ଠାଏ ପାନପିକ ପକାଇଦେଇ ଫେରିଯାଉଚି ମୁହଁମୋଡ଼ି ।

 କ'ଣ କରିବ ଦୃତୀ । ଆମ୍ମାର ପୁଅ ବୋଲି ବସ୍ତିରେ ପଟିଆରା ଜମେଇଥିବା ସେଇ ନିଶୁଆ ବଳିଷ୍ଠ ଟୋକାଟା । ଖାସ୍ ଚାହୁଁଚି କମଲି ଆଡ଼େ । ଆସି ତା'ରି – ପାଖରେ ନସରପସର ହେଉଚି । ଆଉ ତାକୁ ଦେଖିଲେ, ଦୃତୀର ଛାତି ଥରୁଚି । ତାକୁ ଲାଗୁଚି ବାଘ ଜଗିଚି । କମଲିକି ଖାଇଯିବ ଯେକୌଣସି ମୁହୂର୍ତ୍ତରେ ।

ଦୃତୀ ହାରିଗଲା । ବହୁତ ପ୍ଲାଷ୍ଟିକ ଗୋଟେଇଥିଲା ବୋଲି ଘରକୁ ନଆସି ସିଧା ଯାଇଥିଲା କବାଡ଼ି ଗୋଦାମକୁ ଆଉ ଫେରୁ ଫେରୁ ଡେରି ହୋଇଯାଇଥିଲା ଅନେକ । ସେଦିନ ସବୁ ସରିଗଲା । ଦୃତୀ ଦେଖିଲା ତା କୁଡ଼ିଆରୁ ମୁହଁପୋତି ବାହାରିଯାଉଚି ସେ ଟୋକାଟା । ଆଉ ଅଳ୍ପ ଦୂରରେ ଠିଆହୋଇ ପର୍କିନା ଥୋଲାଏ ପାନପିକ ପକାଇଦେଇ ହସୁଚି ଆମ୍ମା । ଦୃତୀ ଆଉ କାହାରିକୁ କିଛି କହିଲାନି । ବଦଲିଗଲା ରାସ୍ତା । ବଦଲିଗଲା କମଲିର କୁଆଁରୀ ଜୀବନ । କେମିତି ବୁଝିବ କମଲି, ଦିନେ ଏଇ କାମନାର ଅଗ୍ନିକଣା ଓଦା ହୋଇଯିବ ଆଖିର ଲୁହରେ । ଆଉ ସେଇ ଓଦା ବାରୁଦରେ ଅଗ୍ନି ସଂଯୋଗ କରିବାର ପ୍ରଚେଷ୍ଟା ଜାରିରହିବ ପ୍ରତିଟି ରାତିରେ । ବଞ୍ଚିବାର ନିଶାରେ । କମଲି ଏବେ ଗୋଦରୀ ଆମ୍ମାର ଆଖିର ତାରା । ଏ ବସ୍ତିର ହୀରା ।

. . . .
ସୋରିଷଫୁଲିଆ ଖରା ▫ ୧୩୧

ଆଉ କିଛି ଭାବିପାରେନି ଦୃତୀ। ଟ୍ରକ ଡ୍ରାଇଭର, ରଙ୍ଗମିସ୍ତ୍ରୀ, ମାର୍ବଲମିସ୍ତ୍ରୀ, ଫଳଦୋକାନୀ, ରିକ୍ସାବାଲାର ପରିଧି ଡେଇଁ କମଲିର ରୂପ ପସରାର ବାସ୍ନା ଏବେ ଚହଟି ଗଲାଣି ଅନେକ ଦୂରକୁ। ଏବେ ବଡ଼ ବଡ଼ ଗାଡ଼ିରେ ବଡ଼ ବଡ଼ ବାବୁ ସବୁ ଆସୁଛନ୍ତି। ହେଲେ ଗାଡ଼ି ସବୁ ରହୁନି ଏଠି। ଗାଡ଼ି ଆସୁଚି। ଛାଡୁଚି। ପୁଣି ନେଇଯାଉଚି। ଦୃତୀ ସେ ସବୁକୁ ନଜର କରେନି କେତେବେଲେ କିଛି ଆଖିରେ ପଡ଼ିଗଲେ ତା' ଦେହ ଥରେ। ସେ ଚୋରଣୀଙ୍କ ପରି ଆସି ତା ଝୋପଡ଼ିରେ ପଶିଯାଏ। ଏବେ ତା ଆଖିରୁ ଲୁହ ଝରେ ନାହିଁ ତା କଲିଜାଟା କେବଲ ମନ୍ଥୁ ହୋଇଯାଏ। ସେ ସଁ ସଁ ହୁଏ। ପୁଣି ସହଜ କରେ ନିଜକୁ, ଘର କାମ କରେ। ମିଛରେ ରାଉରାଉ ହେଉଥାଏ। ଆମ୍ମା ଭାଉରେ କେହି ତାକୁ କିଛି କହନ୍ତି ନାହିଁ। କମଲି ଏବେ ବହୁତ ବଦଲି ଗଲାଣି। ଆଗର ଆଉ ଅଲସପଣ କି ଉଦାସଭାବ ନାହିଁ। ଏକଦମ ସହଜ। ଡେରିରେ ଉଠେ ତା ନିତ୍ୟକର୍ମ କରେ ଆମ୍ମା ତା'ର ଆଜବେଷ୍ଟସ ଉଆସ ସଫା କରିଦିଏ। ବାରଟା ବେଲେ ଦୃତୀକମଲି ରାନ୍ଧଣା ଖାଏ। ମନ ନହେଲେ ଅହମ୍ମଦ ଆଣିଦିଏ ହୋଟେଲରୁ। କମଲି ଖାଇଦେଇ ତା' ଉଆସରେ ପଶେ। ସେଠି ଗୋଟେ ଟିଭି ଲଗେଇ ଦେଇଚି ଆମ୍ମା। କିଣିଦେଇଚି ବି ଗୋଟେ ଫୋନ୍। କମଲି ସେଇଠି ଗଡ଼ପଡ଼ ହୋଇ ଶୋଇ ପଡେ। ଉଠିଲେ ଆମ୍ମା ତାକୁ ଚା' ଦିଏ। କ'ଣ ସବୁ କଥା ହୁଅନ୍ତି। ଅନ୍ଧାର ଆରମ୍ଭ ହେବା ବେଲକୁ ସଜେଇହେବା ଆରମ୍ଭ ହୋଇଯାଇ ଥାଏ କମଲିର।

ଦୃତୀ ବେଶୀ ମୁହାଁମୁହିଁ ହୁଏ ନାହିଁ କମଲି ସହିତ। ମା'ଝିଅ ଆଗପରି ଆଉ ଦୁଃଖସୁଖ ହୁଅନ୍ତି ନାହିଁ, ବରଂ କମଲି ବେଶୀ ସମୟ କାଟେ ଆମ୍ମା ଆଉ ଅହମ୍ମଦ ସାଥିରେ। ଦୃତୀ ପ୍ରତିଥର ଆମ୍ମା ହାତରୁ କିଛି ଟଙ୍କା ଧରିବା ବେଲେ ଦୀର୍ଘଶ୍ୱାସଟିଏ ତାକୁ ଥରାଇଦିଏ ତା ଝିଅକୁ ଧରି ସତରେ ସେ ଦିନେ ମୁକୁଲିପାରିବ ତ ଏ ବସ୍ତିରୁ!!!

ଦୃତୀ ନଜର ରଖିଚି କେତେବେଲେ ଉଠିବ କମଲି। ତା ମୋଟା ପାଉଁଜୀର ଝମ୍ଝମ୍ ଆବାଜଟେ ଆସି ପଶିଯିବ ତା କୁଡ଼ିଆ ଭିତରେ। ଆଉ ସେ ତରତରରେ ଯାଇ କପେ ଚା' କରି ଧରାଇଦେବ ତା ହାତକୁ। କମଲି କିନ୍ତୁ ଉଠିନି ଏଯାଏଁ ଟ୍ୟାପରୁ ପାଣି ବନ୍ଦ ହୋଇଗଲାଣି। ନିରବି ଗଲାଣି ବସ୍ତିର କୋଲାହଲ। ଯିଏ

ଜୁଆଡ଼େ ବାହାରିଗଲେଣି ନିଜ ନିଜର ପେସା, ବେଉସାକୁ। ଖାଁ...ଖାଁ ବସ୍ତି। ଖାଇ ଗୋଡ଼ାଏ ଦୃତୀକୁ। ନିର୍ଦ୍ଦିଷ୍ଟ କାହା ସାଙ୍ଗେ ସେ ଅନ୍ତରଙ୍ଗ ହୁଏନା। କଥାବାର୍ତ୍ତା ହୁଏନା। କ'ଣ କଥାବାର୍ତ୍ତା ହେବ ? କ'ଣ ଦୁଃଖସୁଖ ହେବ ? ସ୍ୟାଟ୍, ସ୍ୟାଟ୍ ଏଣ୍ଡୁତେଣୁ କଥାରେ ଦିନ କାଟେ।

ସକାଳ, ସଞ୍ଜ ଆଉ ଅସରନ୍ତି ରାତିର ତ୍ରିଭୁଜ ଭିତରେ ଦୃତୀର ଜୀବନ। ବେଳେବେଳେ ମନେପଡ଼ନ୍ତି ବାବୁ, ମାଆ, ସାନବାବୁ ଡ୍ରାଇଭର ତାଙ୍କ ବନ୍ଧୁବାନ୍ଧବ, ସେ ଚଳଣି। କାଇଁ କେହି ତ ତାକୁ ଦିନେ ହେଲେ ଖୋଜିଲେନି। କୁଆଡ଼େ ଗଲା ସେ ଝିଅଟା ? କାହିଁକି ଖୋଜିବେ ? କିଶା ଚାକରାଣୀଟେ। ଟଙ୍କା ଦେଇ ପୁଣି କିଣିହେବ। ଚାଉଳ ସିଝିଲେ କାଉ କ'ଣ ଅଭାବ ? କାହିଁକି ଖୋଜିବେ ତାକୁ। ଇଚ୍ଛା ନକରି ବି ମନେପଡ଼େ ଅନେକ କଥା। କମଳି ଚେହେରାରେ ସାନବାବୁଙ୍କ ଝଲକ ସହସ୍ରବାର ତା କଲିଜାରେ ଗରମ ଟେଙ୍କ ଦିଏ। ଆଉ ବାହାରି ଆସେ ଗୋଟେ ତତଲା ନିଃଶ୍ୱାସ।

କେତେଦିନ ତ ବିତିଲାଣି। ଶିଥିଳ ବି ହେଲାଣି ଭାବନା। ଉଷ୍ମତା ବି କମିଗଲାଣି ନିଃଶ୍ୱାସରୁ। ଆଜି କାହିଁକି ଏତେ ମନେପଡ଼ୁଚି ଅତୀତ ? ଦୃତୀ ଆଖିକୁ ନିଦ ଆସୁନି। ଦୃତୀ ଶୋଇପାରୁ ନଥିଲା ଜମା। ଘର ଭିତରଟା ତାକୁ ରୁନ୍ଧି ପକଉଥିଲା। କେତେ ଗଡ଼ପଡ଼ ହେବ। ଦୃତୀ ଝରକା ଖୋଲିଲା। ନା ପବନ ନାହିଁ। ବରଂ କିଛି ମଶାଙ୍କର ଗୁଣ୍ଗୁଣୁ ଆଉ ପଚା ନଳାର ଗନ୍ଧ ପଶିଆସିଲା ଝୋପଡ଼ି ଭିତରକୁ। ଆଉ ଭିତରେ ରହିପାରିଲାନି ଦୃତୀ। କବାଟ ଖୋଲି ବାହାରକୁ ଆସିଲା। ଏଯାଏଁ ଆଲୁଅ ଲିଭିନି ରଙ୍ଗଶାଳାର। ଆମ୍ମା ଆଉ ଅହମ୍ମଦ ଚହଲ ପକାଉଛନ୍ତି ବାହାରେ। ଅନିଚ୍ଛା ସବ୍ବେ ଦୃତୀର ଆଖି ସେଇଆଡ଼େ ଲମ୍ବିଗଲା। ହଁ ଦୃତୀ ଜାଣିଚି ଦାମୀଦାମୀ ଗରାଖ ସବୁ ଆସନ୍ତି ଡେରି ରାତିରେ। ଫେରିଯା'ନ୍ତି ଜଲ୍‌ଦି। କାରଣ ବସ୍ତିର ଆବର୍ଜନା ଭିତରେ ମାଲ୍ କିନ୍ତୁ ଥାଏ ତାଜା। ଯାହା ତାରକା ହୋଟେଲର ସନ୍ତ୍ରାତ୍ତୀୟ ସାଜସଜ୍ଜାରେ ନଥାଏ। ସେଇଥିପାଇଁ କେହି କେହି ପୋଖତ ଦାମିକା ଗରାଖ ରାତି ଅନ୍ଧାରରେ ମୁହଁ ଲୁଚାଇ ପଶିଆସନ୍ତି ଏଇ ବସ୍ତିକୁ। ହଁ ଠିକ୍ ସେଇଆ। ଫିକାଫିକା ଅନ୍ଧାରରେ ଓହ୍ଲାଇ ଆସୁଛନ୍ତି କେହି ଜଣେ ଆଉ ତାଙ୍କୁ ପାଛୋଟି ଆଣୁଛନ୍ତି ଆମ୍ମା ଆଉ ଅହମ୍ମଦ। ତିନିହେଁ ଆଗଉଛନ୍ତି। ଦୃତୀ ତା ଆଖିକୁ

ମକଟି ଆଉ ଥରେ ଚାହିଁଲା ଝରକାରେ। ଆରେ କ'ଣ ଦେଖୁଚି ସିଏ! ଏକା ଡିଆଁକେ ସେ ଆଶ୍ଖେଇ ପଡ଼ିଲା ଦୁଇଟା ପାଦ ପାଖରେ। ସେ ଠିକ୍ ଚିହ୍ନିଚି ଏ ପାଦ ତା ସାନବାବୁର ସେ ଜାବୁଡ଼ି ଧରିଲା ଖୁବ୍ ଜୋରରେ ସେ ପାଦକୁ। ତା ପାଟିରୁ ବାହାରିଗଲା ସାନବାବୁ ଏ ଝିଅ ତମର।

ମୁହଁ ନ ଦେଖବି ସାନବାବୁ ଠିକ୍ ବାରିପାରିଥିଲେ ଏ ସ୍ୱର ଦୂତୀର। ହଁ ଦୂତୀ ଆଜି ତାଙ୍କୁ ରୋକିଦେଲା ଆଉ ଏକ ମହାପାପରୁ। ସାନବାବୁଙ୍କ କାମନାର ଅଗ୍ନିକଣା ଓଦା ହୋଇଯାଉଥିଲା ଦୂତୀର ଲୁହରେ।

▢

ଶେଷ ସାକ୍ଷୀ

ବର୍ଷାଧୁଆ ଆକାଶଟା ପୂରା ନୀଳ। ଆକାଶରେ ଭାସୁଥିବା ଧଳା ଧଳା ବାଦଲସବୁ ଗୋବରଲିପା ଖଳାବାରିରେ ଗଦାଗଦା କପା ତୁଳାର ଭ୍ରମ ସୃଷ୍ଟି କରୁଥିଲା। ପାହାଡ଼ ଜଙ୍ଗଲର ସାବ୍‌ଜା ପତ୍ରସବୁ ଚକ୍‌ଚକ୍ କରୁଥିଲା, ସଦ୍ୟସ୍ନାତ ହଳଦୀମଖା ସୁଠାମ ତରୁଣୀର ଚିବୁକ ପରି। ସନ୍ଧ୍ୟା ହେବାକୁ ଆହୁରି ବାକି ଥିଲା। ସୂର୍ଯ୍ୟକିରଣ ଉଜ୍ଜ୍ୱଳ ଦିଶୁଥିଲା କଇଁଆମଜା, କଂସା ବାସନ ପରି। ତାଟି କବାଟରେ ଘର ଆଉଜେଇ ଦେଇ ମାଟି ବାରଣ୍ଡାରେ ଗୋଡ଼ ଝୁଲେଇ ବସିଥିଲା ଫୁଲମତୀ। ମୁଲୁମୁଲୁ ଚାହୁଁ ଥିଲା ସୁନ୍ଦରା ଦିଶୁଥିବା ଚାରିଆଡ଼କୁ। ବୈଶାଖ ଶୀତୁଆ ପବନ ତାକୁ ଅଳସେଇ କରୁଥିଲା। ଆଖିପତା ଲାଗିଆସିଲା ବେଳକୁ ଚମକି ପଡ଼ିଲା ଫୁଲମତୀ। ଦୁର୍‌ଦୁର୍ ମାଡ଼ି ଆସି ଦାଗୋଞ୍ଜାଥକିନା ବସିପଡ଼ି ଫୁଲମତୀ କାନ୍ଧରେ ହାତ ଲଦିଦେଲା। କଅଁଳେଇ କହିଲା– ତୋତେ ବେଳ ହୋଇନି କିଲୋ, କାମକୁ ଯିବାକୁ ? ଦାରୋଗାର ହାତ ଛାଟି ଟିକେ ଘୁଞ୍ଚିଯାଇ ଫୁଲମତୀ କହିଲା– ଆଜି ନାଇଁ ଯାଏ, ଦିନେ ହେଲେ ଛୁଟି ନାଇନିକି ମୋର ? ଦାରୋଗା ଖେଁକାରି କହିଲା ଛୁଟି... ? କାହାରି ଛୁଟି ନାଇଁ ଏଇନା। ତୁଚ୍ଛାଟାରେ କାଇଁ ଘରେ ବସିଛୁ ? ତୋର କଅଣଟା ଅସୁବିଧା ହୋଇଛି କି ? ଜଲଦି ଚାଲେ। ନହେଲେ ବଡ଼ବାବୁକୁ କହି ତୋତେ ନିକାଲି ଆଉ ଜଣଙ୍କୁ ରଖିବି। କଅଣ ଲୋକ ଅଭାବ ହେବେ ? ଆସ୍ ଜଲ୍‌ଦି। କାମ ପଡ଼ିଚି।

ଫୁଲମତୀ ଯେ ହାତ ଛାଟିଦେଇ ଘୁଞ୍ଚିଗଲା। ସେଇଟା ବାଧିଗଲା ଦାରୋଗାକୁ। ସେ ପୁଣି ଦୁର୍‌ଦୁର୍ ହୋଇ ଫେରିଗଲା। ତା' କଥାରେ ଫୁଲମତୀ କିନ୍ତୁ ଡରିଗଲା। ସତରେ ସେ ଯଦି ତାକୁ ନିକାଲି ଦିଏ ? ଏ ମଦୁଆ ଘଇତା ତ ଦିନେ ତା' କଥା ବୁଝୁ ନାହିଁ। କୁଆଡ଼େ କାମ ପାଇଟି ହେଉନଥିବା ବେଳେ ସେ ଚଳିବ କେମିତି ? ସେ ଅଳସ ଭାଙ୍ଗିଲା ଆଉ ଚାଲିଲା କ୍ୟାମ୍ପ ଆଡ଼େ। ତା' ଡିଉଟି କରିବାକୁ। ଯିବାବେଳେ ବାଟସାରା ଫୁଲମତୀ ସ୍ୱପ୍ନ ଦେଖୁଥିଲା। ତିନି ମାସ ହୋଇଗଲାଣି ମାସୁଆରି ଗାଧୋଇନି। ଚାହୁଁ ଚାହୁଁ ଖରା ବରଷା ଯାଇ ଶୀତ ଆସିବ। ତା' କୋଳ ପୂରିଯିବ। ମାତାଲ ସମ୍‌ରା ଘରମୁହାଁ

ହେବ। ପୁଅ ହେବ ନା ଝିଅ? ଯାହା ହେଉ। ସମ୍ରା ମାତାଲ ସିନା ହୁଏ, ହେଲେ ଛୁଆଙ୍କଠି ତା'ର ଭାରି ସିନିହ। ସମ୍ରା ନିଶ୍ଚୟ ବାଟକୁ ଆସିବ। ତା' ଦୁଃଖ ଯିବ। ଫୁଲମତୀ ମନକୁ ମନ ହସୁଥିଲା। ଖୁସି ହେଉଥିଲା। ତା' ଚେହେରାଟା ଭାରି ଗୁଚୁଗାଚୁମ୍ ଦିଶୁଥିଲା। ହେଲେ ଏବେ କାମ କରିବାକୁ ଭାରି ନିସ୍ତ ଲାଗୁଥିଲା ବେଲେବେଲେ। ଆଜି ଯଦି ଦାରୋଗା ନ ଡାକିଥାନ୍ତା, ସେ ଜମା ଆସିନଥାନ୍ତା କାମକୁ। କେତେବେଲେ ସେ ପହଞ୍ଚି ଯାଇଥିଲା କ୍ୟାମ୍ପରେ, ଲାଗି ପଡ଼ିଥିଲା ତା' କାମରେ। ବାସନମଜା, ଓଲାପୋଲା, କାଠ ସଜଡ଼ା ରୋଷେଇ ପୂର୍ବରୁ ଆନୁଷଙ୍ଗିକ କାମ ସବୁ। କ୍ୟାମ୍ପରେ କେହି ନଥିଲେ। ଫୁଲମତୀ ଜଲଦି ଜଲଦି କାମ ଛିଣ୍ଡାଉଥିଲା ଘରକୁ ଫେରିବା ପାଇଁ ଫର୍ଚ। ଆକାଶକୁ ପୁଣି ଅଚାନକ ଫେରିଆସିଲା ବର୍ଷାଟା। ଆଉ ଘରକୁ ଫେରିବ କ'ଣ? ସେଇଠି ବସିଲା। ଏଯାଏ ଫେରିନଥିବା ଦାରୋଗ୍ୟ ଏଇ ଏବେ ଫେରିଲା। ସାଙ୍ଗରେ ଦୁଇଜଣ ପୁଲିସବାବୁ ଆଉ ରୋଷେୟା ବି। ମେଘ କାଚୁଚି ଯେକାଚୁଚ୍ଛି। ତା'ରି ଭିତରେ ସଞ୍ଜ ଯାଇ ଅନ୍ଧାର ହୋଇଗଲାଣି। ଫୁଲମତୀ ବସିବସି ଭୁଲେଇ ପଡ଼ିଲାଣି। କ୍ୟାମ୍ପରେ ଆଲୁଅ ଜଲିଲାଣି କେତେବେଲୁ। ବର୍ଷା ଛାଡ଼ୁନି ଜମା। ବଡ଼ ଗୋଟେ ଘଡ଼ଘଡ଼ିରେ ଆଲୁଅ ଦପ୍ କିନା ଲିଭିଗଲା। ଉଡ଼ାଇ ନେଲା ଫୁଙ୍ଗୁଲା ଛାତିରୁ ଖ୍ୱା କନ୍ଥା କାନିଟା। ଠିକ୍ ଏତିକିବେଲେ ଛାତିରୁ ବି ଝୁଣ କିନା ଖସିପଡ଼ିଲା ଆଉ କିଛି। ଭୟଟେ, ଅବିଶ୍ୱାସଟେ, ଲଜ୍ଜଟେ, ଘୃଣାଟେ, କବଲିତ କଲଙ୍କଟେ ତା' ଚାରିପଟେ ଗୁଡ଼େଇ ହୋଇପଡ଼ିଲା। ଚାରିଟା ମଣିଷ। ଚାରିଟା ମଣିଷ ନୁହେଁ ଅମଣିଷ ତାକୁ ଖିନ୍‌ଭିନ୍, ଛିନଛତ୍ର କରି ଝୁଣି ଖାଇଗଲେ। ଫୁଲମତୀର ପ୍ରତିବାଦ ପରାଜିତ, ଅନ୍ଧକାରରେ ଅସହାୟ ହୋଇଗଲା। ଗାଁ ଶେଷ କ୍ୟାମ୍ପର ନିଃଶବ୍ଦତାକୁ ଭାଙ୍ଗି କୌଣସି ପ୍ରକାରେ ମୁକୁଲାଇ ପାରିଲାନାହିଁ ନିଜକୁ। ଭରା ବର୍ଷାର ଭିଜା ବୈଶାଖ ତା' ଆଖ୍ୟରେ ଶ୍ରାବଣ ଓହ୍ଲାଇ ଦେଲା। ଜଣକ ପରେ ଜଣେ ତାକୁ ବିଦୀର୍ଣ କଲେ ପାଶବିକ, ପୈଶାଚିକ ଆଦିମ ଉନ୍ମାଦନାରେ... ସବୁ ପୁଣି ଥମିଗଲା। ବର୍ଷା ବି, ବୀଭତ୍ସର ବିଭୀଷିକା ବି।

ରାକ୍ଷସୀ ନିଶା ଏକବାର ଓହ୍ଲାଇଗଲା। ଫୁଲମତୀର ନିଥର ଦେହକୁ ଦେଖ। ଏତିକିବେଲେ ଆଲୁଅ ବି ଜଲି ଉଠିଲା। ଖୋଲା ଆବରଣର ସ୍ୱକ୍‌ସ୍ୱକ ଫୁଲମତୀକୁ ଗୁଡ଼ାଇଦେଲେ ତା'ର ମୋଟା କନ୍ଥାରେ। ଏତେବେଲେ ପୁଣି ଆଲୁଅ ଲିଭିଗଲା। ଭଲ ହେଲା। ଅଶାଡ଼ ଦେହଟାକୁ ଟେକିଟାକି ନେଇଗଲେ ଦାରୋଗା ଆଉ ରୋଷେୟା।

ଗାଁମୁଣ୍ଡ ଘର ବଖରା, ବାଟ ଚାହିଁଥିଲା ଫୁଲମତୀକୁ। ମଦୁଆ ଗେରସ୍ତ କେତେବେଳେ ଘରେ ଥାଏ ? ଗୋଡ଼ରେ ତାଟି ପେଲି ସେଇ ଦୁଆରମୁହଁରେ ଫୁଲମତୀକୁ ଗଡ଼ାଇଦେଇ ଦୁହେଁ ଭାଗ୍।

ସୁଲ୍ ସୁଲ୍ ପବନରେ ଚେତା ଫେରୁଥିଲା ଫୁଲମତୀର। ସମରା ଏଯାଏଁ ଫେରିନି। ବହେ ରାତିକୁ ଫେରିବ ପେଟେ ମହୁଲି କି ସଲପ ପିଇ। ଯାହା ଥିବ ଖାଇବ, ମନ ମାନିଲେ। ନହେଲେ ସବୁ ଫିଙ୍ଗି ଫୋପାଡ଼ି ତାଣ୍ଡବ କରିବ। ଏଇଆ ତ ଫି’ଦିନ। ନିଜ ଦେହକୁ ବୋହି ପାରୁନି ନିଜେ। ତଥାପି ଫୁଲମତୀ କାନ୍ତ ଧରି ଛିଡ଼ାହେବାକୁ ଚେଷ୍ଟା କଲା। ଲୁଗାଟାକୁ ଅଣ୍ଟାରେ ଖୋସଣି ମାରି ସଜାଡ଼ିବାକୁ ଚାହୁଁ ଥିଲା। ଏତିକି ପାଇଁ ବି ଜୁଢ଼ ପାଉନି ତା’ର। ପାଦଶଦରେ ତା’ ଛାତି ଥରି ଉଠିଲା। ସମରା ହିଁ ଆସିଚି। ତା’ ହାତର ଟର୍ଚ ଆଲୁଅରେ ମାଟି କୁଡ଼ିଆର ଚୌହଦି ଉଜ୍ଜଲ ଦିଶିଲା। ସମରା ହାତରୁ ଟର୍ଚଟା ଖସି ପଡ଼ିଲା। ସମରା ଆଖି ଦୁଇଟା ଜଳି ଉଠିଲା। ବାଘ ଆମ୍ଭୁଡ଼ାକୁ କଅଣ ବାଘ ଚିହ୍ନିବନି ? ବାଘର କଅଣ ଦୋଷ ଥାଏ ? ସେ ତ ଝୁଣିବ, ମାରିବ। ଖାଇବ। ତା’ କବଲରୁ ନିଜକୁ ରକ୍ଷା କରିବାର ଦାୟିତ୍ଵ ନିଜର। ଗୋଇଠା ପରେ ଗୋଇଠା। ପାଟିରୁ ଅଶ୍ରାବ୍ୟ ଭାଷାର ଆବାଜ। ଶାଳୀ ବାମାଳି ମାଇଛି ସବୁ ତ ସାରିଲୁ... ପୁଣି କେନେ ଆସିଲୁ ବେ... ? ନା ପ୍ରତିବାଦ, ନା ପ୍ରତ୍ୟୁତ୍ତର, ନା ବଳ ନା ସାହସ। କଟା ଗଚ୍ଛ ପରି ପଡ଼ିଚି ଫୁଲମତୀ। ମନଭରି ବାଡ଼େଇ କୁଟି ପୁଣି ବାହାରିଗଲା ସମରା।

ରାତି ପାହି ଫର୍ଚା ହୋଇଗଲା। ଫୁଲମତୀ କିନ୍ତୁ ଆଉ ଉଠିଲାନି। ପାଖ ପଡ଼ିଶାଙ୍କ ଗହଲି ବଢ଼ିଲା। ଫୁସୁର ଫୁସୁର ଶୁଭୁଥିଲା। ମଦୁଆ ଘଇତା ଆଜି କଅଣ ମାରିମାରି ମାରି ଦେଲା ? କିଏ ଗୋଟେ ଧାଇଁଗଲା ପୁଲିସ ପାଖକୁ। ପୁଲିସବାବୁ ନିଜେ ଆସି ଆମ୍ଭୁଲାନ୍ସକୁ ଫୋନ କରିଦେଲେ। ଖୋଜା ହୋଇ ଆସିଲା ସମରା। କିଏ କହିବ ଫୁଲମତୀର ମୃତ୍ୟୁର କାରଣ ? ଏକମାତ୍ର ଆଖିଦେଖା ସାକ୍ଷୀ ତ ନିଜେ ଫୁଲମତୀ। ପ୍ରମାଣ ନାହିଁ ତ ଅପରାଧ ନାହିଁ। ବାସ୍। ସମସ୍ତେ ଆଜାଦ୍। ଦାରୋଗା, ରୋଷେୟା, ପୁଲିସ, ସମରା ଆଉ ନିଜେ ଫୁଲମତୀ ବି। ଜୀବନର କାଠଗଡ଼ାରେ ସବୁ ଅପରାଧ ମଥାପାତି ସହିନେବାର ପ୍ରତୀକଟିଏ ଫୁଲମତୀ। ନିଜ ପାଇଁ ନିଜେ ହିଁ କେବଳ ଶେଷ ସାକ୍ଷୀଟିଏ। ଶେଷ ଦୀର୍ଘଶ୍ୱାସଟିଏ।

❑

ସୋରିଷଫୁଲିଆ ଖରା

ହସୁଚି ଜହ୍ନ, ହସୁଚି ଆକାଶ, ହସୁଚି ପବନ ହସୁଚି ମାଟି। ଧାଙ୍ଗଡ଼ା ବଜାଉଚି ମାଦଲ ହସି ହସି। ହାତରେ ହାତ ଛନ୍ଦି ଧାଙ୍ଗଡ଼ୀ ନାଚୁଚି ହସି ହସି ଚାରିପଟ ଘେରି ବୁଢ଼ାବୁଢ଼ୀ, ଛୋଟବଡ଼ ପିଲାପିଚିକା ନାଚ ଦେଖୁଚନ୍ତି ହସି ହସି।

ପାହାଡ଼ ଖୋଲର ଛୋଟ ଗାଁ। ଚାଲ ଆଉ ଚାଲ। ଧୂଲି ଧୂସର ପୁରୁ ପୁରୁ ମାଟି ଅଗଣା। ଛେଲି ଲେଣ୍ଡି, କୁକୁଡ଼ା ମଳ, ଛୁଆ ଗୁହ, ବୁଢ଼ି ବାନ୍ତି ସବୁ ଏକାକାର। ସେଇଠି ବସିଥିବ ଚିତାକୁଟା ଚିତ୍ରିତ ବୁଢ଼ୀଟେ ଲୋଚାକୋଚା ହୋଇ। ଲଙ୍ଗଳା ଅଣ୍ଟାରେ କଳାସୂତା ବନ୍ଧା ଛୁଆଟେ ଧାଉଁଥିବ ଏପଟ ସେପଟ। ଦେହରେ ଛୋଟ ଚଢ଼ି ଖଣ୍ଡେ। ହାତରେ ପେଟ୍ଟାଏ ରବର ଚୁଡ଼ି ପିନ୍ଧି ଝୁଣ୍ଟୁରି ମୁଣ୍ଡକୁ ହଲେଇ ହଲେଇ ବୁଲୁଥିବ କୁନି ଝିଅଟେ। ନୁଆଁଣିଆ ଚାଲରୁ ମୁଣ୍ଡ ନୁଆଁଇ ବାହାରି ଆସୁଥିବ ଭେଣ୍ଡିଆଟେ। ଆଉ ଉଛୁଲା ଯୌବନକୁ ଛୋଟ କସ୍ତାରେ ଢାଙ୍କିରଖି ପାରୁନଥିବା ଧାଙ୍ଗଡ଼ୀଟେ ଦାଣ୍ଡ ପହଁରୁଥିବ। ବୁଢ଼ୀ ପାଖେ ପାଣି ଢାଲ ଥୋଉଥିବ। ଛେଲି ଘିଟେଇ ତଡୁଥିବ ଆଉ ଛୁଆ ଦିହିକୁ ଖୁଆଇ ଦେଉଥିବ ମାଣ୍ଡିଆ ଜାଉ।

ଛୋଟ ଗୋଟେ ନୁଆଁଣିଆ ଚାଲଘର। ନାଲି କଳା ମାଟିଲିପା ପାଲିସ୍ ରଙ୍ଗିନ, ଅଣ୍ଡ ଉଚା ଅଣଓସାରିଆ ପିଣ୍ଡା। ନାଲି ମାଟିର ଅଗଣା, ଘରକୁ ଲାଗି କଶଣ ଗୋଟେ ଗଛ, ଆମ୍ବ କି ପଣସ। ଦୁଇ ବଖରାର ଗୋଟିଏ ବାଟଥିବା ଏଇ ଘରେ ପାଞ୍ଚଟି ମଣିଷ। ଜଣେ ଯୁଆନ୍ ଟିକ୍ରା, ଯୁବତୀ ପୁନି। ଗୋଟେ ଆଠ ବର୍ଷର ପୁଅ ସାହିବ, ଗୋଟେ ଛଅ ବର୍ଷର ଝିଅ ସଲପି ଆଉ ଟିକ୍ରାର ମାଆ ଫୁଲରୀ ବୁଢ଼ୀ। ଏଇ ଗୋଟେ ସଂସାରର ଶିକୁଳି। ଜଣା ନାହିଁ ପ୍ରାଚୁର୍ଯ୍ୟର ସଂଜ୍ଞା, ଜଣା ନାହିଁ ସୁଖ ସୁବିଧାର ପରିଭାଷା। ଜଣା ଖାଲି ଜୀବନଟେ ଅଛି ଜିଇବାକୁ। ସବୁ ନଥିଲା ଭିତରେ ହସରେ ଖୁସିରେ, ନାଚରେ ଗୀତରେ...।

ଦଶଟା ପୁଷ ପୁନେଇ ଗଲାଣି। ଟିକ୍ରା ବାପା ଗଲାଣି ଆରପାରିକୁ। କିଛି ହୋଇ ନଥିଲା ମ। ତୁଛାଟାରେ, ହସଖୁସିରେ କୁସୁମ କୋଲି ତୋଳିବାକୁ ଚଢ଼ିଲା

ଯେ ଗଛରେ, ଭାଙ୍ଗି ପଡ଼ିଲା ଡାଳ । ହାଏ !! ତଳେ ପଡ଼ିଲା ତ ଶେଷ । ଫୁଲୁରୀ କାନ୍ଦିଲା ଖୁବ୍ । ମାଆର କାନ୍ଦ ସହି ପାରିଲାନି ଟିକ୍ରା । ମକରରେ ଘିଞ୍ଚି ଆଣିଲା ପୁନିକୁ । ଅବଶ୍ୟ ପୁନିକୁ ସେ ଆଖେଇ ଥିଲା କୋଉଦିନୁ । ପୁନିଆଁ ପରବ୍‌ରେ, ହାଟବାଟରେ ଦେଖୁଥିଲା । ମନ ବି ଦେଇଥିଲା । ହେଲେ ଏତେ ବେଗେ ଘରକୁ ଆଣିବ ଭାବି ନଥିଲା । ବାପା ଯେ ଚାଲିଗଲା, ଆଣିଲା ପୁନିକୁ ମାଆର ଲାଗି । ମାଆକୁ ଆଉ କାନ୍ଦି କାନ୍ଦି ଘର କବାର, ଭାତ, ତୁଣ କରିବାକୁ ପଡ଼ିଲାନି । ଛେଳି ଗୁହାଳ ନିକେଇଲାନି କି ଘର ଲୁଞ୍ଚା ଦେଲାନି । ପାଣି ବୋହିଲାନି କି ଅଗଣା ଝାଟେଇଲାନି । ସବୁ କଲା ପୁନି । ତୁଚ୍ଛାଟାରେ କ’ଣ ଟିକ୍ରା ତାକୁ ମନ ଦେଇଥିଲା ? ପୁନିଟା ସୁନ୍ଦରୀଟା, ଗୁଣ ବି କିଛି କମ୍ ନୁହେଁ । ମନଟା ତା’ର ସବୁବେଳେ ଉଷ୍ଟ, ହସଟା ବି ମୁଲ୍‌ମୁଲିଆ । ଚାନ୍ଦ ଉଦିଆ, ମାଆ ସଙ୍ଗେ ମିଶି ଖୁସି, ତା’ ମନଟାକୁ ବି ସରସ କରିଦେଲାଣି । ବୁଢ଼ୀ ହସିଲା କିନ୍ତ୍ର କିନ୍ତ୍ର । ଯୋଉଦିନ ଜାଣିଲା ପୁନି ଆଉ ପକଉନି ମାସୁଆରି ଲୁଗା, କେତେ ଜୁହାରିଲା ମହାପୁରୁକୁ । ବଣ ଲତା ତୁଣ୍ଡି, ଦରାଣ୍ଡି ଖୁଆଇଲା କେତେ କନ୍ଦା, କେତେ ଫଳ, କୁଆଡ଼େ ଗଡ଼ିଗଲା ଦିନ । ଜନମ ହେଲା ଛୁଆଟେ, ଟୋକାଟେ, ବୁଢ଼ୀ ଆହୁରି ହସିଲା । ଲେଉଟି ଆସିଲା ଟିକ୍ରାର ବାପା, ଭାରି ଶରଧା ପାଇଲା, ସିନିହରେ ନାଁ ଦେଲା ସାହବ ।

ଏମିତି ଏମିତି ଗଲା ଦୁଇଟା ପୁଷ ପୁନେଇ । ପୁଣି ଜନମ କଲା କୁନି ଝିଅଟେ । ଆହୁରି ହସିଲା ବୁଢ଼ୀ, ଚାହିଁଦେଲା ପର୍ବତ ଆଡ଼େ, ସଲପ ଗଛରେ ଓହଲି ପଡ଼ିଚି ଫୁଲ, ବୁଢ଼ୀ ନାଁ ଦେଲା ସଲପି ।

ଏବେ ଧାଉଁଚି ସାହବ । କାନ୍ତୁ ଧରି ଛିଡ଼ା ହେଉଚି ସଲପି । ବୁଢ଼ୀ ଖେଲଉଚି ଦୁଇଟା ଛୁଆ । ଖେଲଉନି ମ, ଖେଲୁଚି ଜାଣ । ହଁ ବୁଢ଼ୀ ଖେଲୁଚି, ହସୁଚି, ନାଚୁଚି ।

ସକାଳ ପାହିଲେ ପିଲା ପିଚିକା, ଛେଳି କୁକୁଡ଼ା, ପାଣି ତୋରାଣି ସଜିଲ୍ କରି ବାହାରି ଯାଉଛନ୍ତି ଟିକ୍ରା ଆଉ ପୁନି । ପୁନି ମୁଣ୍ଡରେ ରସ ଡ଼େକ୍‌ଟିରେ ଛିଣ୍ଡା କଉଟିରେ ବନ୍ଧା ଭାତ, ଟିକ୍ରା କାନ୍ଧରେ ଖଣ୍ଡେ ବୁଡ଼ିଆ । ବୟସ ଲହଡ଼ି ଭାଙ୍ଗୁଚି, ବଳ ବହକୁଚି । କାମ ଚାଲିଚି ଚାଷ ତଲାରେ । ସବୁଟୁ ବାଗିଲା, ଟିକ୍ରା ଆଉ ପୁନିର ତଲା । ବୁଦା, ଲତା, ପଥର ଢିମା ସବୁ ସଫା । ବୁଣା ହେଉଚି ମକା, ଜଞ୍ଜାଲା, ମାଣ୍ଡିଆ ସୁଆଁ । ଅମଳ ଦମଳ । ରଖା ଥୁଆ ସବୁ ଚାଲିଚି, ହସି ହସି ।

. . . .

ସୋରିଷଫୁଲିଆ ଖରା ▢ ୧୩୯

ଚୁଲି ଉପର ବାଉଁଶ ଦଣ୍ଡାରେ ବେଣିଆ ମକାମାଳ ନଦାନଦି। ଦିଟା ପୁଡ଼ୁଗ ସୁଆଁ ମାଣ୍ଡିଆ, ଏ କୋଣ ସେ କୋଣ କନ୍ଦା, କରବା, ବୋଇତାଳୁ, ପିତାଳୁ ଖୁଦାଖୁଦି। ପୁଣି ବିକିଥିଲା ଯେ ଖାସି ଗୋଟେ ହାଟରେ, ଆଣିଥିଲା ସଭିଙ୍କ ପାଇଁ କନା କପଟା, ଆଣିଥିଲା ଚାଉଳ, ଡାଲି, ଆଳୁ, ପିଆଜ,ଏସନ ବରଷା ଦିନଟା ନିଧଡ଼କ। କେଉଠୁ ଛତୁ, କେଉଠୁ କାଙ୍କଡ଼ ପୁଣି କାଇ, କଲେଇ କି ତିତିରି ଛୁଆଟେ ମିଳିଗଲେ ବାସ୍, ପୂରା ମଜା। ହଁ, ଆହୁରି ଦି'ଟା ଖାସି ଅଛନ୍ତି, କୁକୁଡ଼ା ଗଣ୍ଡା, ପେଷ୍ଟି ହୋଇ ହେଲେଣି ଆଠଦଶ ମୁଣ୍ଡ। ହାଟକୁ ନେଲେ ହବ ଭଲ ପଇସା। ବରଷା ଦିନେ ପୁନି ଯିବନି କୁଆଡ଼େ, ଘରେ ରହିବ, ମକା ଛଡ଼େଇବ, ଖଇ ଭାଜିବ, ମାଣ୍ଡିଆ ଚୁରିବ, ସୁଆଁ ଚାଉଳ କରିବ, ଟିକ୍ରା ଯିବ ଦିନେ ଦିନେ କାମକୁ। ଦିନେ ଦିନେ ପାରିଧ୍ କରିବ, ମାଉଁସ ଆଣିବ। ଝରଣାରୁ ମାରିବ ଛୁରିମାଛ। ଓଃ! ଜମିବ ଖାଇବାଟା। କୁହୁଡ଼ି ଓ କାକରକୁ ସାଙ୍ଗରେ ନେଇ ଆସିବ ଶୀତ। ଅମଳ ସରିବ ମକା, ଜଣ୍ଟାଲା, ମାଣ୍ଡିଆ, ସୁଆଁ, ଏସବୁ ଶୁଖ୍ଖଲା ଗଛର ପୋଡ଼ା ଧୂଆଁରେ ତଇଲା ହେବ ଧୂଆଁଳିଆ। ପୁଣି ଚଷିବ ଟିକ୍ରା ମାଟିକୁ, ବୁଣା ହେବ ସୋରିଷ, ତଇଲା ହେବ ସାବ୍ଜା। ଧିରେ ଧିରେ ସେଠୁରେ ମୁଣ୍ଡ କାଢ଼ିବ ଶିଁଶା, ଆଉ ସେଠରେ ଗୁଚ୍ଛିଗାନ୍ତୁ, ନେନ୍ତୁ ନେନ୍ତୁ, ଚୁନି ଚୁନି ତାରା ଫୁଲପରି ଫୁଟିବ ସୋରିଷ ଫୁଲ। ଓ...ହୋ... ଓ ନଦେଖିଲେ କେମ୍ତି ଜାଣିବ ? କେଡ଼େ ସୁନ୍ଦର ହୋ। ଜହ୍ନଫୁଲିଆ ହଲଦୀ ରଙ୍ଗରେ ଲେସି ହୋଇ ଯାଉଥିବ ତମାମ୍ ତଇଲା। ବଣ ରାଇଜର ଚାରୁ ହାସ୍ୟ ସୋରିଷ ଫୁଲର। ତା' ରଙ୍ଗ ଦେଖ୍ ଲାଲିମା ହଜାଇ ଦେବ ଶୈଶବ ଖରା। ଆଉ କିଶୋର ଖରା ଡେଇଁ ପଡ଼ୁଥିବ ଇଷତ୍ ହଲଦୀ ରଙ୍ଗ ମାଖ୍ ସୋରିଷ ଫୁଲର। ନଇଁପଡ଼ି ସୋରିଷ ଶାଗ ତୋଳୁଥିବ ପୁନି ଗୀତ ଗାଇ ଗାଇ। ସୋରିଷ ଫୁଲିଆ ଖରା ଉଠିଯିବ ମଥା ଉପରକୁ। ପୁନି ଫେରିବ ଘରକୁ। ଛେଲି ପଞ୍ଝାକୁ ନଙ୍ଗର ପଙ୍ଗର କରି ଗୋଛାଏ ଡାଲପତ୍ର କାନ୍ଧେଇ ସାଙ୍ଗରେ ଫେରିବ ଟିକ୍ରା। ଦିନେ ଦିନେ ମନ ସରସ ଥିଲେ ପିଲା ଅଟଟିଆ ନ ହୋଇଥିଲେ ମାଆ ରାନ୍ଧି ଦେଇଥିବ ଭାତ। ସେ ଦିନ ୫ଅଟ ସରିବ ପାଇଟି। ଯୌବନ ଡେଇଁ ଅଗଣାରେ ଲୋଟୁଥିବ ଅବସନ୍ନ ଖରା। ଲେଉଟା ଖରାକୁ ପିଠି ଦେଖାଇ ଖଜୁରି ପଟିଆ ଉପରେ ପଡ଼ିଥିବ ଟିକ୍ରା। ତାକୁ ଲାଗି

ପେଟେଇ ପଡ଼ିଥିବେ ସାଆାବ ଆଉ ସଲ୍‌ପି । ପିଣ୍ଡା ଉପରେ ଉପର ତଳ ହୋଇ ବସିଥିବେ ଶାଶୂ ଆଉ ବୋହୂ । କାଠ ପାନିଆରେ ରଣ୍ଡା ହେଉଥିବ ଉକୁଣି ଶାଶୂ ମୁଣ୍ଡରୁ ବୋହୂ । ଗପୁଥିବେ ଆଗୁଡ଼ୁ ବାଗୁଡ଼ୁ, ଅନାବନା ।

ସୋରିଷ ଅମଳ ସରିବ । ଆଗକୁ ଖରା ଦିନ । ଆମ୍ଭ ପଣସ, ଚାର ମହୁଲ, ସରଗି, ଟୋଲ, କେନ୍ଦୁ ପତର, ବାର ମାସକୁ ତେର ବେଲି । ବରଷା ଝଡ଼ ଖରା କାକର, ଧୂଳି ମାଟିର ଗାଁ । ଜହ୍ନ ଉଇଁଲେ ମାଦଳ ବାଜେ, ଧାଙ୍ଗଡ଼ା ନାଚେ, ଧାଙ୍ଗଡ଼ୀ ନାଚେ । ନା ଅଛି ପାଇବାର ବ୍ୟାକୁଳତା ନା ଅଛି ହଜାଇବାର ବ୍ୟଥା । ଶୂନ୍ୟତାରେ ପୂର୍ଣ୍ଣ ଜୀବନ, ନାଚରେ, ଗୀତରେ, ହସରେ... ।

ଏମିତି କଟୁଥିଲା ଦିନସବୁ । ଦଶ ବର୍ଷ, ଟିକ୍ରା ଆଉ ପୁନି, ପୁନି ଆଉ ଟିକ୍ରା । ଏଇ ନିରାପଦ ପରିଧି ଭିତରେ ତିନୋଟି ଜୀବନ, ଫୁଲୁରୀ ବୁଢ଼ୀ, ସାହବ, ସଲ୍‌ପି । ଟିକ୍ରା ବାପାକୁ ହଜାଇବାର ଦୁଃଖ ବି ହଜି ଯାଇଥିଲା କାହିଁ କୋଉ ଦିନୁ । ପୁନି ଆସିଲା ଦିନୁ, ସାହବ ଆସିଲା ଦିନୁ, ସଲ୍‌ପି ଆସିଲା ଦିନୁ ।

ସବୁଦିନ ହସ, କିନ୍ତୁ କାନ୍ଦ ବି ଆସେ ଅଚାନକ । ହଠାତ୍‌, ଅକସ୍ମାତ୍‌, ଠିକ୍‌ ବାପା ପରି ଟିକ୍ରା ବି ଖସି ଗଲା, ଆମ୍ଭ ଗଛରୁ । ଗଲା... । ପଡ଼ିଚି ତ ପଡ଼ିଚି, ଶେଷ । ମୁଣ୍ଡ କୋଡୁଚି ବୁଢ଼ୀ, ଗର୍ଜନ ଛାଡୁଚି, ଚାହିଁଛନ୍ତି ସାହବ ଆଉ ସଲ୍‌ପି । ଅଗଣା ଭର୍ତ୍ତି ଲୋକ, ମୁର୍ଦ୍ଦାର ଗଲା, ପୁନି ଚାହିଁ, ଚାହିଁ...ଚାହିଁ । ଟିକ୍ରା ଯେ ମରିଗଲା, ପୁନି କେତେ କାନ୍ଦିଲା ? ଜମା କାନ୍ଦିଲାନି ବୁଢ଼ୀ, କିନ୍ତୁ ଭାରି ଦହଗଞ୍ଜ କଲା । ନା ଛୁଆ ରଖିଲା ନା ଛେଲି ଜଗିଲା, ନା ଘର ସାଇତିଲା, ନା ତଇଲା ଗଲା ? କିଛି କଲାନି, କିଛି ନହେଉ ନିଜେ ହେଲେ ଗାଧୋଇ ବୁଢ଼ୀ, ମାଖୁ ପିନ୍ଧି, ଖାଇପିଇ ବସିଥାନ୍ତା, ତା' ବି କଲାନି ।

ଆମ୍ଭ ଦିନେ ଗଲା ଟିକ୍ରା । ଏସନ ଛପର ହେଇନି ଘର । ତଥାପି ଦହଗଞ୍ଜ ହୋଇ ନାହାନ୍ତି ଓଦାରେ, ସମ୍ଭାଳି ନେଲା ଛପର । ସମ୍ଭାଳି ନଉଚି ପୁନି, ଏ ସଂସାର । ବୁଢ଼ିଟା ଖାସ୍‌ ଗଢ଼ୁଚି ମାଟିରେ । ଅବସ୍ଥା ନାଇଁ । ହାଡ଼ ଦୋହଲିଲାଣି ସାହବ ଆଉ ସଲ୍‌ପିର । ପୁନି ? କେଜାଣି କ'ଣ ହୋଇଚି ତା'ର ? ଝଡ଼ିଚି ନା ମୋଟେଇଚି, କିଏ ଦେଖୁଚି ? ବରଷେ ଗଲା । ପୁନି ଚାଲିଥିଲା ବୁଢ଼ିମା'କୁ,

ସାହବକୁ, ସଲ୍‌ପିକୁ ସାଥୀରେ ଧରି । ଆଉ କାଇଁ ବଳ ପାଉନି ଜମା । ନା ଯାଉଚି ଡଇଲାକୁ ନା ମୂଳ ମଜୁରିକୁ । ଥରୁଚି ଦିହ ହାତ, ଘୁରଉଚି ମୁଣ୍ଡ । ଜମା ବଳ ପାଉନି ଦେହରେ । କ'ଣ କରିବ ? ଦି'ଟା ଛେଲି କୁଆଡ଼େ ମରିହଜି ଗଲେ, ସାଉଁତି ପାରିଲାନି ପୁନି । ଦୋହଲା ପିଲା ଦି'ଗକୁ ଦେଖ୍ ମନ ସମ୍ଭାଳିଲାନି, କୁକୁଡ଼ା ଡିମ୍ବୟାକ ଖାଇବାକୁ ଦେଲା ପିଲାଙ୍କୁ । ଦି'ଟା କୁକୁଡ଼ା ଘଣ ଘଣ ହୋଇ ବୁଲୁଛନ୍ତି, ଚିଆଁ ଫିଆଁ କିଛି ନାହିଁ ।

ତଥାପି ପୁନି ମନଟାଣ କଲା । ସାଇ କୁଟୁମ୍ବକୁ କହି ବିକେଇଲା ଦି'ମୁଣ୍ଡ ଛେଲି । ଗଲା ବଇଦ ପାଖକୁ । ଟଙ୍କା ସରିଲା ସିନା, ସରିଲାନି ରୋଗ ଦାଉ । ଜମା ଭଲ ଲାଗୁନି ଦିହଟା । ବୁଢ଼ୀ, ପିଲା ଦି'ଟା ବଡ଼ ନିଉଚ୍ଛଣା । ଲୁହ କ'ଣ ଜାଣି ନଥିବା ଆଖ୍ ଦି'ଟା ସବୁବେଳେ ଓଦା କ'ଣ କରିବ ପୁନି ?

ଆଷାଢ଼ ହେଲାଣି । ଛପର ହୋଇନି ଘର । ମନଟାଣ କରିଥିଲା ଖାସି କୁକୁଡ଼ା ବିକିବ, ଘର ଛାଇବ । ହାଟକୁ ଯିବ, ଆଲୁ ଚାଉଳ ଘେନି ଆଣିବ... । ଟିକ୍ରା ସିନା ପର କରିଦେଲା । ସେ କାହାକୁ ପର କରିବ ? ମା'ଠୁ ନିଜର ବୁଢ଼ୀ ଶାଶୂ । କଲିଜାଠୁ, ନିଃଶ୍ୱାସଠୁ ନିଜର ସାହବ ଆଉ ସଲ୍‌ପି ! ଖାଲି ଟିକ୍ରା କ'ଣ ତା'ର ନିଜର ? ତାକୁ ଝୁରି ଯାଙ୍କୁ ପର କରିବ ? ନା ସେ ସବୁ କରିବ ଏକା । ଏକା ଏକା । ଏକା ଏକା ଚାଲି କ'ଣ ସାରିହୁଏ ବାଟ ? କେବେ ହଁ, କେବେ ନା । ଆଜି ଭାରି ବର୍ଷା... ଢାଲୁଚି, ଆଷାଢ଼ର ଅମାନିଆ ବର୍ଷା । ଆଉ ସମ୍ଭାଳୁନି ଚାଲ, ବର୍ଷା ବର୍ଷା, ତମାମ୍ ରାତି, କେହି ଶୋଇ ପାରିଲେନି । ଶୋଇ ପଡ଼ିଲା କାନ୍ତ । ହାବୁକ ହାବୁକା କାଲୁଆ ପବନ । ଟିପ ଟିପ୍ ପାଣି, ଶୋଇନି ଫୁଲୁରୀ ବୁଢ଼ୀ, ଶୋଇନି ସାହବ, ସଲ୍‌ପି । ଶୋଇନି ଛେଲି କୁକୁଡ଼ା । ଆଉ କ'ଣ ଶୋଇଚି ପୁନି ?

ଛାଡ଼ିଚି ବର୍ଷା, ପାହିଚି ରାତି । ଘର କୋଣରେ ଖୁଦିହୋଇ ବେରୂପ ଗଞ୍ଜାଟା ଛିଡ଼ା ହୋଇଚି, ପୁନି ତାକୁ ଧରିଲା । କାଖରେ ଜାକି ଚାଲିଲା । ଗୋଡ଼କୁ ଘୋଷାଡ଼ି ନିଜ ଓଜନିଆ ଦେହକୁ ବୋହି ହାଟକୁ, ଓଦା ଓଦା, ପଚ୍‌ ପଚ୍‌, ନାହିଁ ଭିଡ଼, ନାହିଁ ଗହଳି । ଗଞ୍ଜାକୁ ଧରି ବସିଚି ଯେ ବ..ସି..ଚି, କେଡ଼େ କଷ୍ଟରେ ବିକିଲା, କୋଡ଼ିଏ ଟଙ୍କା ।

ସାରା ହାଟ ବୁଲୁଚି। ହାତ ଭିତରେ ନାଲି ନୋଟ୍, ଓଦା, ବର୍ଷାରେ ? ଝାଲରେ କୋଡ଼ିଏ ଟଙ୍କା ! କ'ଣ କିଣିବ ଏଥରେ ? କେତେ ଦିନ ପାଇଁ ?? ଘରେ ତ କିଛି ନାହିଁ ! ମକା, ମାଣ୍ଡିଆ, ସୁଆଁ, ଗୁଲୁଚି, କନ୍ଦା, କରବା, ଛେଳି, କୁକୁଡ଼ା। ଥିଲେ ବି କୋଉଠି ଥାଆନ୍ତା !! ନା ଅଛି ଚାଉଳ ? ନା ଅଛି କାନ୍ଥ ? କ'ଣ କିଣିବ ? କଅଣ କିଣିବ ପୁନି ?

ମୂଷାମାରିବାଲା ଡାକ ଛାଡ଼ିଚି... ଯାହେଉ ଏତେ ବର୍ଷାରେ ବି ଆସିଚି ହାଟକୁ। ଗୋଟିଏ ପ୍ୟାକେଟ କୋଡ଼ିଏ ଟଙ୍କା!!

କେତେବେଳେ ଫେରିଲା ପୁନି ହାଟରୁ କେହି ଦେଖ୍ ନାହାନ୍ତି। ରାତିରେ କ'ଣ ହେଲା କେହି ଜାଣି ନାହାନ୍ତି। ଅଗଣା ସାରା ସୋରିଷଫୁଲିଆ ଖରା। ଗାଁଟା ସାରା ଟୁପୁରୁ ଟାପୁରୁ, ଫୁସୁରୁ ଫାସୁରୁ, ଆନା ଯାନା। ଆହା...ରୁ..ରୁ। ସାରା ଅଗଣା ମଣିଷରେ ଭର୍ତି। ଝୁମ୍ପ ଝୁମ୍ପ ସୋରିଷ ଫୁଲ ଭଳି, ଖୁଦାଖଦି। ଆଷାଢ଼ର ଫର୍ଚା ଖରା ଛାଟି ହେଇଚି ସବୁ ମଣିଷଙ୍କ ଉପରେ। ପୂରା ପରିଷ୍କାର ଫର୍ଚା। ସବୁ ସ୍ପଷ୍ଟ। ଖୋଲା କୁଡ଼ିଆରେ ଶୋଇଲା କାନ୍ତୁ ଡେଙ୍ଗ ଆଖ୍ .. ସବୁ ପହଁରି ଯାଉଚି ଭିତରକୁ। କୋଉଠି ଫୁଲରୀ... କୋଉଠି ପୁନି... କୋଉଠି ସାହବ... କୋଉଠି ସଲ୍ପି... କୋଉଠି ? କୋଉଠି ??

□